KB147543

영업의신조이의 18년 해외영업 현장 노하우

해외영업 바·이·블

최 영 지음

대|경|북스

1판 1쇄 인쇄 2022년 11월 7일
1판 1쇄 발행 2022년 11월 10일

지은이 최 영
발행인 김영대
펴낸 곳 대경북스
등록번호 제 1-1003호
주소 서울시 강동구 천중로42길 45(길동 379-15) 2F
전화 (02) 485-1988, 485-2586~87
팩스 (02) 485-1488
홈페이지 http://www.dkbooks.co.kr
e-mail dkbooks@chol.com

ISBN 978-89-5676-936-3 03320

※ 이 책은 저작권법에 따라 보호받는 저작물이므로 무단전재와 무단복제를 금지하며,
　　이 책 내용의 전부 또는 일부를 이용하려면 반드시 저작권자와 대경북스의 서면 동의
　　를 받아야 합니다.

※ 잘못된 책은 구입하신 서점에서 바꾸어 드립니다.

※ 책값은 뒤표지에 있습니다.

영업의신조이의 18년 해외영업 현장 노하우

해외영업
바·이·블

최 영 지음

대경북스

들ㅣ어ㅣ가ㅣ는ㅣ글

18년 동안 현장에서 직접 경험하고 배운 숨은 노하우들을 여러분께 모두 드리려고 한다.

고객을 만나 판매를 위한 영업적인 노력을 기울이기보다는 우선 고객의 애로 사항에 귀를 기울이고, 준비된 프레젠테이션을 위한 격앙된 목소리보다는 지금 고객이 안고 있는 불편을 해결하려는 마음의 폭을 넓히고, 약속된 오더를 받기 위해 열정적인 손짓과 눈빛을 하기보다는 대리점 창고에 쌓여 있는 제품 박스에 뽀얗게 앉은 먼지에 가슴 아파하는 그런 마음들…….

그렇게 바이어가 어느새 나의 평생 친구가 될 수밖에 없었던 그런 진솔한 이야기들을 전해주고 싶다.

해외영업인들은 지구별 여행자이자 인류애를 실천하는 '우리들'이다. 사람들은 대체로 해외영업을 하는 사람들을 단순히 '해외에 물건을 파는 사람'이라고 생각한다. 하지만 해외영업은 생각보다 단순하지 않다. 실제로 너무도 다양한 일을 섬세하게 진행하고 있다. 업무와 관련된 이야기를 본격적으로 펼쳐나가기 전에 해외영업의 고충 및 매력에 대해서 저자가 직접 겪은 사례를 우선 이야기하고 싶다. 두 가지 에피소드를 시작으로 이 책의 서막을 열어보도록 하겠다.

할랄 음식과 메카 방향을 고려하는 영업사원의 마음

필자가 근무하던 회사의 중동·아프리카 지역 영업 채널이 탄탄하지 않아 2~3년 연속으로 두바이에서 열리는 국제전시회에 참가하였다. 어느 정도 국가별 대리점 후보군도 나왔고, 소소하게 작은 오더들도 진행되는 시기였다. 이런 시기일수록 대리점의 영업 역량을 강화시켜야 한다.

여기서 잠깐 먼저 상황에 대해 이야기하겠다. 새로운 시장을 개척한 이후 국가별로 세팅되는 바이어들이 곧 향후 해당 국가를 대표하는 우리 대리점이 된다. 국가별로 구축된 대리점을 통해서 현장 마케팅과 영업을 병행하면서 신규 개척 시장에서 우리 브랜드를 강화해 나간다.

지금 이야기하려는 에피소드는 대리점들의 현장 영업력 향상을 위해 영업사원들과 기술 엔지니어들을 국내에 초대하여 4~5일 정도 집중 교육(Training)을 진행할 때 발생한 실화이다.

우리는 사우디, 이란, 요르단, 시리아, 이집트 등 많은 중동·

아프리카 국가의 대리점으로부터 엔지니어 또는 영업사원들을 한 국 제조 공장으로 초청하여 교육 이벤트를 진행하였다. 이들에겐 공통점이 하나 있었는데, 그것은 바로 할랄(HALAL) 음식만 먹는다 는 것이었다.

할랄 음식은 이슬람에서 허용 한 음식으로 아랍어로는 '허용된 것'이라는 의미라고 한다. 즉 이 슬람 율법에서 허용된 음식이라

는 말로 할랄 인증 마크가 없거나 할랄 방식으로 도축하지 않은 육류는 '허용되지 않는 것', 즉 먹을 수 없는 음식이다. 이는 매우 엄격한 무슬림의 규칙이다. 그렇기 때문에 다른 지역 대리점 엔 지니어 집체 교육과 다르게 중동·아프리카 대리점에서 출장 온 엔지니어들의 식단은 특히 신경을 써야 한다. 지금이야 할랄이라 는 문화를 우리나라에서도 이해하고 있고, 할랄 식당들도 어렵지 않게 찾아볼 수 있지만, 2010년도 전후만 해도 할랄 식당은 흔치 않았다.

우리는 힘들게 할랄 식당을 찾아야 했고, 이태원까지 점심을 먹으러 가야만 했다. 가산동에서 이태원까지 차량으로 이동했고, 주차를 위해 많은 시간을 소비해야 했다. 할랄 식당에서 점심을

먹고 돌아오는데 3~4시간을 허비하게 된 것이다. 우리에게 주어
진 일일 교육 시간은 아침 9시부터 저녁 6시까지 총 8시간이었
다. 그중에 점심식사에 할애된 시간이 3~4시간이라고 하면 상당
히 많은 시간을 점심을 먹기 위해 낭비한 것이 된다.

　힘들게 식사를 마치고 무사히 공장으로 복귀한 우리들은 다
시 기술 교육을 진행했다. 하지만 교육을 다시 시작한 지 얼마 되
지도 않았는데 그들은 기도를 해야 한다면서 화장실로 가서 세수
를 하기 시작했다. 손을 깨끗하게 씻는 것은 물론 구두와 양말까
지 다 벗고 발까지 씻는 것이 아닌가. 그것도 6~7명이 동시에 말
이다. 몸과 마음을 모두 정결하게 하는 '정결 의식'이라고 한다.
이들은 이처럼 몸과 마음이 정결한 상태가 되자 넓직한 장소를
골라 메카를 향해 기도를 시작했다.

　무슬림에게는 평생 동안 꼭 실천해야 하는 몇 가지 의무 사항

이 있는데, 그것은 죽기 전에 꼭 한번 메카를 직접 방문해서 기도를 드리는 것과 하루에 5번 모스크에 가서 기도를 하는 것이다. 계절에 따라 조금씩 차이는 있지만, 해가 뜰 때, 정오, 오후, 해가 질 때, 자기 전에 이렇게 5번 기도를 해야 한다. 그렇지 못할 상황이나 환경에서는 메카 방향을 향해서 자리를 깔고 이렇게라도 기도를 해야 한다.

이슬람 국가를 방문하여 그들이 기도하는 모습을 보는 것도 이색적인데, 우리나라에서 이런 모습을 직접 보게 되면 누구라도 당황하지 않을 수 없다. 무엇보다 일을 중요시 여기는 우리나라 기업 문화에서는 더더욱 진기한 광경이 아닐 수 없다. 하지만 할랄 식품이 아니면 굶는다는 이들인 만큼 하루에 5번 하는 기도 의식도 이들에게는 무엇보다 중요하게 지켜야 할 의식이라는 생

각이 들었다.

그래서 우리는 그들이 편안한 마음으로 기도할 수 있도록 좀 더 깨끗하고 조용한 장소를 제공해 주기로 하였다. 짧은 시간이 나마 같이 생활하면서 그들의 삶의 방식을 알아가고 이해함으로 써 배려할 수 있게 된 것이다. 그리고 메카 방향을 정확히 가리키는 앱을 다운받아 내 핸드폰에 설치해서 정확히 방향까지 잡아주기도 했다. 교육 프로그램을 구성할 때에도 기도 시간을 고려하여 시간표와 스케줄을 짰다.

젖어 있는 화장실 바닥에서 주위 눈치를 살펴가며 기도하던 바이어에게 정숙한 기도실을 그것도 방향까지 고려해서 제공해 준 것은 그 바이어들에게는 큰 감동이었던 모양이다. 그들은 두고두고 고마워했다.

이태리의 한식당에서 식당 사장님을 설득한 이야기

이번에는 이태리 출장 때 있었던 에피소드를 이야기하겠다.

이태리 바이어(대리점)와의 오전 미팅은 이미 어느 정도 마친 상태였고, 그 바이어의 고객인 이태리 시장의 최종 소비자까지 함께 미팅을 마쳤다. 이태리 시장에서 요구하는 기술적인 부분과 임상적인 문제점 대한 부분도 어느 정도 일단락지었기 때문에 일은 우리가 바라던 대로 잘 진행되고 있었고 분위기 또한 매우 좋았다.

최종 고객의 분위기가 좋아진 상태이기 때문에 이제는 제조사인 우리와 이태리 바이어와의 협상이 시작되는 단계에 접어든 것이다. 이런 경우에는 협상 테이블에 앉아 딱딱한 미팅을 지속하기보다는 저녁을 먹으면서 부드럽게 추가 협의를 진행하는 것이 좋다. 대리점 대표로 협상에 나온 분은 이태리 시장 총괄 영업 책임자였는데, 아름다운 흑갈색의 곱슬머리 여성 분이었다.

이태리 바이어는 이태리에서 평생을 살아왔기 때문에 스파게티나 이태리 음식보다는 색다른 한국 음식을 대접해야겠다고 생각했다. 그래서 밀라노에서 가장 고급스런 한식당을 찾아서 예약했다. 예약 시간에 맞춰 우리는 식당에 도착했고, 정성을 들여 준비된 최고급 한정식이 우리 테이블 위에 코스 요리처럼 순차적으로 세팅되었다.

하지만 그 여성 바이어는 음식에 대해서는 전혀 관심을 보이

지 않았다. 오히려 젓가락과 숟가락이 신기했던지 계속 만져보
고 두드려보기를 계속했다. 일상적으로 보아왔던 포크와 나이프
와는 다르게 한국 젓가락은 상당히 독특했던 모양이다. 중국 식
당 또는 일본 식당에서 흔히 볼 수 있는 나무 젓가락과도 매우 다
른 철 재질로 만들어진 한국 젓가락과 숟가락이 그녀에게는 마냥
신기했던 것이다. 다른 젓가락보다 더 단단해 보인다면서 식탁을
두드려 보기도 하고, 어색하지만 열심히 젓가락질도 해보았다.

우리는 그 어떤 협의도 추가적으로 진행하지 못했다. 왜냐하
면 그녀의 눈과 손의 관심은 모두 젓가락과 숟가락에 쏠려 있었
기 때문이다. 앞에서 조심스럽게 업무 이야기를 꺼내어도 그녀는
전혀 듣지 않고 계속해서 숟가락과 젓가락을 만지작거리면서 연
거푸 예쁘다는 얘기만 지속했다.

보통 영업에서 가장 중요한 부분 중 하나는 상대방을 만족시
키는 것이다. 어찌되었건 바이어가 기분이 좋아야 협상도 계약도 우
리 쪽에 더 유리하게 진행된다.

지금 이 상황에서는 그녀를 위해 젓가락 숟가락 세트 하나를
선물을 해 줘야 한다. 그러기 위해서는 한식당 사장에게 수단과
방법을 가리지 않고 그 숟가락 세트를 얻어 내어야 하는 상황이
발생한 것이다. 그래서 우리는 식사를 모두 마치고 계산을 하고
나가면서 식당 사장님에게 간곡하게 부탁을 하였다. 하지만 식당
사장님은 절대 안 된다고 하였다. 이유는 워낙 고가의 제품이기
도 하지만 특별히 한국에서 주문 제작한 것이라 이태리에서는 절

대 구할 수 없기 때문이라고 했다. 전체 테이블 수와 숟가락이 세트로 맞춰져 있어서 안 된다고 한 것이다. 식당 사장은 매우 단호하게 나의 부탁을 거절하였다. 웃돈을 주고 산다고도 해 봤지만 전혀 통하질 않았다.

식사를 같이 했던 다른 팀원들은 바이어와 함께 식당 밖에서 기다리고 있는 상황이었고, 젓가락은 구할 수도 돈을 주고 살 수도 없는 상황이 된 것이다. 그때 내 생각은 이랬다. 오늘이 아닌 다른 날에 다른 숟가락 젓가락을 선물한다면 지금과는 감동의 깊이가 전혀 다를 것이다. 그래 지금이 바로 그 순간이라는 느낌이 밀려왔다. 나는 식당 사장에게 많은 이야기를 하였다.

"이태리 생활은 어떠세요? 힘든 일은 없으신가요? 필요한 것이 있으면 제가 한국에 돌아가서 보내드리도록 하겠습니다."

이번 계약 건이 얼마나 크고 중요하며 앞으로 이태리 시장에서 어떠한 영향력을 행사할지 또는 그로 인해 발생되는 모든 긍정적이고 중요한 일들을 들려주었다.

마침내 계산을 마친 식당 사장님은 이렇게 말씀하시면서 젓가락 숟가락을 조심스럽게 건네 주셨다.

"이 젓가락 숟가락이 제게도 매우 귀하고 소중한 것이지만 지금은 계산하신 손님에게 더 필요할 것 같네요."

그러고는 식당에서 할 수 있는 최대한의 예의를 갖춘 포장과 함께 전달해 주었다. 그리고 식당 사장님은 그 어떤 사례도 받지 않았다. 단지 계속 고생 많으시다는 이야기만 하시고 오히려 우

리 팀을 응원해 주셨다.

이태리 바이어와 헤어지기 전에 우리는 그녀가 가장 관심을 보였던 그 젓가락과 숟가락을 선물해 주었다. 아직도 그녀의 놀라고 감동 받은 얼굴 표정과 눈빛이 아직도 선하다. 그녀는 너무 기뻐했고 호텔에 들어가기 전까지 젓가락 숟가락을 흔들면서 좋아했다.

이러한 사례를 보더라도, 해외영업은 기계적으로 업무 프로세스나 프로토콜 방식으로 진행해나가기보다는 사람과의 관계와 감정적인 부분을 더 집중해서 **상대가 지금 진정 원하는 것이 무엇인지를 파악하고 조금이라도 도움을 주려고 노력하거나, 비단 도움을 주지 못하더라도 부족함을 채우려고 노력하는 모습이라도 보여주는 것**

이 좋다. 그러면 상대는 우리의 진정성을 인정할 것이고, 또한 우리를 긍정적으로 생각해 줄 것이다. 그런 긍정적 감정들이 축적되어 호감으로 발전하고, 그 호감은 다시 신뢰라는 단단한 바탕을 만들어 준다. 간혹 해외 학회나 전시회에서 우연히 만나게 되더라도 너무나 반갑게 인사하거나, 허그(Hug)까지 하면서 환대해 주고 안부를 물어봐 줄 것이다. 그리고 서로 무언가 필요한 사항이 있다든지 서로 도움이 되는 일이 있다면 먼저 요청하지 않아도 그들이 적극적으로 도와주려고 연락해 올 것이다.

결과를 말하면, 이태리의 그녀는 지금도 이태리 시장의 최고의 장기 우수 고객이 되었다. 이제는 새로운 기술 그리고 기능까지 같이 협업하여 시장을 리드하는 평생 믿을 만한 파트너가 된 것이다.

하나된 지구를 이야기하다

아마존, 알리바바, 이베이 등 이커머스 시장을 주도하는 대표 글로벌 기업들을 우리는 익히 들어 잘 알고 있다. 이렇게 세계는 이미 구매자와 판매자가 연결되었고, 모든 결제 시스템 및 물류 시스템은 글로벌이라는 하나의 시장으로 묶여져 있다. 그리고 지구상의 모든 해운, 항공사는 위성 추적 시스템으로 위치가 실시간으로 추적·관리되고 있다. 이 정보들은 물류 정보 커뮤니티 (Forwarder.kr), 물류 트레이싱 포털(TRADLINX) 그리고 상세 위성 위치 추적 트레이싱 네트워크(Marine Traffic) 등을 통해 온라인에서 누구나 쉽게 확인 가능한 시대가 되었다.

국가별 수출입품의 물류를 정확히 이해하고, 분류 운송 관리를 사고 없이 처리하기 위한 물품분류코드(HS-CODE)도 통일되었다. 이러한 통합 분류 코드의 정착 활동으로 수출입에 발생되는 국가별 관세에 대한 부분까지 글로벌화되어가고 있는 것이 현실이다. 또한 국제적 무역 장벽의 역사적 흐름을 보더라도 관세무역일반협정(GATT : General Agreement on Tariffs and Trade)을 시작으로 세계무역기구(WTO : World Trade Organization), 이제는 국가 간 자유무역협정(FTA : Free Trade Agreement)까지 시행되면서 무역 장벽은 점점 낮아지고 있다. 이렇게 세계는 점점 가까워지고 하나로 통합되어가고 있다.

이제 해외의 79억 명은 우리의 내수 시장이다.

해외영업을 하는 영업사원의 입장에서 세계가 하나가 되는 현상은 매우 긍정적으로 봐야 한다. 79억 5천만 명의 세계 인구가 우리 제품과 서비스의 잠재 고객이 되었기 때문이다. 우리나라 대한민국의 인구는 약 5,184만 명이다. 세계 글로벌 시장과 비교해 본다면 한국 내수 시장은 너무나 작은 시장이라고밖에 볼수 없다.

그러면 우리는 79억 명의 시장을 그냥 바라봐야만 할까? 이렇게 좋은 제품을, 이렇게 최고의 서비스를 5천만 내수 시장에 판매하는 것에만 그쳐야 하는 것인가? 이제 생각을 과감하게 바꾸어야 한다.

'전 세계 79억 명을 우리의 내수 시장으로!'

이 부분이 이 책에서 고민하는 첫 시작점이다.

대한민국은 수출 의존 국가다. 우리나라는 개발 초기부터 수출 주도형으로 경제 성장을 이룩했고, 지금도 수출을 기반으로 지속 성장해가고 있는 나라이다. 우리나라

무역 의존도는 2008년도 기준 92.3%였고, 2020년 기준으로는 59.8%를 차지했다. 2020년 기준 GDP 대비 수출입 비율을 각각 살펴 보면 수출이 31.3%, 그리고 수입이 28.5%를 기록했다. 수출입 대비 수출 비중만 따로 살펴보면 약 52~68%까지 유지되고 있는 것을 확인할 수 있다. 이는 전체 대한민국의 경제에서 수출이 얼마나 중요한지를 다시 한번 알려주는 통계 자료이다.

그렇다면 이와 같은 수출 기반으로 구성된 경제 국가에서 수출의 비중이 급격히 줄어든다면 어떤 사태가 발생할지 상상을 해 보자. 국가의 경제적 위기 상황이 초래된다는 아주 간단한 결론

을 이끌어 낼 수 있다. 그런 참담한 미래를 예방하기 위해서라도 수출 경제 주체인 우리 해외영업인들이, 그리고 수출 주도형 중소기업들이 지속적으로 수출 확대를 위한 약진을 지속해야만 한다는 결론이 나온다.

나는 그래서 이 책을 쓰게 되었다

하지만 안타깝게도 여러 가지 이유로 인하여 내수 시장만에 의지하면서 수출의 기회를 잡지 못하는 중소기업들도 많다. 크게는 두 가지로 구분하여 볼 수 있다. 하나는 현재 기업이 특수한 외부 장애적 환경에 처한 경우이다. 다른 하나는 내부 역량 부족으로 수출의 판로를 열지 못하고 있는 경우이다.

가끔 관련된 정부기관 주관으로 중소기업을 위한 간담회 모임이 열리곤 한다. 이 모임에서 다양한 제품을 수출하고 있는 중소기업 대표 및 운영진들을 만나볼 수 있었다. 그들은 한국 중소기업들이 현재 처한 어려움들과 다양한 애로 사항들을 이야기하였다. 결론적으로 좋은 제품 및 서비스 그리고 고품질의 상품은 이미 준비되어 있으나, 해외 시장 판로를 열지 못하고 있거나 힘들게 시장을 개척했다 하더라도 지속적인 관리가 되지 않는다는 것이 현재 공통적인 상황이었다. 이는 매우 안타까운 현실일 뿐만 아니라 수출 주도형 국가인 대한민국에서 당장 해결해야 할 시급한 문제이다.

그러면 해외 시장 판로 개척과 영업 활성화 및 시장의 규모

확대를 위해서 기업에 필요한 것들은 무엇일까? 우선 이런 업무를 수행할 수 있는 인력과 조직이 필요하다. 또한 해외영업 조직 내 구성원들의 역량도 뒷받침되어야 한다. 업무별 요소요소에 적절히 배치된 역량을 갖춘 핵심 인력들이 자신의 역량을 시의적절하게 발휘하여야만 수출 활성화가 이루어진다.

하지만 현실은 너무나 달랐다. 대체로 해외영업 조직의 인원은 평균 3~5명 정도이고, 마케팅에 대한 지원은 영업사원이 병행하는 경우가 대부분이다. 또한 해외 시장만 전담하여 고객의 불만을 해결해 줄 인력도 없기 때문에 국내 영업을 지원하고 있는 고객 지원팀에게 따로 요청하거나 도움을 받아야 하는 것이 현실이다. 좀더 쉽게 얘기하면 다른 부서에 도움을 요청하거나 사정해야만 마케팅 인력이나 고객 지원 인력의 지원을 받을 수 있다는 이야기다.

좀더 심한 경우는 개발자, 즉 연구원들이 직접 영업까지 뛰어야 하는 상황이다. 더 나아가서는 기업의 대표가 직접 해외 시장에 나가 현장에서 고군 분투하는 경우도 있다. 문제는 여기에서 끝나지 않는다. 해외영업팀의 영업사원들은 매출과 실적으로 평가를 받는 직업군이기 때문에 상당한 스트레스와 매출 압박을 견뎌내야 한다. 왜냐하면 수출 기업 대표가 바라보고 기대하는 해외 시장은 크기는 매우 크고 그 국가의 수도 많기 때문이다.

영업사원에게 기대하는 실적과 실질적으로 눈에 보이는 마감 매출의 수치가 큰 차이를 나타내기 때문에 서로 불편한 상황이 연속적으로 발생한다. 노력해야 할 시장이 충분이 넓고 많음에도 불구하고 실적을 내지 못하는 영업사원은 능력이 부족한 것으로 인식되기 십상이다. 그렇기 때문에 한 회사에 오래 재직하는 영업사원들은 생각보다 많지 않다. 2년 또는 3년에 한 번씩 이직하는 것이 현실이다.

해외영업을 하려면 국가별로 축적된 지식과 노하우 그리고 모든 관련 데이터베이스가 유기적으로 공유되고 연동되어야 하지만, 잦은 인원 교체 때문에 지속적으로 유지·관리되지 못한다. 해외영업 파트의 인력 관리 부분에서 이런 연결성과 지속성을 유지하는 것은 결코 쉬운 일이 아니다.

이러한 현실과 상황을 지켜보면서 문득 내가 할 수 있는 일이 무엇일까 고민에 빠지게 되었다. 그러던 중 18년 동안 내가 경험한 영업, 마케팅, 그리고 국제무역에서 축적된 노하우들을 더 많은 사람들에게 나눠야겠다는 생각을 하게 되었다. 물론 30년, 40년 넘게 이쪽 분야의 노하우를 가지고 계신 분들도 많다. 하지만 앞에서 언급했듯이 인력 관리의 연결성 부족 때문에 모든 지혜와 지식 그리고 중요 데이터들은 각자의 노트북 또는 각자의 가슴에 그리고 심장 안에서만 숨쉬고 있다. 그렇기 때문에 필자는 해외영업인 및 해외영업인을 꿈꾸는 후배들을 위한 잘 정리된 가이드북이 필요하다고 생각했다.

누구나 쉽게 읽을 수 있고 쉽게 이해할 수 있는 잘 정리된 책 한 권이 아쉬운 시점이다. 하지만 안타깝게도 나의 바람을 만족시키는 책들을 시중에서 찾지 못했다. 사명감 비슷한 마음을 가지고 이번 책을 준비하게 된 이유도 이 부분이 가장 크게 작용했기 때문이다.

나는 소망한다.

기업은 유능한 인재를 찾아야 하며, 이렇게 선발된 인재들에게 적절한 직무를 수행시키면서 최고의 업무 효율을 이끌어내야한다. 이것이 기업의 내부 역량 강화의 가장 근본이다. 하지만 여러 내부적 사정으로 인해 신입 사원이나 사회 초년생들을 위한 내부 교육은 준비되어 있지 않거나 적절하게 진행되고 있지 않다.

이 책을 펴내면서 필자의 작은 소망은 해외영업을 꿈꾸는 취업 준비생들에게는 해외영업을 좀 더 잘 이해할 수 있게 하고, 어떤 일을 어떻게 해 나가야 하는지 그 개념적인 부분을 정확하게 잡을 수 있도록 도움을 주는 안내서가 되었으면 좋겠다는 것이다. 그리고 현재 해외영업 조직에서 실무를 담당하고 있는 국가별 해외영업 담당자, 마케팅 매니저, 로지스틱 무역 사무 담당자 그리고 해외 AS(고객 지원)를 담당하고 있는 모든 직원들에게 직무별 역량 강화를 위한 실무 가이드 역할을 할 수 있기를 바란다. 또한 기업을 운영하는 CEO 또는 경영진들에게는 다양한 시도와 새로운 접근법을 접함으로써 해외 시장 개척과 활성화를 위한 전략적 스펙트럼을 넓히는 기회가 되었으면 한다. 물론 1인 기업으로 수출 및 수입 업을 시작하고자 하는 모든 이들에게도 해외영업 및 국제 무역의 A부터 Z까지 기본적인 업무 프로세스를 익힐 수 있는 해외영업 매뉴얼이 되기를 바란다.

이 책은 이렇게 읽기 바란다.

이 책은 해외영업을 뛰면서 고민해야 할 다양한 내용을 장별로 구분하여 모아 놓았다. 취업 준비생이나 직장 초년생들은 앞쪽의 고민거리부터 읽는 것을 추천하고, 현재 해외영업 조직에 속해 있으면서 국가별 해외영업을 맡고 있는 영업사원들이나 마케팅 매니저들은 현재 가지고 있는 문제에 대한 고민거리를 상황별로 찾아서 볼 것을 추천한다. 기업의 CEO나 경영진들 그리고 해외영업을 책임지고 있는 영업부문장 또는 해외영업팀장들은 뒤쪽에서부터 읽기를 추천한다.

차/례

제4장 매출 신장 전략

제5장 인허가 관리

제6장 소개 및 홍보 자료 만들기

제7장 해외 출장

제8장 바이어 미팅

제9장 매출 증대를 위한 마케팅 전략

제10장 해외영업 에피소드

제**1**장

해외영업 개요

해외영업팀에서 일하는 것은 생각보다 쉬운 일이 아니다. 해외영업이라고 하면 보통 멋진 정장을 입고 비행기를 타고 해외의 유명 국제 공항을 오가며, 해외의 바이어와 만나 미팅하고 비즈니스를 하는 모습을 떠올릴 것이다.

하지만 꼭 그런 일만 하지는 않는다. 해외영업이라는 업무를 하려면 우리가 생각한 것보다 더 다양한 일을 해내야 한다. 전체적인 업무 범위를 살펴보면 국가별 시장 조사에서부터, 제품 개발에 필요한 시장 요구 사항 취합 정리, 시장별 바이어 발굴, 회사와 제품 소개, 계약 조건에 맞춘 협상, 제품의 판매, 그리고 판매 이후에도 고객 불만 접수 및 대응까지 그 업무 범위는 우리가 일반적으로 생각하는 것보다 훨씬 넓다. 뿐만 아니라 국제적 비즈니스이기 때문에 계약 이행, 수금, 그리고 지불 조건에 따라 발생하는 채권에 대한 회수 작업까지 국제적인 무역 및 상거래 규칙에 따른 업무를 철저하게 실수 없이 진행해야 한다.

1.1 해외영업 A to Z

해외영업의 가장 기본적인 업무는 당연 수주 및 매출 관리이다. 상품을 파는 행위를 영업이라고 한다면, 수주는 그 상품을 판매하고 공식적으로 고객으로부터 주문서를 받았다는 것을 의미한다. 그 다음으로는 계획 대비 월별 매출 관리가 있다.

기업들은 보통 24~25일 경에 직원들에게 월급을 지급한다. 기업을 운영하면서 오너들의 가장 큰 걱정거리 중 하나는 직원들에게 월급을 주는 일이다. 회사에서는 사업을 유지하기 위해 다양한 비용을 지출하지만, 그 중에서도 제일 중요한 비용이 직원들의 월급이다. 그 비용은 바로 영업 이익에서 만들어지는데, 그 이익은 제품을 판매한 이후 회수하는 수금에서 비롯된다. 영업사원들은 물건을 잘 파는 것도 중요하지만, 수금이라는 막중한 업무도 병행해야 한다. 그러므로 사업계획에서 할당된 월별 매출액과 수금액을 모두 달성해야만 기업이 순탄하게 운영될 수 있다.

영업사원 개개인에게는 월별로 각자 달성해야 할 목표 액수가 있기 때문에 그것을 항상 체크하면서 부족한 부분에 대한 고민을 지속해야 한다. 따라서 매출 관리도 매우 중요한 업무라 할 수 있다. 사업계획에는 단순히 월별로 달성해야 할 매출액만 들어있지 않다. 모델별 판매 예측량도 있고, 신제품 출시 계획도 들어 있다.

이런 경우에는 내부적으로 계획된 일자에 맞춰 사전에 홍보 및 광고 작업도 진행해야 한다. 하지만 개발이 늦어지거나 인허가 업무가 지연될 경우에는 제품을 판매할 수 없기 때문에 계획한 매출에 큰 타격을 받을 수도 있다. 그렇기 때문에 계획 대비 매출을 달성하는 데 문제가 될 상황이 있는지 미리 고민하고 진행 사항을 꼼꼼하게 점검하고 보고해서 매출에 방해가 되는 요소를 미리 제거하는 작업이 필요하다. 단순하게 "연구소가 제품을 늦게 개발했어요. 또는 인증 팀이 허가를 늦게 받았어요." 하고 끝낼 문제가 아니기 때문이다. 연구소 또는 인허가 팀과 사전에 업무 협의를 진행하여 필요한 정보을 얻고, 해외영업 팀에서 도와줄 일을 적극적으로 찾아 해결하려는 업무 태도가 필요하다.

국제 경기 상황은 언제나 순탄치만은 않다. 국가 간의 정치적 문제 또는 다양한 재난 그리고 여러 사건들로 인해 구매력이 현저히 떨어지는 상황이 발생할 수 있다. 그리고 강력한 경쟁 상대가 시장에 나타나서 매출에 타격을 입기도 한다. 그렇기 때문에 계획 대비 판매가 미진한 시장 및 국가에서는 지속적인 모니터링이 필요하다. 또한 연(年) 마감일까지 계획된 수치를 맞추기 위해 중·장기적 영업 전략도 세워야 한다.

분기 마감(1~3월) 또는 상반기 마감(1~6월까지)을 한 결과 계획 대비 매우 미흡한 실적이 나오는 시장이 있다면 만회 방안(Recovery plan)을 고민하고 실천 계획을 수립해야 한다. 시장 상황이 너무 좋지 않아 해당 시장(국가)에서 자체적 만회가 불가능한 경우에는 다른 시장을 개척하여 추가 매출을 달성하는 방법을 찾아 부족한 매출액를 보충해야 한다.

아무리 영업이 힘들어도 고객으로부터 오더를 받는다면 영업 사원은 즐겁고 보람을 느낄 것이다. 여기에서 끝나면 좋겠지만 업무는 계속 진행된다. 받은 주문을 생산 팀에 정확히 전달해야 하기 때문이다. 단순한 제품일 경우에는 모델 이름과 주문 받은 수량만 전달하면 되지만, 제품 자체가 복잡하거나 주문 방식이 다양한 경우에는 여러 옵션이나 기능 추가에 대한 부분도 있으므로 고객이 원하는 부분을 정확하게 생산 팀에게 전달해야 한다. 장기 프로젝트나 대형 입찰을 진행할 경우에는 연구소와 생산 팀과의 긴밀한 협의가 필요하다.

생산 팀에 주문을 넣고 난 다음에는 제품을 해외로 발송하는 수출 관련 업무를 진행해야 한다. 제품 준비 완료일을 기준으로 적절한 포장 방법을 선택하고, 선박의 컨테이너 사용 가능 여부도 확인해야 한다. 언제 공장에서 물건이 출하되고 언제 공항 또는 항구에 도착해서 선박에 적재하는지, 목적 국가에 도착한 상품을 어떤 식으로 목적지에 운송할 것인지 등 전반적인 프로세스도 알아야 하고, 해당 국제 무역 업무도 진행해야 한다.

제품이 수입국 항구에 도착하면 해당 국가의 세관에서 제품을 잘 통관할 수 있도록 수입 통관 절차에 필요한 업무도 지원해 줘야 한다. 수입국 바이어의 창고에 잘 입고되어 현지 판매를 통해 최종 고객에게 잘 전달될 수 있도록 지원해야 한다. 설치 장비나 기기인 경우에는 설치 교육 및 사용 교육도 진행해야 한다. 판매 이후 접수되는 고객 불만에도 적극적으로 대응해 주어야 한다. 또한 기업 내부 프로세스로 향후 필요 수량을 미리 준비하는 차원에서 3개월 판매 예상 수량도 조사하여 생산 팀과 구매 팀에게 전달해야 한다.

계약 조건상 여신으로 진행했던 오더는 채권 추심 업무도 지속적으로 진행해서 잔여 채권이 악성 채권으로 전환되지 않도록 회수하지 못한 대금들은 최대한 빨리 받아내야 한다.

다음은 해외영업 업무의 개요이다.

● 수주 및 매출 관리

- 계획 대비 현재 매출 진행 상황 점검 및 보고
- 매출 부진 시장의 분기 또는 반기 단위 영업 전략 세우기
- 계획 대비 진척 상황을 확인하고 만회 방안*(Recovery Plan)*을 기획 및 실행하기
- 수주한 오더 및 프로젝트 예상 물량을 생산 부문에 정확히 전달하기
- 출하 준비, 포장, 스페이스 부킹, 스케줄 조율, 수금 확인, 출고 일정 확인, 최종 출고 진행
- 제품 판매 및 장비 설치 교육, 고객 불만*(클레임)* 대응하기
- 향후 3개월 출하 예상 물량/ M3 보고 및 생산 재고 수량 확보
- 지불 조건에 따른 잔여 채권 관리 및 추심 활동 시행

이렇게 간단하게 해외영업 업무의 개요를 알아보았다. 하지만 각각의 프로세스마다 좀더 다양하고 섬세하게 일들이 진행된다. 이제부터 하나씩 같이 살펴보도록 하자.

제2장

해외영업팀 적응기

앞 장에서 나열한 해외영업의 개요만 보더라도 해외영업
은 하는 일이 매우 다양하고 쉽지 않다는 것을 알 수
있다. 그리고 월 마감이라는 매출 압박 스트레스도 매우 무겁기
때문에 이직률이 높은 직업군 중의 하나이다. 그렇다 보니 회사
를 이직하면 또다시 감당해야 할 일들이 발생한다. 새로운 사람
들과 다시 인간관계를 형성해 나가야 하는 것은 기본이다. 나아
가 회사에서 취급하는 제품 및 서비스 그리고 관련된 기술들을
공부해야 하고, 그밖에 새로운 기업 문화에도 적응해야 한다. 이
것은 신입 사원과 동일한 상황과 입장이라고 볼 수도 있다.

하지만 영업사원에게 가장 중요한 것은 아무리 뭐라 해도 실
적이다. 바로 매출이라는 수치이다. 매월 목표한 매출 수치를 달
성해야 한다. 이제 막 이직했다면 이런 저런 일로 정신이 없다.

그건 신입 사원들도 마찬가지이다.

그러면 이렇게 혼란스러운 시기에 영업사원들은 무엇을 어떻게 해야 할까? 가장 핵심은 이것이다. 우선 기본에 충실하라!

2.1. 입사 직후에 무엇에 집중해야 하는가

이직해서 다른 회사로 입사한 경력 사원과 졸업 후 취업에 막 성공한 신입 사원들 모두 당장 해외의 신규 시장을 개척하거나 새로운 영업 국가를 뚫기는 힘들다. 그렇다면 어느 정도 매출이 나오고 있거나 기존에 매출이 존재했던 기존의 고객에게 집중하는 것이 좋다.

현재 오더의 수량이 많은 대리점을 중심으로 어떤 점을 지원하면 매출이 더 오를지를 대리점 사장들과 함께 고민해야 한다. 또 어느 정도 매출은 나오지만 결정적으로 치고 나가지 못하는 시장인 경우에는 그 장애 요소를 파악해야 한다. 무엇이 대리점 영업 활동을 막고 있는지 확인하고, 그 확인된 장애 요소는 어떻게 제거할 수 있을지 고민해야 한다.

이전에는 거래가 있었으나 최근에 대리점과의 관계가 틀어져서 더 이상 매출이 발생하지 않는 시장도 고민해 보아야 한다. 물론 이런 시장은 커뮤니케이션하기가 쉽지 않다. 하지만 이미 우리 제품을 시장에서 판매해 봤다는 것은 해당 제품에 대한 이해도가 높고, 고객을 설득할 만한 노하우도 가지고 있다는 것이다. 이런 핵심적인 네트워크가 있다면, 굳이 어렵게 신규 바이어를 물색하기보다는 우선적으로 이런 대리점과 코레스(교신)를 진행하여 무슨 이유로 관계가 틀어지게 되었는지 먼저 확인할 필요가 있다.

　이때 발견된 원인이 영업사원 또는 지금 우리 기업의 상황에서 충분히 지원 가능한 부분이라면, 다시 비즈니스를 재개하자고 제안해 볼 수 있다. 물론 대리점 쪽에서 과거의 아픈 상처가 아직 다 아물지 않아서 매우 불쾌하고 무례한 태도나 행동을 보일 수도 있다. 하지만 비즈니스가 목적인 대리점 사장들은 그들의 이익을 보장하고 이전과 다른 면모를 보여준다면 다시 돌아올 것이다.

　거래처는 일정한 기준으로 구분해서 대응해야 하는데, 어떤 기준으로 구분하는 것이 좋을까? 기준은 바로 대리점별 역대 매출이다. 최대한 정보가 많을수록 깊이 이해할 수 있다. 3~5년 정도의 히스토리를 살펴보는 것보다는 10~15년 정도의 장기간 매출 히스토리를 정리하고 분석하는 것이 좋다.

2.2. 대리점별 담당자 확인 및 역대 매출 히스토리 분석

입사 이후 오더를 만들어내는 방법은 두 가지다. 하나는 내가 보유하고 있는 기존의 고객이고, 또 하나는 신규 고객의 확보다.

이 장에서 영업사원이 시행하는 매출을 위한 활동들은 이전 고객 또는 기존 고객에 대한 관리 활동을 의미한다. 신규 고객의 확보는 다른 장에서 다루도록 하겠다.

기존 고객은 우리가 앞으로 시장을 개척해 나가고 가망 고객을 늘려가는 데 중요한 역할을 하는 텃밭이다. 앞으로 제품의 브랜드 파워가 강해져서 기업이 지속적으로 성장할 때, 예고 없이 닥치는 외부적 환경 위기에도 버틸 수 있는 강력한 기업 생존의 근본이 된다. 그렇기 때문에 기존 고객 관리가 최우선시되어야 하고, 최대한 단단하게 시장을 만들어 놓아야 보다 안정적인 영업 활동을 펼칠 수 있다.

자! 이제 실질적인 업무를 살펴 보자. 해외영업팀에서는 영업사원을 AM이라고 부른다. AM의 의미는 지역 담당자(Area Manager)로 이해하면 된다. 아시아 AM이라고 하면 아시아 대륙을 책임지고 있는 영업사원이라고 생각하면 된다. 보통 해외영업에서 AM 한 명이 관리하는 국가 수는 9~17개 국 정도이다. 그 안에 대리점들까지 포함하여 15~23개 정도가 관리 포인트이다.

여기에서 매우 중요한 것은 내가 책임져야 할 대리점들의 콘

택트 포인트(Contact Point : 대리점 영업 책임 담당자)를 정확하게 파악하고 있어야 한다는 것이다. 콘택트 포인트가 대리점의 사장이 될 수도 있고, 영업 책임자 또는 마케팅 담당자가 될 수도 있다. 또한 바이어의 조직에 따라 구매 과장이 콘택트 포인트가 될 수도 있다.

일단 영업사원들은 각 대리점의 담당자 이름, 이메일, 전화번호는 기본적으로 알아야 한다. 추가적으로 알아둘 것은 Skype, Zoom, WhatApp, WeChat, LINE, Messenger, 카톡 등 바로 채팅과 영상 통화가 가능한 채널이다. 그리고 가능하다면 대리점별 담당자들과 영상 통화를 최대한 자주하여 얼굴을 보면서 일을 하는 것이 좋다. 친구들도 자주 만나는 친구가 더 친근감이 올라가는 것처럼, 조금 힘들더라도 바이어와 영상 통화를 자주 하는 습관을 들이면 친밀도가 올라가고 문제가 발생하거나 부탁이 필요한 상황에서 좀더 적극적으로 도움을 주고받을 수 있다.

대리점 담당자들과 연락이 어느 정도 이루어진 상태라면, 이제부터는 대리점별 매출 히스토리를 확인해야 한다. 가장 좋은 방법은 전체 연도를 모두 살펴보는 것이다. 예를 들어 회사 설립이 10년 전이라고 한다면 10년치 해당 국가 전체 매출을 연도별로 정리하는 것이 좋다. 물론 데이터에는 지금은 거래하지 않는 옛날 대리점도 있을 것이고, 하나의 대리점 또는 2~3개의 대리점과 거래하고 있을 수도 있다. 일단 대리점의 수와 상관없이 국가별·연도별 매출을 모두 정리하자. 그리고 그 시장에서 우리 제품의 수요가 얼마나 차지하고 있는지 매출 단위로 그래프로 그려 트렌드를 확인하는 것이 중요하다. 단일 제품이 아닌 다수의 모델을 수출하는 경우에는 모델별로 보다 세부적으로 자세하게 정리하는 것도 좋다. 베트남이나 인도처럼 국가의 지형적 특성이 독특하여 지역적으로도 매출 특성을 살펴봐야 하는 시장에는 지역별 매출 추세도 정리할 것을 추천한다.

이렇게 하면 영업사원은 자기가 책임지고 있는 국가의 평균 수요 및 매출을 어느 정도 가늠할 수 있게 된다. 그러면 이직하여 새로운 회사에서 어떤 지역을 맡게 되더라도 사업계획에서 이미 수립된 국가별 목표 매출의 성공 여부를 쉽게 판단할 수 있다.

매출 분석에 이어 중요한 한 가지가 또 있다. 그것은 바로 영

업사원 스스로 국가별 월 매출 목표를 항상 기억하고 있어야 한다는 것이다. 사업계획에서 AM이 감당해야 할 전체 매출 계획의 목표 수치도 알고 있어야 하고, 그 전체 목표 수치를 구성하고 있는 국가별·대리점별 목표 수치도 모두 머릿속에 담아두고 있어야 한다. 대리점 이름을 기억하기 힘들 때에는 모든 내용을 작게 프린트하여 재킷 안쪽 주머니나 바지 뒷주머니에 항상 넣고 다니면서 궁금할 때마다 꺼내서 보는 습관을 들이는 것이 좋다. 그렇게 매출에 대한 인지 습관을 지속적으로 들여야 하며, 만약 갑자기 수치를 기억해 내지 못할 때에는 주머니에서 바로 꺼내서 확인하면 된다.

회사에서 팀장 또는 대표와 영업적 이야기나 회의를 진행하는 경우가 종종 있다. 하지만 영업사원이 달성해야 할 목표 수치도 머리에 없고, 대리점별로 이루어내야 할 매출 수치도 인지하지 못한다면, 능력 없는 영업사원으로 치부되기 쉽다. 하지만 이와 동일한 상황에서 월별 목표 매출액을 프린트한 내용물을 뒷주머니에서 꺼내 하나씩 이야기해 나가고, 기존에 시도하려던 전략들까지 풀어낸다면 주머니와 작은 인쇄물에 대한 기억은 모두 사라지고 고민을 많이 하고 있는 영업사원으로 인식될 것이다. 남에게 잘 보이라는 이야기가 아니다. 내가 맡고 있고 책임져야 할 목표를 정확하게 알고 있어야 한다는 뜻이다.

이런 과정을 거치다 보면 어느새 어느 대리점이 매출 활성화 단계에 있고, 어느 대리점이 정체되어 있으며, 어느 대리점이 문제가 있어 거래가 중단되었는지 쉽게 알 수 있다. 영업사원에게 수치를 기억하고 고민하는 것은 기본 중의 기본이다.

2.3. 매출과 수주의 차이

영업사원의 능력은 영업한 만큼의 수치로 판단된다고 여러 번 이야기하였다. 하지만 회사마다 이 기준은 조금씩 다르다. 판매 또는 매출이라는 단어는 '물건을 내다 팔다'라는 의미이다. 그런데 회사에 따라서는 매출액을 수주된 계약 금액 기준으로 잡거나, 공장 출하일 기준으로 잡기도 한다. 또 어떤 회사에서는 수출 신고가 되어야 매출로 인정하고, 또 다른 회사에서는 선적 완료된 것만 매출로 인정하기도 한다.

수주와 일반 매출의 차이를 정확히 알아둘 필요가 있다. 왜냐하면 영업사원마다 보고 기준이 다르다면, 팀장 또는 부문장이

영업 통합 매출액을 월간 보고할 때 수치가 서로 일치하지 않아 낭패를 보는 경우가 종종 발생하기 때문이다. 그렇기 때문에 매출액은 공통된 기준으로 정확하게 집계되어야 한다.

보고서에 사용하는 수치의 기준을 알아보자. 우선 수주의 의미를 알아야 하는데, 수주란 영업사원이 받은 오더의 금액을 성과로 보고하는 방식이다. 계약서에 바이어의 사인을 받아내는 능력, 즉 오더 수령 능력을 성과로 인정해 준다. 아직 제품이 출하되지 않았더라도 영업 성과로 인정된다. 예를 들면 중남미 영업사원이 8월 15일에 브라질에서 100,000달러짜리 오더를 받았으나 출하 시기는 9월 말이라고 하자. 이 경우 수주 기반으로 매출을 관리하는 기업에서는 영업사원의 매출 성과를 오더를 받은 8월의 영업 실적으로 인정해 준다.

그런데 일반 매출 기준인 경우에는 주문서만 접수한 것은 매출로 인정하지 않는다. 반드시 수출 신고가 되어야 공식 매출로

인정하는 기업들도 많다. 가장 큰 이유는 회계 쪽 수출 기록과 영업적 매출 실적 수치를 동일하게 관리할 수 있기 때문이다. 여기서 매출은 영업사원이 오더를 수주하였더라도 수출 신고가 되지 않았거나 출하가 되지 않았다면 마감 보고 수치에 포함시키지 않는다. 제품이 수출면장을 끊고 출하되어야만 영업사원의 영업 성과로 인정을 한다는 의미이다. 매출 기준으로 보고가 진행되는 경우에는 오더 접수부터 출하 및 국제 운송 부분까지 끝까지 신경써야 하기 때문에 납품일까지 긴장의 끈을 놓을 수가 없다. 조그마한 실수로 월말 출하가 진행되지 못하면 해당 매출 수치는 그 달의 보고 성과에 잡히지 않기 때문이다. 그 매출액은 다음 달로 이월된다.

　이해를 돕기 위해 쉬운 예를 들어보자. 영업사원이 8월 7일에 칠레로부터 오더를 수주했다. 공장 출하와 선적 일정이 8월 29일이었는데, 제조 문제 또는 운송업체 문제로 인해서 선적이 되지 않고 9월로 출항 일정이 밀렸다는 통보를 받았다. 이런 경우 팀장에게는 매출액에 포함시켜 월 마감 보고를 하였으나, 월말에 해당 매출액이 빠지게 되기 때문에 팀 전체적으로 빠진 수치만큼 다시 채워야 하는 매출 부담을 주게 된다. 다시 말해서 다른 지역 영업사원이 내가 펑크낸 매출액만큼 더 부담해야 하는 경우가 발생한다. 하지만 이미 월말인 상황이라 추가로 오더를 받기도 쉽지 않을 뿐더러 선적 작업을 위한 운송 예약 및 진행도 쉽지 않다. 전체 매출액에서 마이너스난 매출액은 사장에게 최종 보고되고, 계획 대비 부족한 매출은 기업에게는 큰 부담이 된다.

수주를 기준으로 영업 성과를 평가하는 회사에서는 그렇게 큰 부담을 가지지 않겠지만, 출하 기준 또는 선적일 기준으로 영업 성과를 평가하는 기업인 경우에는 특히 매월 3주차 또는 4주차에 신경을 더 써야 한다. 이런 경우에는 상황을 빨리 파악하여 대응할 필요가 있다.

2.4. 철저한 바이어 관리(매출, 수금)

영업사원의 매출 보고는 본인이 담당하고 있는 지역을 보다 잘 관리하기 위하여 본인이 직접 분석하고 이해하기 쉽게 정리하는 파일을 말한다. 물론 그 내용 중 일부를 요약해서 팀장에게 보고하려는 부수적인 목적도 있다. 영업사원마다 자신의 스타일에 따라 형식이나 보고 양식이 조금씩 다를 수 있으나 필수적으로 들어가야 할 내용들은 동일하다.

먼저 국가별로 구분되어 있어야 한다. 이미 시장이 활성화되어 다수의 대리점 또는 바이어를 보유하고 있는 시장에서는 해당 국가 안에서 대리점별 구분이 필요하다. 또한 주별 오더 가능성 및 추가 오더 진행 사항에 대한 내용도 기록한다. 매주 사장에게 보고해야 하는 회사라면 해외영업팀장은 주 단위로 시장의 변화와 대리점의 추가 매출 오더에 대해서도 보고해야 한다.

월간 보고가 원칙인 회사라면 주 단위 보고를 생략하거나 격주로 상황 보고만 받고, 월말에 월간 보고로 갈음하기도 한다. 월간 보고의 필수 사항은 계획 대비 매출 마감 예상 금액, 수금 예상 금액, 기타 특이 사항 및 행사 일정 등이다. 하지만 이 내용들 역시 기업의 대표 또는 해외영업팀장의 성향이나 보고 요구 사항에 따라 달라질 수 있으므로 그 기준에 맞추어 보고서를 준비하면 된다. 이때 중요한 것은 계획된 매출 수치의 달성 가능 여부, 달성이 불가능하다면 얼마나 매출이 줄어드는지, 그리고 만회할 수 있는 대안으로 다른 시장에 시도할 만한 전략과 어떠한 고민과 노력을 하고 있는지 등 상세한 부분까지 준비하는 것이다.

이렇게 주 단위 보고나 월간 보고에 들어갈 마감 수치를 정리하기 위해서는 대리점 사장들과 밀접하게 코레스(correspondent)를 진행하여야 한다. 계획된 매출 수치를 서로 인지하고 있어야 하고, 월별로 그 수치의 달성이 가능한지 아닌지를 최소한 주 단위로 연락을 취해 조율하여야 한다. 연락을 너무 자주 하는 것이 아니냐 라고 생각할 수 있다. 계획된 수치를 자신 있게 채울 수만 있다면 연락을 한 달에 한 번도 하지 않아도 된다. 그렇지 못하는 상황이라면 최대한 피드백을 자주하여 현 시장을 파악하고 변화에 대응하면서 수치를 같이 만들어가야 한다.

수금도 매출만큼이나 중요한 부분이다. 기업의 궁극적인 목표가 이윤 추구인 만큼 물건을 아무리 많이 팔아도 돈을 받지 못한다면 회사에 이익이 발생하지 않는다. 100% 선금으로 돈을 미리 다 받고 물건을 보내면 너무나도 좋겠지만, 그런 경우는 거의 없다. 거래 액수가 커지거나 대리점과의 관계가 깊어질수록 판매 활성화를 위해 대금 지불 조건이 다양화되고, 지속적으로 진화해 나간다. 전액 100% 사전 지불 조건에서 다양한 여신 조건으로 변경되는 경우가 비일비재하다. 그러다 보면 내가 판매한 물건에 대한 대금을 받는데도 대리점의 눈치를 봐야 하는 경우도 발생한다. 12월 말에 영업사원이 계획된 매출 수치를 맞추기 위해서 친한 바이어에게 사정해 가면서 물건을 선적해야 하는 상황도 발생한다.

이와 같은 경우에는 가격이 되었든, 지불 조건이 되었든 상대적으로 평상시 조건들보다 바이어에게 유리하게 거래가 이루어지는 경우가 많다. 이때 바이어가 여신을 요청하게 된다. 이와 같은 조건으로 판매된 상품은 대리점의 창고에 그대로 쌓여 있게 된다. 이렇게 재고가 된 배경을 양쪽이 모두 잘 알고 있는 상황일

때는 채권 추심이 매우 어려울 수밖에 없다.

영업사원이 연(年) 마감 실적이 부족하여 도와준 바이어 입장도 감안해야 한다. 물건은 안 팔리는데, 수금해 달라고 제조사에서 연락이 오거나, 해당 영업사원에게서 추심 메일을 받고 우편으로 배달된 인보이스를 보게 된다면 좋아할 대리점 사장은 그 어디에도 없을 것이다. 그렇기 때문에 연말 프로모션을 진행하더라도 여신을 적용하는 방법보다는 다른 방법을 고려하여 돈을 받고 물건을 내보내는 것이 좋다. 예를 들면 보너스 상품 또는 옵션을 무료로 지원해 준다거나, 대금은 우선 다 받고 나중에 사용할 수 있는 서비스 부품을 구매할 수 있는 쿠폰을 제안하는 방법도 있다.

하지만 심적으로 쫓기는 상황에서 이런 여유 있는 고민을 해내기도 쉽지 않다. 그렇기 때문에 대리점 사장에게도 어느 정도 심적 안정을 취할 수 있는 시간을 주어야 한다. 그 기간이 끝나더라도 판매 실적을 고려하여 추심 활동을 할 것을 추천한다. 잘못 대응하면 '물에 빠진 사람 구해주니 보따리 내놓으라 한다'라는 느낌을 바이어에게 줄 수도 있다.

이렇듯 매출뿐만 아니라 수금할 때에도 영업사원과 대리점 사장들과의 친밀도는 매우 필요하고 중요하다. 이런 상황에서 매출과 수금을 철저하게 관리하려면 연락만 자주하지 말고 영문으로 작성된 공통 파일과 양식을 토대로 이야기를 진행해 나가야 한다.

서로 같은 이야기를 하고 있지만, 표현하는 도구가 다를 경우에는 이해하는 데 시간과 에너지를 낭비할 수 있다. 이를 방지하기 위해서는 처음 대리점을 세팅할 때 공통된 양식의 커뮤니케이션 툴을 장착해 놓는 것이 제일 좋다. 가장 좋은 케이스는 영업사원이 팀장에게 보고하는 양식과 대리점이 영업사원에게 주는 양식이 동일하거나 유사한 형태이다.

서로 정보를 주고받는 일자도 정해 놓는 것이 좋다. 예를 들어 영업사원이 팀장에게 보고하는 일자가 매주 마지막 주 수요일이라면, 대리점 사장에게는 그 전 주 금요일까지 데이터를 받는 것으로 고정해 놓으면 좋을 것이다.

이렇듯 매출과 수금의 철저한 관리는 곧 대리점(바이어) 관리에서 시작된다. 철저한 대리점 관리를 위해서는 서로 약속된 공통 양식의 보고서를 정기적으로 주고받아야 한다. 이런 활동들이 자동화되면 영업사원은 여기에 할애해야 할 시간과 에너지를 아끼게 되고, 그 에너지와 시간으로 시장 개척 및 활성화 전략에 좀 더 집중할 수 있다. 가장 먼저 이런 루틴을 세팅하는 것이 습관이 되면 새로운 시장을 개척하거나 활성화하는 데 유리하고, 시간이 갈수록 시간과 에너지를 절약할 수 있다. 따라서 신입으로 입사하거나 다른 회사로 이직하면 초기 세팅에 전념하기 바란다.

제3장

업무 보고

보 고는 현재 진행되고 있는 영업 상황을 영업사원이 매일 또는 구두로 팀장에게 알려주는 행위를 말한다. 여기에서 가장 중요한 포인트는 보고한 내용과 실제 결과 사이에 갭이 크면 안 된다는 것이다. 영업사원이 월 매출 마감 예상 수치를 팀장에게 보고하였는데, 월말에 실질적으로 마감을 못한다면 그것은 올바른 보고라고 할 수 없다.

100만 달러 매출이 기대된다는 보고를 했으면 적어도 보고한 수치에 근접한 실적을 내주어야 한다. 만약 정확도가 30%도 안 된다면 나머지 70만 달러 이상의 매출을 월말에 어디서 어떻게 끌어오겠는가? 그렇기 때문에 영업사원은 자기가 판단하였을 때 매출이 불확실한 오더는 보고 내용에서 제외하여야 한다. 이것은 쉽지 않은 선택이 될 것이다. 월초에 불확실한 오더를 다 제외해 버

리면 주간 보고를 할 때마다 팀장으로부터 매출 실적 압박을 받게
될 것이다. 그렇다고 되지 않을 오더를 된다고 보고하면 월말에
보고한 내용대로 마감하지 못하게 되어 무책임한 영업사원이 되
기 쉽다.

보고는 어떻게 하는 것이 가장 좋을까? 영업사원은 자신이 진
행하는 오더에 대하여 자신감이 있어야 한다. 그렇다면 진행 오
더에 대한 자신감은 어떻게 기를 수 있을까? 이것은 진행 오더에
대하여 바이어와 많은 코레스(correspondence)를 진행하고, 필요하
다면 유선 통화나 영상 통화를 통해서 영업사원 스스로 해당 프
로젝트를 잘 이해하고 있어야 한다.

해외영업은 시장 자체가 워낙 다양하고 급격하게 움직이고
변하기 때문에 정확한 예측은 거의 불가능하다. 하지만 영업 파
트에서 수치를 제시하지 않으면, 생산이나 구매 부문에서 적극적
인 대응이 어렵기 때문에 이 수치는 반드시 필요하다. 영업사원
과 바이어의 잦은 교신을 통해 지속적으로 피드백한다면 해당 프
로젝트를 담당하고 있는 대리점의 영업사원들도 긴장하게 되어
오더를 성공시킬 확률이 좀더 커지게 된다. 보고 시 매출 예상은
70% 보고하고, 부족한 수치 30%는 한 달 동안 영업사원의 노력
과 의지로 끌어올리면 된다.

보고의 양식과 주기는 기업마다 또는 해외영업팀장들의 성향
에 따라 다양하다. 하지만 최종 보고는 팀장이 기업 대표에게 하
는 것이기 때문에 기업 대표의 성향이 보고의 방향과 형태를 결

정하는 경우가 많다. 보고는 받는 사람에게 맞춰야 하기 때문에 팀장의 보고와 영업사원의 보고 양식은 아무래도 기업 오너가 원하는 방향으로 결정되기 마련이다. 보통 영업사원과 팀장 간의 보고는 주간 보고로, 팀장과 대표 간의 보고는 월간으로 진행된다. 하지만 특별한 이벤트 또는 이슈가 있을 때에는 상황에 따라 그 주기를 더 짧게 또는 더 길게 가져갈 수도 있다.

지금부터 보고 방식에는 어떤 것들이 있는지 하나씩 살펴보도록 하자.

3.1. 정기 보고

3.1.1. 일일 업무 보고

일일 업무 보고는 보통 퇴근 전 오후 5시쯤 하는 경우가 대부분이나, 오전 9시부터 진행하는 회사도 있다. 퇴근 전 보고는 이메일로 자유롭게 보내거나 네트워크 또는 온라인 플랫폼에 있는 특정한 포맷의 서식을 채우는 방법을 채택할 수도 있다. 이 또한 회사마다 팀장의 성향에 따라 달라진다.

일일 보고의 내용은 오늘 진행한 업무의 제반 사항을 정리하고, 다음 날 진행할 내용을 간단히 요약 보고하면 된다. 진행 중인 프로젝트라면 현재 상태를 보고하면 되고, 완료된 프로젝트라면 결과를 보고하면 된다. 진행 중인 프로젝트에 문제가 발생하였다면 문제점을 정확하게 보고하고, 도움이 필요하다면 관련 내용을 정확히 기술하여 문제를 해결하도록 팀장에게 전달한다.

일일 업무 보고를 아침 9시에 진행하는 팀장들도 있는데, 이경우는 팀장이 이미 영업사원들의 전반적인 업무 내용은 알고 있는 상황이다. 어제 진행한 업무를 간단히 정리하고, 오늘 해야 할일에 대해 집중적으로 보고받는 형태라고 보면 된다. 어제까지의 프로젝트 현황을 보고하고, 특이 사항이 있으면 세부 내용까지 보고한다. 만약 해결되지 않는 부분이 있으면 팀장에게 보고 후 도움을 받아 업무를 처리하면 된다.

사실 영업사원들은 잦은 보고를 매우 싫어한다. 보고를 위해서는 무엇이라도 적어야 하고, 팀장에게 매일 대면 보고를 하는 것도 여간 스트레스가 아니기 때문이다. 그렇기 때문에 많은 팀장들은 일일 업무 보고는 받지 않으려고 한다. 하지만 긴급하게 처리해야 할 상황이라면 일일 업무 보고가 진행될 수도 있다.

3.1.2. 주간 업무 보고

주간 업무 보고는 일주일에 한 번 진행한다. 영업사원은 일주일 동안 진행한 주요 업무를 정리하여 보고한다. 이때 팀장은 영업사원의 업무 성과를 부분적으로 파악할 수 있고, 영업사원 역시 마감까지 총 4주의 소요 시간 중 1/4이 지났기 때문에 매출 마감 측면에서 본인의 실적을 스스로 평가할 수 있다. 프로젝트인 경우에는 진행 중인 오더를 지속적으로 리마인드하면서 긴장감을 유지시킬 수 있다.

이러한 주 단위 긴장감은 영업사원의 집중도를 높여 더 많은 오더를 받을 수 있는 확률도 올려준다. 팀 전체가 한자리에 모여 동시에 보고를 진행하는 경우도 있다. 영업사원들의 시간적 효율을 중요시하는 팀장은 본인이 이야기를 4~5번 반복할지라도 팀원들에게 각각 따로 보고를 받아 영업사원들의 보고 시간을 최소화하기도 한다.

주간 업무 보고는 한 주를 정리하는 보고인 만큼 월 마감 매출 수치를 기준으로 달성 가능성에 대한 보고 내용이 주를 이룬다. 지금 상황은 어떠하고 이대로 순탄하게 마무리될지, 아니면 상황이 어려워져 적극적인 대안을 찾아야 할지, 여러 방면으로 매출과 수금의 목표를 맞추기 위한 보고와 고민이 이루어진다. 주간 보고는 월간 보고와 다르게 마감의 느낌보다는 현재 진행하고 있는 가능성이 높은 오더 또는 프로젝트를 최대한 많이 만들어내고, 시도하는 부분에 좀더 집중된 보고가 이루어진다. 해외 출장이 있거나 국내 출장이 있을 때에는 팀장에게 일정을 포함한 리마인드 보고를 진행한다.

주간 업무 보고는 보통 통합 보고 방식으로 이루어진다. 통합 보고는 다시 개요 보고와 상세 보고로 나뉜다. 통합 보고는 전체적으로 한 개의 파일로 진행한다. 개요 보고와 상세 보고로 나눠서 따로 진행할 경우에는 연(年) 마감 전체적 매출 계획 대비 현재까지의 누적 실적에 대한 내용을 매출과 수금으로 구분하여 보고를 진행한다. 주요 내용으로는 월별 실적을 매출 성과와 채권 현황으로 보고하고, 특이 사항으로 팀장과 집중적으로 이야기해야 할 부분도 간단히 보고한다.

상세 보고 시에는 상당히 많은 내용을 정리하여 보고하는데, 이때 국가별 · 대리점별 주요 이슈 사항들이 보고된다. 주간에 진행된 업무 내용도 보고되지만, 다음 주에 진행될 업무도 같이 보고된다. 진행되고 있는 오더의 모델과 수량도 정확하게 거론되고, 가격 및 계약 조건도 보고되며, 필요 시 팀 내 협의가 이루어지기도 한다.

권역	담당	국가	대리점	금주 주요 이슈 (주간 중점 업무사항)	당월 매출금액(예상) 6월	M1 7월	M2 8월	M3 9월	
아시아	C. Young	국가	대리점	주요 이슈 사항	$100,000	$200,000	$3,000,000	$4,000,000	목
아시아 (독점)	AM 이름	러시아	ABC Company (전제품 독점)						실

3.1.3. 월간 보고

당월 말일 또는 다음 달 첫 번째 주 월요일에 해외영업팀장이나 부문장이 기업 대표에게 보고한다. 이 경우에는 매출 보고가 가장 중요하기 때문에 해당 월 매출 계획 대비 매출 실적이 어떻게 진행되었는지를 지역별 또는 핵심 국가별로 보고하거나, 통합하여 매출 마감을 보고한다. 또 누적 매출 실적도 보고한다. 예를 들면 1~8월까지 목표 매출 대비 현재까지 누적 매출 실적이 얼마인지를 보고한다.

당월 매출 마감 및 누적 매출 보고가 끝나면 다음 달 예상 매출을 계획 대비 얼마나 가능할지 보고한다. 다음 달이 3월이나 6월, 9월인 경우에는 분기 마감 보고도 같이 진행한다. 예를 들면 8월 당월 매출 보고를 마치고 나서 9월 예상 매출을 보고하고, 3/4분기 예상 매출을 계획 대비 보고를 진행한다. 3/4분기가 어느 정도 지나면 4/4분기의 예상 매출을 추가로 보고하는 경우도 있다.

연 마감 매출을 예측하여 상황이 좋지 않다고 판단되면 영업력을 강화하여 계획한 매출을 달성할 수 있도록 추가적인 전략을 세우거나 매출 만회를 위한 활동을 시작한다. 매출 보고를 마치면 수금 실적 보고를 진행한다. 당월 계획 대비 수금 실적과 당월까지 누적 수금액 보고, 그리고 다음 달 수금 예상액 보고를 진행하면 된다.

수금과 채권은 항상 같이 고민해야 하기 때문에 채권 현황도 보고한다. 채권 보고는 정상채권과 지연채권 그리고 악성채권으로 구분하여 보고한다. 기업 대표가 정량적 보고를 좋아하면 수치로 보고받는 것을 좋아하지만, 업무의 정성적 디테일을 중요시하면 월간 주요 업무를 상세하게 보고받거나 다음 달 업무 진행 상황을 세부적으로 보고받기를 바라기도 한다. 이런 경우에는 주요 시장 또는 중요 프로젝트에 대한 현재 상황 및 중요 업무 진행

현황도 세부적으로 보고한다.

20##년 월간회의

1) 9월 매출실적 및 9월까지의 누적매출실적

1-1) 9월 매출실적(마감)

사업계획: $000,000
9월 마감: $000,000

	유럽	중동	중남미	아시아
9월 실적 (마감)	$000,000	$000,000	$000,000	$000,000

1-2) 1~9월 누적매출실적(마감)

사업계획: $000,000,000
누적 마감: $000,000,000 (사업계획대비 56%, 작년실적대비 62%, 수정계획대비 70%)

	유럽	중동	중남미	아시아
1~9월 누적 실적(마감)	$0,000,000	$0,000,000	$0,000,000	$0,000,000

3.1.4. 분기 보고

분기 보고는 1~3월, 4~6월, 7~9월, 10~12월과 같이 3개월씩 묶어서 하는 보고이다. 1/4분기, 2/4분기, 3/4분기 그리고 4/4분기로 표기하고, 월간 보고와 동일한 내용으로 매출·수금·채권 등을 보고한다.

모든 보고에는 사업계획 대비 마감 실적이 포함되어야 한다. 분기가 6월 또는 9월인 2/4분나 3/4분기를 마감하는 보고일 때는 연(年) 마감 예상을 진행하고, 현재 상황을 고려하여 전체적인 목표를 달성할 수 있도록 고민하여 영업 전략을 펴 나간다. 6월 상반기 보고를 마친 상황이라면 3/4분기 또는 4/4분기도 예측해야 한다. 이 일은 실질적으로 거의 불가능에 가깝지만, 영업사원

이라면 이 또한 예측해내야 한다. 모든 예측은 5가지 예측 단계
를 거쳐 최종 수치를 결정하는데, 그 단계는 아래와 같다.

- **매출 확정** : 수금까지 완료된 상태
- **계약 완료** : PI에 Counter Sign을 받았거나 독립 계약서에
  양사 담당자의 사인이 날인된 경우
- **구두 승인** : 바이어가 유선 통화로 오더를 주겠다는 말을
  한 경우
- **확정 프로젝트** : 프로젝트가 살아 있고 바이어와 영업사원
  이 같이 프로젝트를 진행 중인 경우
- **프로젝트 쿠킹** : 아직 시작되지 않은 프로젝트로, 바이어와
  함께 프로젝트를 쿠킹하는 단계

이렇게 5단계로 구분하여 다음 분기 매출 예상치를 계산한
다. 거의 대부분의 영업사원들이 이것을 가리켜 소설을 쓴다고
얘기한다. 하지만 바이어와 밀접하게 모든 프로젝트를 이해하고
작업을 하고 있다면 불가능한 일도 아니다. 예측을 해 놓아야 그

	7월	8월	9월	3/4분기
매출확정+계약완료+구두승인				
매출확정 (수금완료)				
계약완료 (Counter Sign)				
구두승인				
추가작업중인 프로모션건 [전체 시도액 - (매출확정+계약완료+구두승인)]				
전체 시도액 (매출확정+계약완료+구두승인+추가작업)				

프로젝트와 오더는 성공할 수 있다. 예측할 수 없으면 그 존재도 알지 못하기 때문에 집중할 수 있는 기회조차 갖지 못한다.

3.1.5. 반기 보고

반기 보고는 1~6월까지 6개월 분에 대한 보고로, 상반기 마감 보고라고도 불린다. 7~12월은 하반기 보고인데, 이는 연(年) 마감 보고로 대치된다.

반기 마감 보고에서도 월간 보고나 분기 보고와 동일한 형식으로 매출·수금·채권에 대한 계획 대비 누적 실적을 보고한다. 그런데 반기 보고에서는 하반기 예상 매출을 보고해야 한다. 3/4분기와 4/4분기 예상 매출을 보고할 때는 상반기 매출 상황 및 하반기 매출 상황을 충분히 예측하여야 한다. 7월, 8월, 9월 각각 예상 매출 수치가 나오는데, 이는 영업사원의 의지를 포함하여 수치를 만들어낸다. 10월, 11월, 12월 각각의 매출도 예상해야 한다. 이때도 현실적인 상황을 고려하여 위의 5단계를 반영하고, 영업사원의 의지를 반영한 수치를 최대치까지 반영하여 보고한다.

그렇게 계획된 예상 매출의 최대치가 사업계획 대비 현저히 낮으면 매우 심각한 상황을 불러온다. 지역별·국가별·대리점별 모든 상황을 다시 확인해야 하고, 사업계획을 세울 때 수치를 채우지 못한 대리점들을 대상으로 철저히 원인을 파악하는 작업이 진행된다. 문제가 발견되면 문제를 해결해 나가고, 외부적 상황이 좋지 않아 구매가 이루어지지 않는 상황이라면 다른 국가 또는 시장에서 부족한 부분을 채워야 한다. 하지만 전체적인 상황이 좋지 않을 때에는 부득이하게 사업계획을 수정할 수밖에 없다.

코로나19 팬데믹으로 인해 얼어 붙은 전 세계의 시장 상황에서 대부분의 기업들은 매출이 반토막나는 지옥 같은 시간을 보냈다. 이런 경우에는 기존의 사업계획에서 매출 및 이익 부분을 재조정하고, 그 매출 수준에 따라 지출 예산 계획도 축소 조정하여 생존을 위한 기업 운영 전략으로 전향해야 한다.

기업은 지속적으로 성장하지 못하면 생존하지 못하고, 지속적 생존을 유지하지 못하면 결국 망한다. 그렇기 때문에 매년 지속 성장을 위해서 사업계획을 세울 때 설정된 매출 수치는 반드시 달성해야 한다. 하지만 반기 보고 때는 아직 반년이라는 시간이 남아 있기 때문에 계획 대비 실적이 부족한 시장을 중점적으로 남은 반년 동안 실행 가능할 만한 리커버리(Recovery) 전략을 세워 부족한 실적을 만회할 수 있는 방안을 중점으로 연구하여 보고한다.

3.1.6. 연 마감 보고

연 마감 보고는 지속적으로 성장하는 기업에는 축제와 같은 시간이 되겠지만, 계획 대비 실적이 많이 부족하거나 매출 곡선이 아래 방향으로 추락하는 추세에 있다면 영업사원에게는 이것보다 힘든 시간은 없다. 연 마감 보고는 빠르면 10월 말에 시작되며, 늦어도 12월 초에는 시작된다.

　12월 말에 진행되는 연 마감 보고는 그냥 형식적인 보고에 지나지 않는다. 4/4분기는 거의 죽음의 분기라고 생각해도 무방하다. 10월까지는 지난 달에 3/4분기 마감 보고를 마쳤기 때문에 영업사원에게 15일 정도의 정서적 휴식시간이 주어진다. 하지만 10월 15일 이후부터는 다음 연도 사업계획에 대한 계획안이 나오고, 11월에는 1차 계획안이 준비되어야 한다. 그렇기 때문에 연 마감도 진행이 안 된 상황에서 내년도 매출 계획을 병행해야 하는 상황이 발생한다.

　연 마감 보고에서는 3년 또는 많게는 과거 5년 치를 비교하여 성장률을 확인하는 보고도 진행된다. 작년 매출액 대비 올해 매

1. 분기 및 연 마감 예상

1-1. 사업계획 / 월별 목표

월/분기	현 상황 (영업사원 의지치 포함)	수정 계획 (월별 목표)
상반기 마감		
월 마감		
월 마감		
월 마감		
3/4분기		
월 마감		
월 마감		
월 마감		
4/4분기		
연 마감 예상		

출 성장률, 2년 · 3년 전 매출액 대비 현재 매출 상황 비교, 수금
이나 채권의 연도별 비교 데이터 등을 보고한다. 기업 대표가 정
성적인 보고를 좋아하는 성향이라면 연(年) 단위 주요 추진 업무
를 중점적으로 보고하면 좋다.

대형 오더 또는 프로젝트를 성공시키지 못했거나 대형 입찰
을 놓쳤을 경우라면 그 원인을 분석해서 보고한다. 신시장 개척
에 대한 부분도 매출 성장의 한 부분으로 보고하고, 반대로 매출
하락 지역은 그 원인과 이유도 구분하여 보고한다. 추가적으로는
경쟁사의 동향을 포함하여 보고하기도 한다.

3.1.7. 수금 보고

수금 보고는 사업계획에서 결정된 매출 계획 대비 월별 예
상 수금액에 대한 보고이다. 기업의 결제 방식에 따라 수금 보
고 역시 상당한 온도차가 발생한다. 예를 들어 전액 100% T/
T(Telegraphic Transfer) 선금 기준으로 모든 계약을 진행하는 기업에
는 수금 보고는 거의 의미가 없다. 왜냐하면 매출한 수치가 곧 수
금액이 되기 때문이다. 이와 같은 형태로 운영되는 기업에서는
수금 보고에 대한 관심이 없기 때문에 따로 심도 있는 보고나 논
의는 이루어지지 않는다. 그냥 형식적인 수치가 보고서 한 부분
을 채울 뿐이다.

하지만 기업 문화 자체가 여신을 많이 허용해 주거나 연말에

강력한 프로모션 또는 지불 조건을 풀어주면서 매출을 끌어당기는 기업에서는 상당한 비중의 채권이 발생한다. 이와 같은 기업에서는 월별 매출액 대비 현금 유입이 적기 때문에 과거부터 지속적으로 쌓여 온 채권에 대한 추심 활동 내용을 집중적으로 보고하고 논의를 진행한다. 이런 기업에서는 특히 월별 수금 보고 준비로 쓰여지는 에너지도 상당하다.

이란이나 터키 또는 중동 국가에서 한화로 수금하거나, 미국의 상황에 따라 수금에 문제가 발생할 수 있는 국가라면 상황에 따라 따로 보고해야 하는 경우도 있다. 대형 정부 프로젝트처럼 지불 조건이 까다롭거나 장기적으로 분할하여 결제받을 경우에는 환율 차이로 인해 환차손도 발생하기 때문에 따로 보고해야한다.

1) 수금실적 및 채권현황

1-1) 1~9월 수금 누적

구분	1월 (마감)	2월 (마감)	3월 (마감)	4월 (마감)	5월 (마감)	6월 (마감)	7월 (마감)	8월 (마감)	9월 (예상)	누적 (마감예상)
계획										
실적										

1-2) 10월 수금 예상:
사업계획: $0,000,000
마감예상: $0,000,000

1-3) 채권현황: ·

(10월7일 기준)

합	정상채권	지연채권

수금 보고는 월 수금해야 할 계획 금액, 월 매출로 수금할 금

액, 채권에서 수금할 금액, 잔여 채권 금액 등으로 구분해서 한다. 월 보고만 받는 경우도 있지만, 누적 매출 대비 전체 누적 수금액도 보고하는 경우도 있으므로 누적 합산 계획 대비 수금액도 보고 자료에 넣어야 한다.

3.1.8. 채권 보고

채권 보고는 기업의 특성이나 팀장의 관리 스타일에 따라 조금씩 다르다. 보통 반기에 한 번 정리 보고하는 기업도 있고, 연마감 전이나 다음 연도 사업계획 보고 시 진행하는 기업도 있다. 하지만 선금 지불 조건이나 L/C(신용장)* 진행 비율보다 D/A(외상수출어음)*, D/P(지급인도조건)* 외상 거래가 많은 기업은 매달 월간 보고 시 채권에 대하여도 매우 상세하게 보고가 이루어진다.

채권은 크게 아래와 같이 구분된다.

● AR(매출 채권)* : 매출 채권은 외상매출금과 제조사가 계약을 이행하고 향후 지속적으로 받아내야 하는 미래에 현금으로 받을 수 있는 권리나 채권을 말한다.

---

* L/C(*Letter of credit*) : 신용장
* D/A(*Document against Acceptance*) : 외상수출어음
* D/P(*Documents Against Payment*) : 지급인도조건
* AR(*Account Receivable*) : 매출 채권

- 지연 채권 : 바이어의 일시적인 사정으로 채권 회수 일정이 단기간 지연되고 있는 채권. 하지만 회수 가능한 채권을 말한다.
- 악성 채권 : 바이어의 사정 또는 비즈니스상의 문제로 인해 채권 추심 활동은 지속되고 있으나 회수가 장기간 지연되고 있는 채권으로, 회수 확률이 많이 낮아진 채권을 말한다.

채권 현황는 이렇게 세 가지로 구분하여 보고한다. 전체 누적 매출 수치 대비 현재 발생한 누적 채권을 먼저 보고한다. 그 다음 현재 예정대로 받아낼 AR, 지연되고 있으나 새로운 일정으로 회수가 예정되어 있는 지연 채권 그리고 지속적인 추심 활동이 이루어지고 있음에도 불구하고 장기간 회수하지 못하고 있는 악성 채권 등으로 구분해서 보고를 진행하면 된다.

채권은 받아내야 할 돈이므로 지날 달 또는 전 분기 대비 그 금액이 점차적으로 줄어들고 있음을 강조할 필요가 있다. 만약 채권액이 줄어들지 않고 반대로 증가하는 추세가 확인되면 해외영업의 전체적인 지불 조건 또는 영업 전 판매 전략을 전반적으로 검토해야 한다. 기업은 근본적으로 이윤을 추구한다. 아무리 수주를 잘하고 제품을 잘 만들어내고 매출을 늘렸다고 해도 채권 회수가 적절히 이루어지지 않는다면 영업 이익은 발생하지 않는다.

기업 문화에 따라 조금씩 다르겠지만, 고정 운영 자금을 채권 회수에 의지하는 기업은 시장 담당자별 전체 채권 금액만 관리하

는 것이 아니고 대리점별 모든 채권 현황을 보고 받고 관리하기
도 한다. 이 경우에는 영업사원이 바이어와 잘 협의하여 지불 조
건을 여신보다는 선금으로 조금씩 전향하는 것이 좋다. 그렇지
않으면 영업에 고민을 쏟아야 할 시간과 에너지가 모두 채권 추
심 활동에 할애될 수밖에 없기 때문이다.

3.1.9. 사업계획

마감도 못했는데 사업계획을 10월부터?

사업계획은 기업의 다음 연도 운영을 위해 세우는 계획으로,
모든 부문이 동시에 연말에 보고한다. 보통 사업계획은 빠르면
10월 중순, 늦어도 11월 초에는 발표된다. 영업 부문에서는 국내
영업팀, 해외영업팀을 시작으로 먼저 예상 매출액의 틀을 잡아가
기 시작한다. 매출액은 현재 시장 상황을 반영하여 예측하는데,
이때 영업사원의 의지를 포함하여 우상향하는 성장 그래프가 나
오는 형식의 매출 계획이 잡힌다. 부족한 부분은 신제품 출시 또
는 사업부를 다양하게 확장하는 방식을 추가하더라도 성장하는
그래프를 그릴 수 있는 목표 방향성을 설정한다. 매출 예상 수치
는 제품 모델별 그리고 판매 예상 수량까지 구분해서 예측한다.

영업 부문에서 모델별 판매 가능 수량이 산출되면 제조 부문
의 제조 계획이 나오고, 제조 계획을 기반으로 구매 계획이 진행
된다. 구매 계획이 나오면 지원 부분에서 예산 지출 및 통제 계획

을 수립하여 전반적인 매출 계획과 지출 예산에 대한 계획을 정리한다. 신제품 출시 및 신규 사업의 시작으로 발생하는 인력적인 부분과 추가로 발생되는 연구개발비 등을 고려하여 전체적인 매출 상승 곡선의 기울기를 결정한다.

예산은 보통 팀별 사용 예산을 기반으로 작성하는데, 이는 작년 예산 계정과 지출액을 기준으로 상황에 따라 상향 또는 하향 조정된다.

기업의 성장 정도에 따라 인력 충원 계획 및 조직 구성의 변화도 계획에 포함한다. 영업부문의 경우에는 광고선전비를 집중적으로 고민하고, 구매팀은 자재 구매 소요 비용에 대한 예산을 고민한다. 주요 행사에 대한 고민도 하는데, 해외영업의 경우에는 전시 또는 학회 참가 행사에 대한 계획도 보고한다. 해외에 법인이 설립되어 있는 기업인 경우에는 법인의 운영비와 매출 관련 부분도 동일하게 구분하여 계획을 수립한다.

- 10월 말 : 사업계획 작성 지침 및 양식 배포
- 11월 초 : 매출 계획 수립(제품별, 월별, 수량, 매출액)
- 11월 중 : 비용 예산 수립, 인력 계획 수립, 투자 계획 수립
- 11월 말 : 생산 계획 수립, 구매 계획 수립
- 12월 초 : 팀별 사업계획서 작성 및 1차 보고
- 12월 중 : 검토 및 조정, 목표 확정, 전략 확정, 2차 보고
- 12월 말 : 대표이사에게 보고 및 사업계획 확정

3.1.10. 해외영업의 사업계획(실적 분석 및 계획 보고)

전사적 사업계획은 앞에서 본 바와 같이 부분별로 따로 진행되지만, 영업부문의 매출 예상이 가장 선행되어야 한다. 또한 그 매출을 만들어내기 위한 판매 계획, 제품별 · 월별 예측 판매량까지 세부적으로 기획해야 한다.

이제부터 해외영업의 사업계획에는 어떠한 것들이 있는지 좀 더 상세하게 알아보자. 보통 영업부문의 사업계획은 대부분 수치로 이루어져 있지만, 그 매출 목표를 달성하기 위한 세부 전략도 필요하다. 여기에는 아래와 같은 내용이 포함된다.

● 당해 연도 주요 계획 및 실적 분석(매출, 수금, 채권)
● 다음 연도 주요 사업 목표(시장 동향, 추진 전략, 주요 일정 및 실행 계획)
● 다음 연도 매출 및 수금 계획(매출 계획, 수금 계획, 조직 운영 계획)
● 다음 연도 사업 예산(당해 연도 대비 증감 % 비교)

해외영업인에게 이 부분은 상당히 어려운 일 중의 하나이다. 연 마감을 하려면 아직 두 달이라는 시간이 남았음에도 불구하고 당해 연도 마감을 예측해서 진행해야 하고, 그 데이터를 기반으로 다음 연도 매출 계획을 수립해야 하기 때문이다.

핵심 내용은 전체 매출액 비교(당해 연도 대비 다음 연도 증가 % 비교), 지역별 · 시장별 분석 보고의 진행된다. 예를 들면 당해 연도 대비 25% 상승 목표로 유럽, 중남미, 아시아, 중동아프리카, 중국, 일본, 미국 등으로 구분하여 보고를 진행한다. 영업부가 팀으로 구분되어 있으면 영업 1팀, 영업 2팀의 실적 비교 보고도 추가로 진행된다. 해외 법인이 있는 경우에도 팀별 실적 보고 페이지에서 함께 보고하면 된다. 제품 모델별로 3년 또는 5년치 판매 수량 추이를 보고하고, 상승 또는 하강하는 모델이나 제품 군에는 어떠한 원인과 시장의 환경적 변화가 있는지 분석하여 보고한다.

모델별 보고는 수량을 기본으로 하지만, 총매출 비중도 비교하여 어느 모델이 매출에 많은 기여를 하고 있는지, 판매 노력에 비해 매출 효과가 높고 낮은 모델을 어떤 것들이 있는지 구분하여 보고한다. 시장의 트렌드 변화로 인해 인기가 없어 판매가 이루어지지 않는 모델은 단종 결정을 할 수도 있다.

특별히 집중해서 관심을 가지고 있거나 시장 활성화를 위해 회사가 전사적으로 애를 쓰고 있는 국가 또는 시장을 집중적으로 분석·보고하는 경우도 있다. 예를 들면 미국, 중국, 일본, 독일, 이태리, 그리고 환율이나 미국과의 관계로 변화가 심한 국가인 튀르키예나 이란 등이다.

3.1.11. 주요 사업 목표 및 실행 계획

이렇게 실적 분석 및 매출 계획을 보고하고 나면, 다음은 주요 사업 목표를 보고한다. 이 경우에는 시장별·국가별로 현재 시장 동향을 파악하여 보고한다. 현재 상황을 충분히 고려하여 매출을 달성하기 위한 추진 전략을 수립하고, 그 전략에 따라 주요 일정을 포함한 실행 계획을 확정한다.

3.1.12. 경쟁사 동향 파악

국제 시장의 경기나 시장별 구매력 현황도 중요한 고려 대상이다. 전반적인 수요 환경도 중요하지만 경쟁사의 동향 파악도 매우 중요하다. 우리 제품과 경쟁하는 경쟁사의 움직임을 파악하고 있어야 시의적절하게 대응할 수 있다. 우선 가격 부분을 살펴보자.

경쟁사가 제조 원가를 절감하여 대리점 공급가를 파격적으로 낮춘 경우에는 같은 기능을 가지고 있는 우리 제품으로는 매우 힘든 싸움이 예상된다. 또한 경쟁사의 기술적 진보가 우리보다 앞설 수도 있다. 우리 제품보다 앞선 기술을 선행 개발했거나 편리한 기능을 우선적으로 탑재한 경쟁사의 기술과 기능적 진보 또한 경쟁을 힘들게 하는 요소이다.

가격이나 기능적인 부분은 변화가 없지만, 파격적인 디자인으로 최근 트렌드를 반영하여 만든 신제품도 우리가 계획한 매출 계획에 타격을 줄 수 있다. 물론 반대의 경우도 있을 수 있다. 그것은 우리와 경쟁하고 있는 제품군을 단종했다든지, 기업이 통합되어 다른 산업군에 집중하고 있다든지, 기업 운영이 어려워 개발팀을 정리하고 고객 지원을 더 이상 하지 못하거나 늦장 대응을 하는 등이다. 경쟁사의 동향이 이와 같은 경우에는 우리는 더 적극적으로 시장을 공략하는 전략을 펼칠 수도 있다.

그러면 경쟁사의 움직임은 어떻게 확인할 수 있을까? 경쟁사가 매년 나오던 국제 전시회에 불참했거나, 가장 중요한 학회 스폰서에서 빠진 경우에는 상황 변화를 감지할 수 있다. 하지만 반대로 유럽에만 판매하던 제품이 미국 FDA 허가를 취득했거나, 중국 CCC 인증이나 일본 후생성 인증을 획득한 경우에는 다른 대형 시장에도 집중하고 있다고 해석하면 된다.

국내에서 동종 제품을 제조 수출하는 기업이 있다면 수출입 자료를 통해서 수출 수량 및 매출을 확인하여 우리 회사와 비교해 볼 수도 있다. 이때 수출한 나라를 확인하여 우리가 아직 개척하지 못한 시장의 가능성을 간접적으로 확인하고, 그쪽 시장을 개발하기 위한 계획을 세우고 실행해 나가면 된다.

한편 경쟁사가 원가 절감으로 가격을 내리고 기술적·기능적으로 진화하고 있다면 저렴한 가격으로 높은 기술력의 제품을 시장에 내놓은 상태이기 때문에 기술력과 가격적인 부분을 구분하지 말고 같이 묶어서 그 기업의 동향을 살펴보아야 한다. 물론 가격은 점점 비싸지고 품질은 떨어지는 경쟁사도 있을 수 있다. 각 경쟁사의 움직임에 따라 최적화된 맞춤형 대응 전략을 수립하여 경쟁에서 살아 남아야 한다.

단기적으로 바로 대응해야 하는 부분도 있을 것이고, 중기 또는 장기적인 전략으로 맞서야 하는 경우도 있을 수 있다. 경쟁사별 단기 맞춤 대응 전략에서 가장 중요한 것은 단기적으로는 우리의 장점은 극대화하고, 중기적으로는 우리의 단점을 최소화하며, 장기적으로는 단점을 완벽하게 극복하고 새로운 기술을 개발해야 한다.

3.1.13. SWOT 분석

내부적인 역량은 SWOT(Strength, Weakness, Opportunities, Threats) 분석을 통해 객관적으로 평가해야 한다. 우리의 강점은 무엇이고 약점은 무엇인지를 정확히 확인한다. 그리고 우리는 어떤 환경적·시기적 기회를 가지고 있는지, 외부 환경적인 위험 요소에는 어떤 것들이 있는지 살펴보아야 한다.

사업계획 측면에서는 우리 제품의 강점으로 기회를 살리는 전략, 강점으로 약점을 극복하는 전략, 약점을 보완하여 기회를 극대화하는 방법, 약점을 보완하여 위협을 회피하는 전략 등을 다양하게 고민하여야 상황에 맞는 세부 전략을 세울 수 있다.

3.1.14. 시장의 변화 감지

시장에 따라 외부 환경과 기회가 각각 다르기 때문에 그에 따른 맞춤 대응도 필요하다. 경쟁사가 집중하고 있는 시장은 어디인지 인식하고 있어야 한다.

예를 들어 CIS^(독립국가연합)에 집중하고 있다면 CIS 국가들이 현재 처해 있는 상황을 파악하여야 한다. 러시아에서 독립한 이후 CIS 국가들은 산업 또는 의료 부문의 인프라를 우선적으로 발전시키는 데 집중했다. 지금은 그당시에 구축된 모든 인프라들의 수명이 다하여 전면적으로 최신 버전으로 교체해야 하는 시기에 와 있다. 이는 정부에서 주관하는 입찰의 기회가 왔음을 의미한다.

● 시장마다 다른 구매 문화

인도, 방글라데시, 파키스탄 등과 같이 대리점이 여신을 매우 좋아하는 경우에는 경쟁사가 어떤 대금 지불 방식을 취하고 있는지 확인해야 한다. 우리의 조건이 100% 선금을 받고 제품을 출하한다면 아무리 제품이 매력적이더라고 이들 국가의 바이어는 경쟁사에서 취하는 여신의 지불 조건에 만족하여 경쟁사의 제품을 수입 판매할 수도 있다.

● 의심이 많아 써보고 결정하는 시장

의심이 매우 많아 제품을 써보고 결정하는 국가라면 데모(demo) 정책을 필수적으로 진행해야 한다. 이런 경우에도 경쟁사에서 무상 데모 정책을 펴고 있는지 모니터링할 필요가 있다. 경쟁사는 이미 다양한 시장 변화에 대응하여 적극적으로 영업 전략을 펴서 고객의 마음을 사로잡고 있는데, 이런 동향조차 파악하지 못하는 상황이라면 머리만 쥐어짠다고 해서 매출은 일어나지 않는다.

● 신기술을 사랑하는 시장

시장의 변화가 너무 빨라 신기능 또는 신기술을 지속적으로 요구하고 있을 수도 있다. 이런 경우에는 시장의 요구 사항을 정확히 이해하고 연구소에 전달하여 시간이 걸리더라도 시장에서 현재 모델이 사장되지 않도록 지속적인 후속 모델의 신제품 출시를 준비해야 한다. 그래야 향후 2~3년 이후에도 생존을 보장할 수 있다. 경쟁사의 움직임 파악은 경쟁사와 지금 싸우기 위함도 있지만, 미래를 대비한 근본적인 생존 준비라고도 볼 수 있다.

3.1.15. 주요 일정 및 실행 계획

주요 일정 및 실행 계획은 해외 및 국내 출장 계획도 포함하여 작성한다. 중요 학회 및 대표 전시회 참가, 해외 영업 출장, 현지 지역 세미나, 교육 출장 등 영업사원별 출장 월까지 구분하여 수립한 예상 지출 예산을 함께 보고한다.

3.1.16. 매출 및 수금 계획(사업계획)

매출 및 수금 계획은 월간 보고, 분기 보고, 반기 보고와 비슷한 형태로 구성한다. 그런데 매출 계획은 전체 또는 영업사원별로 구분해서 보고한다. 수금 계획도 월별로 구분하여 보고한다.

매출 계획은 모델별 · 월별 수량을 기준으로 보고하고, 수금 및 채권 계획은 마지막에 추가한다.

3.1.17. 조직 운영 계획

조직 운영 계획도 준비해서 보고한다. 조직은 크게 영업, MKT, 해외 A/S 및 무역의 4팀으로 구성된다. 영업팀은 취급 아이템의 특성에 맞게 국가별로 진행할 수도 있고, 모델별로 영업 사원을 배치할 수도 있다.

매출이 상향 조정되면 영업인력도 상대적으로 늘어나기 마련이다. 신제품을 출시한 경우에는 판매 전략을 위한 MKT 인력이 보강되고, 기존 제품의 시장 확대 및 영업 채널의 세분화가 필요한 경우에는 영업사원을 충원하는 조직 운영 계획을 수립한다.

해외 법인의 숫자가 늘어났거나 OEM*, ODM* 방식의 제품이 진행될 경우에는 무역 사무 직원을 보강해야 한다. 또 작은 사이즈의 제품이지만 판매 후 품질적 · 기술적 대응이 많이 필요하다면 매출 증가에 따라 해외 AS 직원의 충원도 고민해야 한다.

3.1.18. 예산 계획

예산 부분을 끝으로 보고를 마치게 된다. 기업 대표에 따라 담당자별 · 국가별 · 대리점별 세부 전략의 발표를 요구하는 경우

---

* OEM(*Original Equipment Manufacturing*) : 주문자 상표부착(위탁 생산)

* ODM(*Original Design Manufacturing*) : 제조자 설계 생산

도 있다. 이런 경우를 대비해서 대리점별 상황 및 추진 전략을 위한 보고 자료도 따로 준비할 필요가 있다.

3.1.19. 다른 부서의 협조 사항

영업사원들의 현재 업무 환경, 특히 다른 부서와 협업 시 추가적으로 개선해야 한 부분이 있는지 파악하는 것도 중요하다. 혹시 그 부분이 영업 진행 또는 다음 연도 매출 달성에 장애적 요소라고 판단되면 협의를 통해 조율할 필요도 있다.

3.2. 상황별 보고

3.2.1. 마감 보고

영업사원에게 마감이란 한 달의 업무를 마무리하고 정리한다는 뜻이 아니다. 사업계획에서 할당받은 매출 수치를 월별로 팀장과 협의하여 상황에 맞게 조정하고, 최종적으로 약속한 매출 수치를 반드시 만들어 내겠다는 서로의 약속이다. 시장별 상황이 항상 동일하지도 않고 안정적이지도 않기 때문에 사업계획에서 예상했던 월별 매출 수치를 맞추기는 거의 불가능하다. 그러므로 매월 초에 시장 상황 또는 프로젝트 진행 여부에 따라 AM(지역 매니저)에게 할당되는 매출 수치는 팀 내부적으로 재조정된다.

이번 달에는 A 영업사원이 조금 부족하게 매출을 할당받았다면, 그 부족한 부분을 B 영업사원과 C 영업사원 그리고 D 영업사원이 분담해서 채워줘야 전체적인 매출 수치를 달성할 수 있다. 하지만 이렇게 세밀하게 조율하더라도 각자의 할당량을 채우지 못할 경우에는 월말에 매출 미달성이라는 큰 사고가 초래된다. 물론 시장성이 좋거나 영업사원의 능력으로 추가 오더를 어떻게든 만들어낸다면 팀 전체 월 매출 계획 수치를 맞출 수 있다. 하지만 그렇지 못할 경우에는 팀 전체 목표는 달성하지 못하고, 회사는 매우 힘든 상황에 처한다. 그렇기 때문에 마감(Closing)이라는 말을 그냥 정리 보고적 의미로 생각하면 안 된다.

보통 첫 번째 주의 주간 업무 보고 때 지난달에 이월된 오더까지 고려하여 당월 매출 할당량을 다시 조정하게 된다. 이때 영업사원은 팀장에게 신중하게 그리고 솔직하게 가능한 수치를 이야기해야 한다.

의지가 불타오른 영업사원은 현재 작업 중인 프로젝트나 확정 오더가 없는데도 불구하고 목표 매출을 최대한 늘려 마감 수치에 포함해서 보고하기도 한다. 또 월말에 약속한 매출 마감 수치를 채우지 못해 항상 팀 전체에 피해를 주는 영업사원도 있다. 물론 이런 영업사원들은 팀 분위기를 끌어올리는 데 도움이 되기 때문에 팀장의 입장에서는 매우 좋아할 수밖에 없다. 하지만 마감 수치를 끝내 채우지 못하는 상황이 여러 번 반복해서 야기되면 이야기는 달라진다. 그 영업사원은 거짓말쟁이나 허풍쟁이로 인식되어 버린다.

반대로 지나치게 소극적인 자세로 이미 70% 이루어진 오더도 팀장에게 보고하지 않는 영업사원도 있다. 이런 특징을 가진 영업사원은 100% 오더를 받고 나서야 비로소 추가로 해보겠다는 의지를 밝히고, 그런 방식으로 팀장에게 보고한다. 이 경우에는 이 영업사원에게 할당된 매출 수치가 사업계획과 비교해도 항상 작을 수밖에 없고, 매월 다른 영업사원들에게 의지해야 하기 때문에 영업사원으로서 능력을 저평가받거나 매달 영업 실적 압박을 받을 수밖에 없다. 하지만 월초에 상대적으로 매출 수치를 적게 가져가기 때문에 월말에 매출 수치가 빠져서 팀장을 곤란하게 한다든지 매출 수치로 팀원 전체에게 피해를 주는 상황은 발생하지 않는다. 단지 매주마다 적은 매출 수치에 대한 압박을 스스로 견뎌내야 할 뿐이다.

어느 쪽이 좋고 나쁘다는 의미는 아니다. 단지 영업사원 본인이 하겠다고 약속한 수치는 반드시 어떤 일이 있어도 마감해야 한다는 이야기다. 영업사원에게 가장 중요한 역량이 무엇이냐고 묻는다면, 이 시점에서는 당연히 마감 능력이라고 말하고 싶다. 그만큼 매월 마감은 매우 중요하다.

기업은 영업 이익으로 운영이 되며, 영업 이익은 영업사원의 매출 마감을 기반으로 한다. 그렇기 때문에 영업의 매출 수치는 기업의 운영비 및 관리비와도 직결된다. 한번 상상해 보자. 이렇게 중요한 마감이 제대로 이루어지지 않았을 때 다음 달 그리고 다음 분기에 회사 분위기는 어떻게 바뀔지 말이다.

3.2.2. 출하 물량 보고

출하 물량 보고는 확정된 오더의 출하 완료 후 결과를 보고하는 부분과 앞으로 진행될 출하 물량에 대한 출하 예상 보고로 나뉘어진다. 반품이나 해외 AS 이슈로 인해 긴급하게 제품 또는 부품을 발송해야 할 경우에는 그 내용도 포함해서 같이 보고하면 된다.

출하 물량 보고는 언제, 어떤 모델이, 몇 개로, 얼마 만큼의 매출 수치로 마감이 진행되는지를 보고하면 된다. 다만 A/S 목적으로 교체 장비나 제품이 발송되는 경우에는 매출 수치에 포함시키지 않는다. 불량 장비에 대한 수리 부분은 불량 제품을 입고(수입) 처리한 다음, 제품의 수리 이후 다시 반출(수출)하는 것을 원칙으로 하기 때문이다. 이것을 '수리 후 재반출'이라고 하는데, 이 경우 수입 통관 절차에서 일정한 담보금을 예치하고 수입을 우선적으로 진행하는 프로세스를 따른다. 그다음 다시 동일 S/N(제품 고유 번호)* 기준으로 수출을 진행하고, 재수출 확인을 거쳐 제공한 담보를 해지하는 방법으로 처리하면 된다.

하지만 바이어가 제품을 지속적으로 사용할 수밖에 없을 때나 불만이 너무 높아진 경우에는 먼저 대체품을 발송한 다음 사후 정산하는 방법으로 처리할 수도 있다.

3.2.3. 국가별·대리점별 구분 보고

영업사원들은 팀장에게 자기가 맡은 시장 즉 국가별 매출이 계획 대비 어느 정도의 실적을 거두고 있는지, 그리고 지금까지 누적된 매출 수치는 어느 정도인지 구분해서 보고해야 한다. 한 국가에 대리점이 여럿 있을 수도 있고, 한 대리점이 두 나라 또는

---

* S/N(*Serial Number*) : 시리얼 넘버, 제품고유식별번호

세 나라의 판권을 가지고 영업 및 판매를 진행하는 경우도 있다. 대리점 하나가 전체 국가를 커버하지 못할 때에는 지정학적 특성을 고려하여 다수의 대리점을 구축한다.

베트남은 북쪽에서 남쪽으로 세로로 길쭉한 모양이므로 북쪽 하노이에 위치한 대리점이 남쪽 호치민까지의 영업을 커버하기는 쉽지 않다. 또한 중간의 다낭도 북쪽과 남쪽의 중간에 위치하고 있기 때문에 대리점 하나가 베트남 전체 시장을 커버하기는 쉽지 않다. 이처럼 베트남과 같은 지역적 특성을 가진 국가에서는 3개의 대리점을 구축하는 것이 마땅하다. 한 국가에 여러 대리점이 있을 경우는 대리점별 보고를 진행한다. 대리점별 구분 보고에서는 현재 진행되고 있는 프로모션이나 마케팅 보고에 중점을 두되, 서로 갈등이나 분쟁이 발생하지 않도록 사전에 조율을 잘해 놓아야 한다.

인도는 인구가 대단히 많고 시장 자체도 매우 크기 때문에 한 대리점이 인도 전역을 완벽하게 커버한다는 것은 불가능하다. 같은 나라이지만 지역에 따라 문화가 매우 다르다. 그래서 최소 3~5개 정도의 대리점을 동서남북 그리고 중앙에 구축하는 것이 좋다. 인도는 수입된 상품이 시

(States)와 시를 넘나들 때에도 추가 세금이 발생하기 때문에 5개의 대리점에서 직수입하여 다른 시를 거치지 않고 바로 최종 소비자에게 납품하여 시와 시 사이의 물류 이동으로 인한 세금이 소비자 가격에 추가되지 않도록 해야 한다.

이태리는 도시와 외곽 지역의 소비 문화가 많이 다르기 때문에 도시별로 대리점을 구축하는 것이 좋다. 특히 아이템 특성에 따라 최고급 제품과 보급형 제품으로 구분하여 대리점을 구축하면 좋다. 예를 들어 작은 이동형 제품은 A 대리점에 독점권을 주고, 기계처럼 크고 복잡한 장비와 고성능 제품은 B 대리점에 독점권을 주는 것이다. 각각의 대리점이 제품 특성 및 포지셔닝에 맞게 영업 및 마케팅 활동할 수 있도록 판권을 제품 라인업을 기준으로 이원화하는 방법이다. 모델별 이원화 전략은 이태리와 같은 특성을 가진 시장에서는 매우 효과적인 방법이다.

시장성도 크고, 지정학적 특성도 있고, 소비 패턴도 다양한 일본이나 중국에는 상당 수의 대리점을 운영하는 것이 좋다. 그 수는 보통 11~13개 정도이다.

이렇듯 시장 특성에 따라 대리점 수치 또는 모델별 판권이 결정되면, 그 구분된 형식에 따라 보고하면 된다.

3.2.4. 독점, 비독점, 그리고 지역별 또는 모델별 이원화 보고

독점이라는 의미는 시장의 판권을 혼자 다 가져간다는 의미

92

이다. 하지만 영업사원의 입장에서 보면 '상황에 맞게 제일 잘할
수 있는 대리점을 선별하여 판권을 준다'는 의미로 볼 수 있다.
기존에 대리점이 세팅되어 있을 수도 있고, 신규로 시장을 개척
하여 바이어를 새로 발굴해서 영업 채널로 구축할 수도 있다.

시장을 개척하여 신규 바이어를 구축하는 경우부터 살펴보도
록 하자.

영업사원들은 힘들게 전시회에 참가해서 국가별로 잠재력 있
는 바이어들을 선별하여 회사 및 제품을 소개하게 된다. 그리고
나서 최종적으로 바이어의 관심을 유도하여 우리 제품을 해당 국
가의 바이어를 통해 수입하게 만들고, 해당 시장에서 판매하게
만든다.

오랫동안 불모지와 다름없는 시장에서 처음으로 바이어를 찾
은 경우에는 너무 기쁜 마음이 앞서 바이어가 요구하는 대로 우선

적으로 시장에 진입시키고 독점
권을 부여하는 경우가 흔하게 발
생한다. 일단 우리는 우리 상품
을 시장에 노출하는 목적이 더 앞
서 있기 때문에 바이어는 당연히
독점권을 요구하기 때문이다. 물
론 바이어가 독점에 욕심이 없다
고 한다면 굳이 우리 쪽에서 먼
저 독점을 제시하거나 진행시킬

필요는 없다. 우선 시장을 오픈 상태로 유지하면서 해당 바이어가 영업 및 마케팅 활동을 할 수 있도록 판촉 활동에 필요한 모든 영업·마케팅 자료를 전달하고, 영업을 시작하도록 만들면 된다.

이렇게 오픈 시장 조건으로 환경을 만들어 놓아야 향후 선정될 새로운 바이어가 부담 없이 우리 제품을 동일 시장에 판매를 할 수 있게 된다. 오픈 시장에서 바이어 수가 20~30명에 달할지라도 우리의 브랜드 인지도가 전무했던 시장이라면 브랜드 노출의 기회 측면에서 본다면 매우 바람직한 진행 방법이다. 개척 시장인 경우에는 이처럼 최대한 많은 바이어를 통해서 물건을 시장에 노출시키면서 브랜드를 강화하는 전략이 옳다.

하지만 그러다 보면 바이어끼리 충돌하거나 조달청 입찰 또는 대형 정부 프로젝트 시 서로 판권을 달라고 요청하는 경우가 발생할 수도 있다. 이제 조금씩 고민해 봐야 하는 시기가 된 것이다. 즉 시장의 특성을 잘 고려하여 대리점 수를 결정할 때가 온 것이다. 대리점 하나에 집중하여 장기간 독점권을 주고 강력하게 키울 것인지, 아니면 지역별 독점권을 부여하여 진행할 것인지, 아니면 모델별 독점권을 주어 이원화 전략을 펴 나갈지 상황에 맞춰 고민하면 된다.

최종 결정에 앞서 오픈 시장으로 내가 판매할 수 있는 제품의 총수량 또는 총연매출의 합과 1개 또는 3개의 독점 대리점을 운영했을 때의 매출 합을 비교해 봐야 한다. 독점을 요구하는 대리점의 약속 수량이 오픈 시장을 유지할 때보다 더 많다면 집중력을 키울 수 있게 밀어주는 것이 좋다. 그러나 대리점이 제시하는 매출 수치가 터무니없이 부족한 경우에는 독점권 진행을 조금 늦추는 것이 유리하다.

반대로 이번에 개척한 시장의 신규 바이어가 처음부터 독점을 요구하는데, 안타깝게도 다른 바이어는 나타나지 않는 경우를 가정해 보자. 이런 경우 지속적으로 오픈 시장을 고집하면 해당 바이어는 손을 털어 버릴 수도 있다. 이런 바이어들은 시장 개척 초기에 본인이 시간과 노력 그리고 많은 자본을 투입하여 브랜드 인지도를 높여 놓았는데, 제조사로부터 판권에 위협이 되는 제안을 받거나 영업 지역 분리를 당하여 판매 지역을 빼앗기는 것을 매우 꺼리기 마련이다. 그들은 이미 비슷한 경험을 해보았기 때문이다. 이런 경우에는 그냥 그 바이어에게 독점권을 주고 대신 연간 판매 수량 또는 총매출액에 대한 보장을 받고 진행한다. 물론 구매 수량 또는 매출액을 초과하지 못할 경우에는 독점권 자동 연장이 불가하다는 조건을 마지막에 추가하면 된다. 이것을 책무(Commitment)라고 한다.

그래서 보통 독점 대리점들은 매년 말에 PR(Performance Requirement)을 작성하여 독점권을 부여받는 대신 시장에서 최소한의 영업 실적을 보장해야 한다. 이렇게 2~3년 지속적으로 해당 국가에서 영업과 마케팅 활동을 지속하면 제2의 판매 희망 대리점이 등장하게 된다. 그때는 대리점의 역량 및 시장 상황을 고려하여 독점권 이원화 작업을 진행하는데, 기존 대리점에게는 상당히 불편한 상황이 될 수 있다. 그런데 이 경우 유리한 고지에 서기 위해서라도 기존 대리점은 우리 제품 판매에 더 집중하는 모습을 보여줘야 한다.

이렇게 지역별 또는 제품 모델별 이원화를 통해 한 시장에서 2~3개의 지역 대리점을 구축할 수도 있다. 또 특정 모델 독점권을 특정 대리점에게 구분하여 판권을 구축할 수도 있다. 해외영업은 매년 매출 상승을 기록하여 기업의 지속 성장을 이끌어야 하기 때문에 시장을 지속해서 개척하고 새로운 바이어를 발굴해서 영업 채널을 다양화하여 판매량을 최대한 많이 늘려야 한다.

이를 위해서는 비독점 국가와 독점 국가를 구분하여 지속적으로 관찰해야 한다. 이렇게 독점 상황에 따라 하는 것이 독점 또는 비독점 상황 분석 보고이다. 이 경우에는 국가별 독점권 부여 여부, 비독점권 시장 구분, 독점 국가 지역별 이원화 구분, 비독점권 시장 특수 모델 독점 판매 진행 등 시장 현실에 맞춰진 보고 양식을 준비하여 영업사원 스스로 관리 · 운영하거나 팀장에게 보고할 수 있다. 이 보고의 핵심은 영업 채널을 지속적으로 변화시키고, 이원화 내지 세분화 작업을 통해 더 많은 영업 채널을 만드는 데 있다. 그리고 그것을 연구 · 계획하여 시행하는 세부적인 방침과 실행 방안, 기대되는 효과 등을 보고한다.

제조사와 대리점이 함께 지속적으로 발전하려면 제조사의 영업사원이 해당 시장을 이원화하지 않도록 현지 대리점은 매출을 유지하고 키워 나가야 한다. 그렇지 못하면 영업사원은 제조사를 대신해 애쓰고 노력한 대리점에게 상처가 되는 결정을 내릴 수밖에 없다. 이런 상황을 만들지 않기 위해서라도 대리점 사장과 주기적으로 그리고 긴밀하게 협의하고 고민하여 지속적으로 시장을 활성화시켜야 한다.

3.2.5. 대리점 재고 상황 보고

오랫동안 유지해 온 대리점인 경우에는 최종 소비자에게 보다 빨리 제공하기 위해 제품을 미리 매입하여 보관하는 경우가 있다. 이때 영업사원은 바이어와 연락하여 현재 보유하고 있는 재고 수량을 정확하게 파악하고, 부족한 모델의 수량을 확인하여

추가 발주를 검토해야 한다. 이렇게 대리점 창고의 제품 재고 수량까지 신경 써서 운영하는 것이 영업사원의 매월 매출 마감에 도움이 된다. 이런 작은 활동 하나하나가 한 달의 매출 마감 수치를 높여준다.

대리점이 국가 전체의 독점권을 가지고 있거나 한정된 모델별 독점권을 부여받은 경우에는 독점권을 부여받은 만큼 연별, 반기별, 분기별 또는 섬세하게는 월별 PR*(Performance Requirement)*

을 약정했을 것이다. 이 경우에 영업사원은 해당 대리점에게 약
속된 책무와 요구 사항을 제시하면서 부족한 재고량을 채워 나가
면 된다. 독점권을 가지고 있는 대리점은 책임 매출에 대한 부담
감을 가지고 있어야 상황에 따라서 분기 또는 반기에 약속된 할
당량을 이행하고, 최소한의 성의 표현이라도 하게 된다. 이렇게
관계적 압력을 이용하여서 마감을 위한 매출 밸런스를 유지하는
방법도 있다.

　하지만 시장 상황이 좋지 않아 이미 여러 번 압박성 발주를
진행한 바이어는 상황이 매우 좋지 않게 흘러간다. 대리점 창고
에는 장기 재고가 너무 많이 쌓여 있고, 미판매된 제품 박스에는
먼지만 수북이 쌓이는 상황이 발생한다.

　이런 대리점에게는 추가적인 압박은 전혀 효과가 없다. 이런

상황이라면 대리점의 입장에서 최대한 다양한 프로모션을 진행하여 재고 물량을 소진해 나갈 수 있도록 재고 소진 촉진 전략을 협업하여 전개해야 한다.

장기적 경기 침체로 인해 상황이 매우 좋지 않았던 시기가 있었다. 대리점의 창고에는 오래된 모델이 쌓여 있고, 판매는 이루어지지 않는 상황이 지속되다 보니 어느덧 제품 제조 연도가 8~10년이 지나버린 것이다. 이럴 때는 전략적으로 새로운 장비를 특가로 구매하게 하고, 재고로 있는 오래된 장비는 업그레이드하여 특가 판매 또는 교육용 장비로 사용할 수 있도록 하여 풀어가는 방법도 있다. 영업사원이 매출로 힘들어 할 때 바이어가 도와주었다면, 영업사원은 장기 재고를 처분하지 못해 가슴 아파하는 바이어를 어떤 식으로든 도와주어야 한다. 이런 관계가 여러 번 반복되면 둘 사이에는 신뢰가 쌓여 단단한 유대감이 형성된다.

이렇듯 영업사원은 늘 대리점의 재고 상황에 대한 최신 데이터를 가지고 있어야 한다. 이때 모델과 그 수량, 나아가 판매된 날짜까지 기록 · 관리하면 좀더 정교하게 영업 활동을 해 나갈 수 있을 것이다. 그래야 팀장을 비롯한 관계자들에게 프로 영업사원이라는 인식을 심어줄 수 있다.

3.2.6. 프로젝트 보고

해외영업에서는 보통 매출 관리 보고가 주를 이루지만, 그

이외에 프로젝트 보고도 있다. 특별히 정부 차원의 대형 입찰처럼 규모가 매우 큰 프로젝트 오더는 공급량이 워낙 많기 때문에 납품에 차질이 생기지 않도록 철저하게 제조부문과 협업해서 진행해야 된다. 이 때문에 제조부서의 팀장 또는 팀원들과 긴밀한 협의가 사전에 주기적으로 이루어져야 한다.

프로젝트는 국가별 정부 조달 입찰 또는 특수 장기 프로젝트로 구분되는데, 장기 프로젝트는 2~3년의 준비 기간이 필요할 수도 있다. 이와 같은 경우에는 준비 기간 중간에 필요에 따라 주기적으로 업무 협의 및 보고가 이루어진다.

250~500대 이상 납품하는 초대형 프로젝트라면 제조부서에서 미리 다량의 재료 및 부품을 준비하여야 하고, 생산 인력을 적

절하게 충원하는 등 제조 라인에 다양한 변화를 주어야 하므로 상당히 민감하게 협의를 진행해야 한다. 그렇기 때문에 제조 및 구매부서에서는 영업팀에게 프로젝트 오더 진행의 확실성을 자주 물어보는데, 이때 부서별 갈등이 많이 일어나기도 한다. 이때 영업사원은 내부적으로는 제조 및 구매부서와 협업하여 긍정적인 분위기를 유지시켜야 하고, 외부적으로는 더 적극적인 준비를 통해 바이어와 접촉하여 프로젝트를 낙찰받아야 한다.

이렇게 해외영업팀에게만 업무 보고를 하는 것이 아니라 다른 부서들과 협업이 필요한 경우가 많다. 그렇기 때문에 프로젝트별 월별 스케줄을 중간중간 점검하면서 보고를 진행하여야 한다.

입찰에서는 특히 정보가 중요하다. 국가별 입찰 정보는 글로벌 입찰 정보 제공 사이트의 서비스를 받아 영업사원이 대리점에게 전달하기도 하지만, 현지 국가에서 진행되는 입찰 정보는 대리점이 대부분 알고 있다. 연도별 진행 예정인 입찰 전체 수를 파악하는 것이 매우 중요하다. 현재 입찰이 진행되고 있을 경우에는 경쟁자 즉 응찰자 명단을 세부 내용까지 파악해서 누가 현 상황에서 리드하고 있는지 확인해야 한다. 우리쪽에 유리하게 프로젝트를 끌고 오기 위해서 누구를 만나서 어떻게 무슨 작업을 해야 하는지에 대한 보고도 필요하다.

입찰 진행에 필요한 조건과 서류들(경우에 따라 책 한 권 분량이 되기도 함), 그리고 제품의 상세 스펙(Spec) 문서들이 기본적으로 요구된다. 입찰위원회에서 요구하는 스펙을 모두 만족시킨다면 문제가 없겠지만, 그렇지 않는 경우에는 개발해서라도 맞춰야 한다. 이런 경우에는 연구소와 긴급 협업이 요구된다. 시간이 부족하여 자체 기술 또는 기능적 대응이 어려우면 현지 국가 대리점과 협업하여 입찰위원회를 만나 요구 스펙에 대한 조정을 요청하여 기회를 만들어가는 방법도 있다. 입찰위원회에서도 선정된 입찰 스펙이 어느 제조사의 특정 모델에 한정되어 작업되었거나 구매 진행이 형평성에 문제 있다고 판단되면 이미 결정된 스펙 기준이라도 조정이 가능하기 때문에 스펙 미달이라고 먼저 포기하는 태도를 보이면 안 된다.

3.2.7. M3 보고

M3 보고는 영업팀에서 시장 상황을 고려하여 확인된 예상 발주 수량으로, 향후 3개월 오더 수량을 제조 부문(생산팀+구매팀)에서 공유하여 출하 물량을 미리 준비하여 생산에 투입되는 자재 또는 부품에 부족함이 없도록 사전 구매를 전략적으로 수행하기 위한 목적으로 영업부와 제조 부문의 쌍방향 커뮤니케이션 보고 방법 중 하나이다.

보통 당월 15~20일 사이에 제조 부분으로부터 M3 데이터 공유 요청을 받으면, 자료는 당월 마감 출하량 이외에 향후 3개월 출하 예상 수량을 모델별·월별로 구분하여 공유한다. 예를 들어 6월 15일에 M3 요청을 제조쪽에서 받은 해외영업팀장은 영업사

원들에게 지역별 M3를 취합하여 전체 M3 데이터 자료를 7월, 8
월, 9월 출하 예상 물량까지 예상 수량을 모델별로 정리해서 전
달한다.

모델	7월				8월				9월			
	유럽	중남미	아시아	중동	유럽	중남미	아시아	중동	유럽	중남미	아시아	중동
A												
B												
C												
D												
E												
F												
합계												

이때 국가별로 인증 및 허가 상황도 꼭 체크해야 한다. 해당
국가별 인허가 기준에 따라 납품할 제품이 다르게 제작되기도 한
다. 특히 중국이나 일본은 독립 인허가를 운영 관리 감독하기 때
문에 해당 시장에 맞는 제품을 제조하여 납품을 준비해야 한다.
그렇지 않으면 수입 절차에서 수입된 제품과 인허가받은 내용의
불일치로 수입이 거부될 수도 있다. 영업쪽에서도 확인해야 하겠
지만, 제조쪽에서도 같이 확인해야 실수를 줄일 수 있다.

3.2.8. 해외 AS 보고

해외 AS보고는 영업사원이 매출 진행에 방해가 되는 고객 불
만이나 품질 이슈들을 우선적으로 해결하기 위한 목적으로 진행
된다. 또는 향후 시장 확대를 위해 진행하는 중요한 프로젝트에
집중적인 지원을 바라는 시장 또는 대리점의 요청 사항들을 만족

시켜주기 위한 AS 관련 활동 및 보고도 있을 수 있다.

단기적인 성과를 올리기 위해서라도 매출 진행에 방해가 되는 이슈가 우선적으로 처리되어야 한다. 예를 들어 최종 소비자가 제품 하나를 구매하였고, 2년 동안 제품에 만족하였기 때문에 추가 구매를 검토하는 단계에 있다고 가정해 보자. 기존에 사용하던 장비가 고장난 경우가 하나의 예가 될 것이다. 이런 AS 이슈는 바로 처리해 주지 않으면 품질 문제로 발전되어 구매 정지 결정이 나거나, 경쟁사의 제품을 구매하는 경우도 발생할 수 있다.

기업의 조직 운영 정책에 따라 다르겠지만, 국내영업과 해외영업을 고객 지원 부서가 동시에 지원하는 기업의 해외영업부인 경우에는 지원을 요청하고 기다리는 방식으로 진행된다. 하지만 해외 AS팀이 해외영업부 소속으로 조직 안에서 독립적으로 운영되는 기업에서는 해외영업팀장의 지시로 즉각적인 기술 지원 및 AS 지원 업무도 시행할 수 있다.

해외 AS 보고는 간단하게는 이슈가 일어난 국가의 대리점 이름, 모델 이름, 제품 식별 번호(S/N), 문제 증상 등을 보고한다. 이것도 일정한 형식이 갖춰진 문서가 있어 그것을 채워야 그렇게 접수된 자료는 품질팀 또는 연구소, 그리고 다른 부서에도 공통적으로 전달·공유되어 문제를 보다 정확하게 파악하여 신속하게 대응할 수 있다.

수출 아이템이 서비스 공급이 아닌 제품이나 장비·기기의 판매라면 고객 불만에 대한 접수 및 진행 상황을 구분하여 보고

한다. A/S 관련 보고는 보통 고객지원팀 또는 품질팀에서도 보고하지만, 해외영업팀에서도 따로 보고한다. 영업팀에서 판단했을 때 집중해야 할 시장이나 중요 국가가 있다면 아무래도 그 시장에 좀더 집중해서 우선 순위를 결정하게 된다.

해외영업팀이 보다 신속하게 고객을 대응하기 위해서 조직 내에 해외 A/S 팀을 따로 운영하는 경우도 있다. 해외 AS팀에서는 이슈가 발생된 건수와 처리한 건수 위주로 보고하는 경우가 많다. 하지만 영업사원들의 입장에서는 전혀 다른 피드백을 받아볼 수 있다. 영업사원들은 처리되지 않는 이슈들만 모아 보고하고, 항상 긴급 처리를 요청하기 때문에 그 둘의 보고는 내용적 상이함과 온도차는 상당히 클 수도 있다. 이 때문에 해외영업팀장은 정확한 보고를 받고 우선 순위를 선별하여 지원 요청을 하거나 업무를 지시해야 한다.

해외영업팀장이 이슈를 판단할 때는 영업사원들이 제기하는 이슈가 서비스 건인지, 아니면 단순 불만 사항인지를 정확하게 구분해야 한다.

이때 긴급 사항은 현재 제품을 사용할 수 있게 하는 방안에 집중하는 것이다. 고객의 단순 불만 사항은 영업적 또는 차기 오더를 진행할 때 다른 방법으로 바이어에게 이익을 줄 수 있는 조건들을 제시함으로써 불만을 잠재우거나 시간을 벌 수도 있다. 고객의 불만은 마케팅적인 지원을 추가하여도 어느 정도 수습할 수 있기 때문에 해외영업팀장은 상황을 잘 듣고 판단해야 한다.

물론 영업사원 스스로도 불만과 서비스를 구분할 수 있어야 한다. 만약 아직 부족하다고 판단되면 기술 교육을 요청하여 자체적인 능력을 길러야 한다.

해외 AS 관련 보고가 좀더 세부적으로 진행되면 신규 발송된 제품의 초기 설치 및 사용 불량 또는 불편한 사항들까지 접수하여 보고하게 된다. 신규 장비의 초기 설치 불량인 경우에는 현재 제조 라인에서 품질적 변화가 일어난 것이므로 보고와 협의가 긴급하게 이루어져야 한다. 기존 사용 중인 제품인 경우에는 트러블 슈팅을 했는데도 불구하고 미해결된 사안들과 최종 소비자들이 요구하는 추가 개선 사항 및 신규 기능 요청 사항 등을 정리하여 검토를 진행할 수도 있다. 이 부분을 정리하여 연구소에 개선 요청을 하는 것을 ECR*(Engineering Change Request)** 활동이라고 한다.

[보고서 관련 관리 포인트]
- AM(영업사원)들은 연(年)간 사업계획 수치를 항상 기억해야 한다.
- 월별 마감 수치를 달성하기 위해 국가별 · 대리점별 구매 히스토리를 참고한다.
- 독점 또는 비독점에 대한 관리는 구분해서 진행한다.
- 제한된 모델별 또는 지역 특성에 따른 지역별 독점권이 정

---

* ECR*(Engineering Change Request)* : 설계변경요구서

해진 국가도 독점 대리점과 동일한 관점에서 관리한다.

- 비독점 국가에서는 지속적으로 가망 고객을 세팅하기 위한 노력을 지속해야 한다.
- 국가별 제품 등록 상황은 분기에 한 번씩 체크하고, 갱신 또는 만료 시기가 도래하기 전에 갱신 작업을 진행한다.
- 해당 월로 이월이 가능한 매출은 최대한 안정적으로 보고해야 마지막 주에 마감 수치로 인해 고생하지 않는다.
- 가능하면 해당 월 이외에 +M3에 대한 전체적인 출하 수량에 대한 큰 그림을 그려나가면서 준비한다.
- 계획 대비 매출 미달인 대리점 또는 국가 대표 대리점은 만회할 수 있는 전략을 대리점과 함께 고민한다.

월 마감 보고나 M3 보고는 영업사원이 단순하게 감으로 해서는 안 된다. 그렇다고 상상으로 소설을 써서도 안 된다. 이에 관련된 모든 정보들은 바이어 또는 대리점으로부터 피드백받아서 실질적인 데이터를 기반으로 작업되어야 하는데, 바이어들은 친절하게 미래의 오더를 예측해서 전달해 주지 않는다. 따라서 특정한 일자를 기준으로 Sales Forecast(판매 예측)를 습관적으로 보고받을 수 있도록 업무 프로세스를 세팅해 놓아야 한다.

그러면 이 작업은 언제 해야 할까? 처음 대리점을 발굴해서 서로 알아가는 과정에 있을 때부터 이 부분을 정확하게 요청해 놓는 것이 좋다. 매월 14일은 Sales Forecast Day로 양측이 합의하고, 영업사원이 매번 요청하지 않아도 바이어가 알아서 정리해 주는 방식으로 진행하면 좋다. 그렇지 않으면 매번 영업사원이 따로 신경쓰면서 메일이나 전화로 바이어를 귀찮게 해야 하는 상황이 반복될 것이다. 물어보는 영업사원도 싫겠지만, 매번 하기 싫은 일을 해야 하고, 매번 요청하는 영업사원의 부탁을 들어주어야 하는 바이어의 마음도 편치 않기 때문이다.

그래서 누가 먼저 물어보지 않아도 알아서 정보를 주고받을 수 있도록 시스템화할 필요가 있다. 바이어에게 받아야 하는 M3도 마찬가지이다. 이것은 월 오더 수량 예측보다 더 어렵다. 이것도 우리가 큰 도움을 줬거나 그쪽이 불리한 상황에서 중요한 협의를 진행할 때 M3 보고 관련 책무를 확실히 거론하여 약속을 받아 놓으면 좀더 편하게 대리점 관리 및 내부 보고를 할 수 있다.

Sales Forecast를 잘 받아내는 꿀팁 하나를 공개한다. 현지 출장을 갔을 때 이웃 국가 대리점 사장 또는 영업 책임자의 이름을 알리고 관련 이야기를 많이 한다. 국가별 영업 담당자 이름을 기억하게 만들어 놓고, 정해진 Sales Forecast Day에 태국, 캄보디아, 베트남 이렇게 세 나라의 영업 담당자에게 동시에 정보를 요청한다. 이미 정보를 제공한 대리점과 늦어지는 대리점 담당자 이름을 구분하여 보이지 않는 경쟁심을 유발시키면 스스로 미안한 마음을 가지게 되어 보다 적극적으로 정보를 전달하려고 애를 쓰게 된다.

제4장

매출 신장 전략

매출 신장 전략은 언제 필요할까? 기업이 지속적으로 성장하기 위해서는 판매도 많아져야 하고 이익도 커져야 한다. 불어난 이익으로 기술 개발 및 마케팅에 재투자하여 더욱 진보된 기술, 다양해진 기능 그리고 강력해진 브랜드 인지도를 가지고 중·장기적 매출을 늘려야 한다.

회사는 이런 선순환이 장애 없이 지속되어야 지속적 성장을 이룰 수 있다. 그런데 중·장기적 전략을 달성하려면 해당 월·분기·반기의 생존도 지속되어야 하지 않겠는가. 전반기 마감은 물론 하반기까지 마무리를 잘해야 연 마감을 계획 대비 진행해 나갈 수 있다. 연 마감이 잘 되어어야 축적된 자금과 시간적 여유를 가지고 중기 또는 장기적 전략을 펼쳐 나갈 수 있다.

이 장에서는 중·장기적 매출 신장에 필요한 3가지를 먼저 알아보고, 좀더 실질적인 단기 또는 초단기적 매출 만회 전략 *(Recovery plan)*에 대해서도 이야기해 보도록 하겠다.

4.1. 중 · 장기적 매출 신장 전략

4.1.1. 소는 누가 키워? (영업력 강화)

해외영업에서 매출을 신장시키기 위한 노력은 언제나 고민거리이면서 지속해나가야 하는 숙명적인 과제이다.

이 경우에는 단기 · 중기 · 장기적 매출 신장 전략을 수립하여 시행해야 한다. 그러기 위해서는 영업의 힘(영업력)을 키워야 한다. 우리의 영업 목표는 국가별 대리점 확장인데, 그 대리점은 영업사원들이 발굴해야 한다. 영업력을 강화하기 위해서는 영업사원의 충원이 필요하다. 충원된 인력들은 집중적으로 신규 바이어를 발굴하고 대리점을 구축하여 영업 채널을 확대해 나간다.

4.1.2. 고기를 많이 잡으려면? (마케팅 환경 강화)

마케팅의 핵심은 정확히 정보를 전달하고 다양한 홍보와 광고를 통해 브랜드 인지도를 강화하는 활동이다. 대중을 대상으로 다양한 온 · 오프라인 유료 광고를 진행하는 방법이 가장 쉽다. 하지만 거기에 드는 비용이 만만치 않다. 그래서 전시회나 학회를 통해 우리 제품에 관심 있는 바이어들이 모일 만한 낚시터에 그물을 던져 두는 전략을 많이 쓴다. 그 낚시터에는 매우 중요한 물고기들도 있는데, 그 물고기들을 KOL*(Key Opinion Leader)**라고 부른다.

먼저 학술대회에 참가하여 해당 분야에서 큰 영향력을 발휘하는 KOL을 우리 사람으로 만들어야 한다. 그다음에 그 KOL이 우리 제품을 우호적으로 소개 또는 발언하도록 만듦으로써 우리 브랜드에 긍정적인 영향력을 전파하는 방법도 있다. 한편 대리점 또는 최종 소비자에게 각종 소개 자료 및 홍보 자료를 전달함으로써 영업 및 마케팅의 효과를 극대화시킬 수도 있다.

4.1.3. 무의식의 세뇌보다 신뢰를 바탕으로… (브랜드 인지도 강화)

제품의 브랜드 파워를 강화하기 하나의 방법은 일단 많이 팔아서 M/S*(시장 점유율)**를 높이는 것이다. 다른 방법들도 많지만, 이 방법이 브랜드 강화를 위한 가장 단순하면서도 가장 확실한 방법이다. 시장에서 판매되면 제품은 자동적으로 노출된다. 그리고 판매된 제품을 고장 없이 오래 잘 사용하게 하면 "그 제품 쓸

---

* KOL*(Key Opinion Leader)* : 특정 산업·지식 분야의 권위자 또는 핵심의견 선도자
* M/S*(Market Share)* : 시장점유율

만해!"라는 평판을 얻게 된다. 그러면 남들도 고민 없이 많이 쓰고 있는 브랜드이기 때문에 소비자들은 쉽게 제품을 선택하고 지갑을 열어 구매하기 마련이다. 다량 판매하려면 우선 내·외적으로 조직을 구축해야 하고, 확대된 영업 채널 및 시장에서 마케팅을 진행하여 브랜드 파워를 강화해 나가면 된다. 그리고 판매량이 어느 정도 나오면 제품의 문제점은 당연히 돌출된다. 이때 고객 불만을 바로 해결할 수 있는 조직도 필요하다.

이것이 바로 사후 관리를 통한 브랜드의 신뢰도를 높이는 방법이다. 아무리 좋은 제품도 품질 유지를 위한 사후 관리를 하지 않으면 그 브랜드 파워는 오래 유지될 수 없다. 어느 정도 브랜드에 대한 신뢰도가 올라가서 제품에 대해 확신을 가지게 되면 기업의 가치는 올라가고, 제품의 교체 시기가 도래하면 동일한 브랜드에서 신제품을 찾게 될 것이다.

그러면 이제부터는 단기 또는 초단기 매출 만회 전략을 하나씩 살펴보도록 하겠다. 아래 전략들은 즉각적으로 적용하는 방법이기 때문에 장기적 기획이나 준비 과정으로 시간을 허비하면 안 된다. 준비된 기획 옵션 중에서 상황에 따른 적당한 솔루션을 선택하여 바로 시행해야 연말에 그 효과를 끌어낼 수 있다. 보통 반기 마감을 하고 7~11월까지 기획 및 시행이 진행되면 12월 중반, 늦어도 크리스마스 전에는 효과를 오더로 받아내서 출하를 진행해야만 연 마감에 도움이 된다.

4.2. 단기 전략

4.2.1. 단기 전략 A : 신제품 보상 판매, 감사 이벤트

단기적 또는 초단기적 매출 만회 전략은 우리가 계획한 사업 계획을 매출 실적이 따라가지 못할 때 바로 적용해야 한다. 위에 서 이야기했던 중·장기적 전략은 당해 연도 이내에 그 성과를 내기가 매우 어렵다. 그러므로 단기적 부족 매출 만회 전략은 실 행한 이후 바로 매출로 성과가 나와야 실속이 있다.

지난 해 말이나 당해 연도 초에 신제품이 출시되었다면, 제 품 라인업이 늘어났기 때문에 단기적 전략을 사용할 수 있다. 그 것은 바로 보상 판매 또는 감사 이벤트이다. 기존의 고객에게 이 미 판매되어 사용 중인 제품이나 7~10년 정도 사용한 제품을 대 상으로 보상 판매 프로모션을 시행할 수 있다. 연구소의 지속적 인 개발로 인해 제품의 기능은 진화되고 업그레이드되었을 것이 다. 또한 제조나 구매팀의 전략적 활동과 향상된 생산 효율로 최 종 제품을 만드는 데 발생하는 재료비나 생산 비용이 절약됨으로 써 이전 모델과 동일한 가격으로 출시가 가능한 점을 충분히 활 용하는 전략도 있다.

한편 동일한 가격에 판매하여도 더 좋은 제품을, 그것도 새로 운 모델로, 더 수려한 디자인으로 고객에게 제공할 수 있다. 수년

동안 변함없이 우리 제품을 사용해 주신 고객들에게 감사의 마음
으로 준비한 새로운 모델을 소개하면서 기존 제품과 교체해 주는
이벤트이다. 물론 시장에 중고 제품이 돌아다니는 것을 방지하기
위해 기존에 사용한 제품은 회수하고, 회수 비용만큼 신규 제품
을 구매하는 고객에게 할인해 준다. 이때 그냥 새로운 제품이라
는 접근보다는 현재 트렌드에 부합되는 새로운 기술이 탑재되어
있음을 포인트로 잡고 영업을 전개할 필요가 있다. 실제 내용은
그렇지만, 메인 테마는 VIP 고객에 대한 감사를 표현하는 이벤트
로 진행하는 것이 좋다.

　대리점에게 이 전략을 설명하여 대리점이 우리를 대신하여
현장에서 최종 고객에게 이 프로모션을 진행하게 한다. 물론 대
리점은 최종 사용자가 아니기 때문에 이익이 없으면 해당 프로모
션을 진행하려 하지 않는다. 이 점을 고민하지 않을 수 없다. 왜
냐하면 우리에게 돈을 주고 물건을 사가는 사람은 현장의 최종
소비자가 아닌 대리점 사장들이기 때문이다.

4.2.2. 단기 전략 B : 10+1 Free 프로모션

　편의점에서 자주 보는 프로모션의 바로 1+1 프로모션이다.
이상하지 않은가? 1개 가격에 제품 2개를 준다는 것은 1개의 가
격을 50% 할인한다는 뜻이다. 그런데 왜 기업들은 1+1 또는
2+1과 같은 식의 프로모션으로 소비자에게 이익을 주려고 할까?

그 배경에는 다양한 이유가 있다. 제조사 입장에서는 가격을 할인해 주면 매출액이 줄기 때문에 전체적인 매출 규모를 유지하기 어렵다. 그리고 제조 원가 차원에서 봤을 때 제조 원가가 판매가의 30% 정도라면 제품 하나를 더 주는 것이 가격 할인보다 더 이익이 된다. 따라서 제조사 입장에서는 하나를 더 주는 것이 결과적으로 더 이익이 된다.

예를 들어 보자. 10,000달러의 상금을 대리점에 줄 경우 만 달러짜리 제품을 상금 대신 상품으로 줄 때 그 상품의 제조 비용은 3,000달러이기 때문에 제조사는 7,000달러 만큼 이익을 보게 된다. 그런데 여기서 끝나는 게 아니다. 고객 즉 대리점 입장에서는 더 큰 가치가 있다. 물품의 공급 가격이 10,000달러인 것이지 최종 소비자 가격은 25,000달러이므로 대리점에는 25,000달러의 매출이 잡히게 된다. 10,000달러가 아닌 25,000달러의 매출이 발생한다. 제조사에서 상금으로 받으면 10,000달러를 받지만 상품으로 10,000달러 상당의 제품을 받으면 영업 활동 이후 판매만 된다면 15,000달러의 이익이 생긴다. 제조사와 대리점 모두 서로 이익이 되기 때문에 이러한 프로모션을 진행한다.

이렇게 많은 수량의 제품이 시장에 뿌려지면, 최종 소비자들에게 더 많이 노출되어 사용하게 됨으로써 브랜드 인지도는 자연스럽게 올라간다. 그리고 대리점 창고에 판매해야 할 제품이 쌓여 있다면 대리점 사장의 판매에 대한 의지와 긴장감은 더 강해져, 그것이 대리점 영업사원에 전달되어 판매 촉진에도 자연적으로 도움이 된다. 상당히 작고 저렴한 제품은 1+1, 중간 사이즈의 제품은 5+1, 그리고 대형 장비는 10+1과 같은 식으로 프로모션을 진행한다.

4.2.3. 단기 전략 C : 1등 대리점 포상 프로모션

중국이나 일본은 전체 매출에서 상당한 비중을 차지하고 있는 중요한 시장이다. 그러므로 기본적으로 대리점을 세팅할 때 전국적으로 11~13개 정도 구성한다. 도시별로 대리점을 하나씩 운영 · 관리하기 때문에 한 국가, 한 시장에서 우리 대리점들끼리 서로 경쟁 구조를 만들어 낼 수 있다.

상반기 성과를 기준으로 1등에게 제품을 증정하는 이벤트를 실행하면 대리점은 상당한 이익을 취할 수 있기 때문에 적극적이고 자발적으로 경쟁에 참여하게 되고, 그 경쟁 속에서 전체적인 매출 수치를 끌어올릴 수 있다. 또 상반기를 마감한 다음 12월 크리스마스 이벤트 프로모션을 한번 더 시행할 수도 있다. 보통 1등, 2등, 3등을 한 세 개의 대리점에게 포상을 진행하는 것이 좋다. 만약 4등이 예상되는 대리점이 3등이 되어 받는 포상의 이익이 제품 1대를 구매하는 이익보다 크다고 판단되면 고민 없이 한 대의 제품을 추가 주문하여 3등이 되려고 할 것이다. 2등도 1등과의 경쟁에 필요한 수량의 구매액이 1등 상품의 가치보다 작을 경우에는 12월 말에 매우 과감하게 추가 주문을 진행하게 한다.

4.2.4. 단기 전략 D : 공동 구매 프로모션

시장의 제품 가격은 내려가기는 매우 쉽지만, 내려갔던 가격을 다시 올리는 일은 아무리 노력해도 쉽지 않다. 따라서 시장에서 가격 경쟁이 심화되었을 때 단순히 경쟁에서 이기기 위해 가격을 내려버리면 다시 원래의 가격으로 회복되지 않기 때문에 대리점 마진도 줄고, 제조사의 이익도 줄어드는 결과를 초래한다. 친구가 80,000원에 산 제품을 본인은 100,000원에 샀다고 하면 모두 바보라고 할 것이다. 주위 사람들에게 바보 취급을 받고 좋아할 사람은 아무도 없다.

이와 같이 시장 가격의 특징은 제품을 저렴하기 구매하기 위한 소비자의 의지도 작용하지만, 동시에 비교를 통한 심리적 작용도 자연스럽게 일어나기 때문에 제조사나 대리점이 가격을 방어하기란 여간 어려운 일이 아니다.

이 때문에 할인 이벤트는 신중하게 진행하여야 한다. 단순 가격 할인 프로모션을 진행하기 보다는 가격 방어를 위한 합리적인 명분을 만들어내야 한다. 예를 들어 의료기기 할인 프로모션을 진행한다고 가정해 보자. 9월 3/4분기 마감 매출을 맞추기 위해 100,000달러 하는 의료기기를 다급한 마음으로 30% 할인가를 적용하여 러시아에 10대를 판매했다. 그러면 70,000달러 기기가 10대니까 700,000달러의 매출이 단기적으로 이루어졌으므로 매출 측면에서는 도움이 되었다. 하지만 이미 30% 할인된 가격으로 10대가 시장에 공급되었으므로 프로모션 수혜자인 최종 사용자 10명과 그들의 지인 각 7명, 다시 말해 총 70명의 잠재 소비자들은 소문을 통해 전달받은 정보 즉 해당 의료기기의 가격은 70,000달러로 기억한다. 해가 바뀌어 다음 연도에 100,000달러로 판매를 진행하면 이미 70,000달러로 가격을 인식하고 있는 고객은 100,000달러로 구매하지 않을 것이다.

그러나 100,000달러의 제품을 공동 구매 조건으로 특별 프로모션을 진행했다면 이야기는 달라진다. 10명의 의사가 동시에 현금으로 구매하면 30% 현장 할인을 받을 수 있는 조건의 프로모션이다. 가격은 100,000달러이지만, 현장에서 10명의 의사가 동시에 계약을 진행해야 하는 명확한 조건이 있고, 또한 현장에서 필요 조건을 확인하고 30,000달러를 할인해 주는 조건을 동시적으로 진행했기 때문에 9명은 1명을 더 찾으려고 할 것이다. 이때 8명의 의사 그룹에서는 2명의 선배와 후배에게 연락을 취한다.

이런 공동 구매 프로모션에서는 영업사원과 대리점이 짜서 실질적인 영업의 주체가 의사들 본인이 되게 한다. 이렇게 되면 여러 가지 사정으로 이번 프로모션에 참여하지 못한 의사들도 해당 제품의 가격을 70,000달러가 아닌 100,000달러로 기억한다. 다만 자기가 할인의 기회를 잡지 못했다는 아쉬운 기억만 남아 있을 뿐이다. 이런 경우에는 다음 연도에 동일한 제품을 판매하여도 가격이 70,000달러라고 생각하지 않는다. 물론 100,000달러에 사려고도 하지 않는다. 하지만 충분히 가격 하락 현상을 최소화하였고, 단기적 매출도 일으켰으니 만족스러운 결과를 이미 얻은 것이다.

4.2.5. 단기 전략 E : 보증 기간 3년 + 2년 프로모션

국가마다 문화적 차이로 인해 구매 성향이 조금씩 다를 수 있다. 또한 서비스 인프라 차이로 인해서 제품 구매 이후 문제가 발생하거나 정기적인 유지 보수가 필요한 경우에 최종 소비자는 상당한 비용을 부담할 수도 있다. 이런 성향의 시장에서는 구매 과정에서 서비스 기간과 조건에 매우 민감하게 반응하기 마련이다.

예를 들면 카자흐스탄에서는 제품 가격은 그렇게 비싸지 않아 구매에는 부담이 적지만, 보증 기간 이후 유지 보수를 위한 서비스나 수리를 해야 한다면, 최종 소비자는 상당히 비싼 서비스 비용을 청구받게 된다. 그렇기 때문에 대부분의 고객들은 사후 관리 비용과 보증 기간을 꼼꼼히 살피고, 장기간의 보증 기간을 강력하게 요구한다.

국제적으로는 평균 1년(12개월)을 워런티(warranty)* 기간으로 인식하고 있다. 하지만 카자흐스탄과 같이 서비스 비용에 민감한 국가에서는 제품 가격에 대한 할인 혜택보다는 보증 기간을 늘려주면서 판매를 유도하여야 쉽게 오더를 진행할 수 있다. 그리고

---

* 워런티(warranty) : 보증기간. 계약서에 기록되어 있는 기간 동안 발생한 클레임은 무상으로 처리됨.

3년의 보증 기간을 제안하면서 추가 옵션 2년을 선택하게 하여 서비스 비용을 추가함으로써 총 5년의 보증 기간을 포함한 계약을 이끌어낼 수 있다.

고객의 입장에서는 늘어난 5년의 무상 보증 기간 때문에 피부로 느껴지는 제품 수리에 대한 비용과 부담이 경감된다. 이런 편안한 감정들이 장비 판매 계약을 좀더 순조롭게 이끌어 줄 것이다. 최종 사용자는 5년 동안 맘 편히 지낼 수 있어서 좋고, 제조사는 정상 가격에 아직 발생하지 않은 미래의 불확실한 고장 사건을 가지고 추가 유상 옵션 판매까지 이루어 낸 것이다.

제품은 고장이 날 수도 있고, 나지 않을 수도 있다. 이렇듯 고객이 어려워하고 힘들어하는 부분을 조정만 잘해주어도 단기간에도 제품 판매뿐만 아니라 추가 옵션인 서비스 판매도 이끌어내어 매출에 기여할 수도 있다.

4.2.6. 단기 전략 F : 서비스 쿠폰 지급 프로모션

시장 가격은 방어해야 하고, 월말까지 계획된 매출 수치를 맞춰야 하며, 그리고 단기간에 추가 매출을 일으켜 사업계획에 맞춘 전체 매출 수치를 맞춰야 하는 영업사원은 힘든 순간들을 모면하기 위해 모든 수단과 방법을 강구하게 된다.

이번에는 가격도 방어하면서 판매를 독려하는 서비스 쿠폰 방식에 대해서 이야기하겠다.

서비스에 대해 고민하지 않는 고객은 없다. 이는 최종 소비자만이 가지고 있는 문제가 아니다. 대리점 사장들도 동일한 고민을 하고 있다. 하지만 보통 수입상들은 고장이 나고서야 해당 부품을 주문하지, 미리 다양한 종류의 값 비싼 부품들을 대리점 창고에 미리 구매해서 쌓아놓지는 않는다. 왜냐하면 해당 부품을 구매하는 순간 해당 액수만큼의 자본이 창고에 묶여버리기 때문에 대리점에는 부담이 된다. 이 또한 고정 지출은 발생시키기 때문에 대리점 사장들은 미리 부품을 구비해 놓지 않는다.

영업사원은 단기적으로 매출이 필요할 때에는 장비는 원래 가격으로 판매하되, 대리점에게 서비스 쿠폰을 통해 이익을 주는 쿠폰 지급 프로모션 계약을 이끌어낸다. 이 서비스 쿠폰으로 금액만큼 서비스 부품을 제공받을 수 있다. 예를 들어 100,000달러 제품을 구매할 때 30% 할인하지 않는 원래 가격 100,000달러로 계약은 진행하고, 30,000달러에 해당하는 서비스 쿠폰(바우처)을 지급하여 언제든지 부품을 주문할 수 있게 하고, 해당 쿠폰으로 대금을 지불할 수 있는 서비스를 제공한다. 이때 해당 쿠폰의 사용은 부품 구매에 한정된다.

대리점 사장이 당장 쿠폰을 사용하게 되면 구매팀에게서 구입하는 부품 구입 가격과 대리점에 판매하는 가격은 상당히 큰 차이가 있다. 그렇기 때문에 제조사에서는 30,000달러가 아닌 10,000달러에서 15,000달러 정도의 비용만 들기 때문에 차액 만큼의 이익을 보게 된다. 한편 대리점에서 바로 부품을 요구하지 않고 쿠폰을 그냥 장기간 보유하고 있을 때에는 아무런 지출 없이 단기간에 추가 매출을 이끌어낸 결과가 된다.

4.2.7. 단기 전략 G : 부품 무상 렌트 프로모션

이것은 대리점과 영업사원과의 관계가 상당히 돈독해야만 진행할 수 있는 프로모션이다. 예를 들어 하나의 대리점이 해외 전체 매출의 10% 또는 20%를 차지하고 있다고 하자. 이 대리점의 사업계획에도 이미 10% 또는 20%의 상향된 매출 할당량이 부과되었을 것이다. 하지만 그만큼 시장성이 있기 때문에 영업사원은 매출이 어려운 상황이 발생하면 이런 대형시장의 대리점 사장에게 추가 매출에 대해 부탁하게 마련이다.

언제나 그렇듯이 영업사원은 대리점 사장에게 무엇인가 이익이 되는 조건 또는 제안을 해줘야 한다. 이 경우에 부품 무상 렌트 프로모션은 대리점 사장에게 상당히 메리트가 있는 프로모션 중 하나이다. 이미 충분히 성장하여 활성화된 시장인 경우에는 경쟁사와의 치열한 경쟁으로 인해 시장 가격도 많이 떨어져 있을 것이다. 물론 판매 수량도 상당하며, 브랜드 인지도도 충분한 상황이다. 발 빠른 서비스 대응은 브랜드 신뢰도와 고객 충성도를 올리는 데 매우 중요한 역할을 한다.

이때에는 대리점이 고품질의 신속한 사후 서비스를 제조사 대신 현장에서 진행할 수 있도록 지원하는 것도 좋은 방법이다. 아무 조건 없이 핵심 부품들을 대리점 창고에 비치하고 무상으로 대여함으로써 시장에서 돌발적으로 발생하는 문제에 바로 대응할 수 있도록 한다. 그러나 유상 교체가 일어날 때에는 스텐바이된 부품을 먼저 사용하고, 그 사용한 부품과 수량만큼 사후에 제조사에 요청하여 유상으로 구매하면 될 것이다. 반면 무상 서비스 건으로 사용된 서비스 부품은 제조사에서 부담을 해야 하므로, 대리점에서는 스텐바이 부품으로 우선 대응하고, AM이 사용된 부품과 수량을 최대한 빨리 체크하여 대리점에 발송하면 된다.

이런 관계가 성립된 제조사와 대리점은 지속적으로 스텐바이 부품의 재고량을 모니터링하면서 최소 재고 수량을 유지해 나가야 한다. 시장 활성화에 따른 서비스 대응 건이 늘어나면 스텐바이 부품의 최소 유지 수량도 비례적으로 증가시켜 나가면 된다.

4.2.8. 단기 전략 H : 데모 장비를 이용한 판매 전략

의심이 매우 강하여 제품을 직접 확인하거나 사용해보지 않으면 절대로 구매하지 않는 소비자들로 구성된 시장을 만날 때도 있다. 그 대표적인 나라가 바로 일본이다. 물론 제품의 종류나 특성에 따라 정도의 차이는 있다.

일단 제조 단가가 높지 않은 제품군은 20대 정도 데모 장비를 만들어 시장에 투입시킨다. 1~2주 정도 데모 장비를 직접 사용·체험하게 하여 익숙하게 만든 다음 그 익숙함이 긍정적인 감정으로 변화할 시점에 대리점 영업사원이 고객을 찾아가 순조롭게 계약을 진행하면 된다.

상반기 마감은 하였으나 매출이 많이 부족한 상태에 있는 영업사원이 하반기에 매출을 만회하기 위해서는 7월 초부터 데모 장비 프로모션을 바로 진행해야 한다. 최대한 빨리 제품을 준비하여 시장에 공급해야만 최종 사용자에게 직접 제품을 체험할 수 있는 시간을 줄 수 있다. 체험 이후라야 영업사원은 최종 소비자의 만족스러운 표정을 바라보며 계약을 이끌어낼 수 있다.

하지만 프로모션 기획 및 준비 과정이 길어져서 늦장 대응했다면 최종 사용자의 데모 장비 무상 체험 기간이 너무 짧거나 사용 기간이 끝나지 않아 12월을 넘기는 안타까운 상황도 발생한다. 일은 일대로 하고 비용은 비용대로 들어갔지만, 연 마감 매출에는 아무런 도움이 되지 못하는 경우다.

4.3. 마감을 위한 마지막 카드

이 장에서 이야기하는 마지막 카드는 개인적으로는 좋아하지 않는 방법들이다. 하지만 알고도 쓰지 않는 것과 모르고 벼랑에 몰리는 상황은 결과적으로 큰 차이가 있으므로 모든 부분을 설명하기 위해서 공개한다.

4.3.1. 특정 기간 동안 독점권 부여

6월까지 상반기 마감을 했지만, 하반기에 추가 매출이 너무도 간절한 경우에 적용할 수 있는 방법이다. 지금까지 대리점 사장이 영업사원에게 독점권을 요구했지만, 영업사원이 칼자루를 쥐고서 지금까지 오픈 시장을 유지하고 있는 상황이다. 이와 같은 경우에는 당해 연도 7~12월까지의 6개월과 다음 연도 1~6월까지의 6개월, 총 12개월 동안 독점 판매권을 부여하고, 최대한의 매출을 유도하는 방법이다. 대리점 사장이 최소 2년 이상 독점권을 바란다면 해외영업팀장과 잘 협의해서 진행해야 한다.

영업을 책임지고 있는 수장은 목표 수치를 맞추지 못하면 그

에 대한 책임을 져야 하기 때문에 상황에 따라서 2년 이상의 독점권을 부여할 권한을 가지고 있을 수도 있다. 이렇게 되면 하반기 7~12월까지 독점권을 부여한 덕분에 대리점의 분투를 통하여 추가 매출 수치를 확보할 수 있다.

4.3.2. 협박과 매출의 상관성

앞에서는 비독점권 대리점에 독점권을 부여하여 매출을 이끌어내는 방법을 설명했다.

이번에는 반대로 이미 독점권을 가지고 있으나 요구된 매출 수치를 달성하지 못한 대리점에게 협박성 압력을 가하여 매출을 끌어올리는 방법이다. 이때에는 약속된 매출 수치를 올리거나 목표 수량만큼을 주문하지 않으면 독점권을 파기한다는 경고를 공식 메일로 발송한다. 대리점 입장에서 보면 지금까지 미래의 수익을 위해 마케팅 측면에서 수많은 시간과 에너지를 투자하였기 때문에 이런 압박은 매우 껄끄러울 수밖에 없다.

이 두 가지 모두 필자로서는 권장하지 않는 방법이다. 그래서 이런 전략을 최대한 쓰지 않으려면 다른 전략으로 부족한 매출을 만회하는 것이 좋다. 하지만 여기서 영업사원이 정확히 파악해야 할 부분은 독점권을 가지고 영업 및 마케팅 활동을 하는 대리점이 진정 우리 브랜드에 집중을 하고 있느냐이다. 혹시라도 우리

브랜드에만 집중하지 않고 다른 브랜드를 동시에 취급하고 있거
나 다른 산업군의 아이템으로 확장 또는 신규 진입하기 위해 우
리 브랜드를 소홀히 하고 있는 상황이라면 확실하게 경고하고 공
식적 입장을 밝혀 강력하게 압박하여 우리 브랜드에 집중하게 만
들든지, 아니면 대리점의 독점권을 오픈하여 다른 바이어들에게
기회를 주는 것이 바람직하다.

이 경우 영업사원 혼자서 판단하기 힘들다면 팀장과 협의해
서 진행한다. 대리점의 입장이 어떻든 간에 독점 유지가 필요한
대리점 사장들은 자기가 허용할 수 있는 선에서 영업사원이 요구
하는 매출 수치를 연말까지 달성할 것을 약속할 수밖에 없다.

이렇게 하면 한 해를 마무리지을 수는 있지만, 그 재고량은
다음 연도 1/4분기에 바로 부담으로 다가올 것이다. 그렇기 때문
에 장기적인 안목에서 건실한 성장을 생각한다면 이 방법은 최대
한 쓰지 않을 것을 추천한다.

4.3.3. 파격적인 결제 방식

채권 운영 상태가 좋은 상황에서 사용할 수 있는 방법을 한
가지 설명해 보려 한다. 아직 시장이 크게 열리지는 않았지만, 비
독점권으로 3~5년 정도 파트너 관계를 지속하고 있다면 여신 적
용도 가능하다.

일단 영업사원이 해당 바이어를 신뢰하고 있어야 가능한 프

로모션이다. 즉 '일단 물건은 지금 보내줄 테니, 대금 지급은 팔고 나서 천천히 해달라'는 전략이다. 바이어가 물건만 가져가고 사라져버릴 것 같이 신뢰가 없거나 신규 바이어에게는 적용하기 어려운 프로모션이다. 100% 외상 조건이기 때문에 계약서에는 보통 90days의 여신 기간을 기록한다. 90일이면 3개월 이후에 대금을 지급하게 되는데, 길게는 180일 즉 6개월까지도 대금 지급일을 연장해 주기도 한다. 재고가 없는 상황이라면 바이어 입장에서는 안 받을 이유도 없다. 물건이 팔리면 대금을 바로 갚아도 되고, 아니면 약속된 기일인 3개월 또는 6개월 이후에 대금을 지불해도 상관 없다.

이 정도까지 프로모션을 진행한다면 제조사 매출 상황이나 영업사원의 마감 상황이 상당히 좋지 않다는 것을 말한다. 하지만 돈을 받을 수 있다는 확신과 방법 그리고 그럴 만한 파트너가 있다면 한 번쯤 써 볼만한 카드이기도 하다.

4.3.4. K-Sure(수출 보험)

한국무역보험공사를 통해 무역 보험을 들고 강행하는 방법도 있다. 수출 보험은 해외 바이어의 파산 · 계약 파기 · 대금 지급 지연 또는 거절 등으로 인해 제조사가 입게 되는 손실을 보상하는 보험이다. 이런 위험 부담을 안고 있으면 제조사는 불안함 때문에 수출을 고민하거나 진행하지 못한다. 한국무역보험공사에서는 수출을 장려하기 위해 이와 같은 지원 제도를 만들어 제조사가 수출 이후 대금 회수가 불가능할 경우 손실액의 95%까지 보상해줌으로써 신시장를 개척하고 신규 바이어와 첫 거래 시 보다 과감하게 계약을 진행해 나갈 수 있도록 하고 있다.

K-Sure 홈페이지를 보면 다양한 무역 보험 상품들이 있다. 적게는 2만 달러, 많게는 5만 달러까지 보상받을 수 있다. 개별 보험에 들어 진행할 수도 있고, 패키지로 여러 수출 건을 묶어서 진행하는 상품도 있다. 각 상황 및 환경에 맞게 적절히 사용하면 영업사원에게 큰 힘이 된다. 특히 첫 거래를 터야 하는데, 대금 지불 조건에서 협의가 어려운 상황이라면 수출 보험은 무척 든든한 백그라운드가 된다. 일이 잘 풀리지 않아 보험 청구를 해야 할 때에는 선적한 서류와 관련 계약서 또는 양사가 서명한 PI*를 제출하고, 필요에 따라서 추가로 요청하는 서류(메일 또는 내용 증빙)를 제출하면 쉽게 보상받을 수 있다.

---

* PI(*Proforma Invoice*) : 견적송장. 동시에 견적서와 송장의 기능을 하는 문서.

제5장

인허가 관리

제 품을 다른 나라 시장에 수출하여 판매하기 위해서는 해당 제품이 안전하게 수입국에 반입되어 시장에 보급되는 것 이상의 무언가가 필요하다. 그것은 수입국 국민들의 건강과 안전을 위해 문제가 없는 제품임을 증명하거나, 문화적 장애를 발생시키지 않는다는 것을 수입국에 확인시켜주는 일이다. 이를 위해서는 수입국의 이해와 관리 기준에 의거하여 해당 제품의 검사를 받고 허가 또는 신고 절차를 거쳐야 한다.

영업사원은 해당 수입국 대리점과 수입 관리 부처(우리나라의 식약처와 유사한 기관)에 제품을 등록하고 수입을 허가한다는 인허가 절차를 수행해야 한다. 해당 정부의 심사 기관에서는 제품을 이해하고 그 제품에 대한 안전성을 평가하기 위해 다양한 문서를 대리점에 요구한다. 이때 대리점은 제조사에게 해당 문서 작성에

필요한 각종 서류 및 데이터를 요구한다. 나라마다 조금씩 다르
겠지만, 대부분의 국가에서는 이런 방식으로 수입 제품을 등록한
다. 필요할 때는 국가별 인·허가를 진행해야 수입 및 판매가 가
능하다.

5.1. 국가별 등록 준비 및 인·허가 관리

해외영업사원들은 힘들게 개척한 시장의 신규 바이어로부
터 국가별 상황에 맞는 구비 서류를 요청받는다. 등록에 필요
한 서류는 매우 다양하지만, 그중에서 자주 사용하는 것은 CE*,
ISO*, CFS*, 제품 설명서, 시험 성적서, LOA*, POA* 등이다.
시장별로 살펴보도록 하자.
베트남은 CE, ISO13485, FSC^(자유판매증명서)*, LOA 등 4개
의 기본 문서와 필요에 따라 각종 Test Report^(시험 검사서)를 요구
한다.

---

* CE(Conformity to European) : 유럽연합의 통합규격인증
* ISO(International Organization for Standardization) : 국제 표준화기구
* CFS(Certificate of Free Sales) : 자유판매증명서
* LOA(Letters Of Authorization) : 수권서
* POA(Power of Attorney) : 위임장
* FSC(Free Sales Certification) : (=CFS), 자유판매증명서

하지만 홍콩, 싱가폴, 일본, 대만, 말레이시아 등은 국가 등록 서류가 매우 복잡하다. Test Report도 상당히 상위 레벨 시험 결과서까지 요구하는데, 그것은 EMC(전자파 검사)*, EMI(자기장 검사)*, Radiation(방사능), MSDS(화학물질 정보)*, 위험 관리 문서 등이다. 또한 하드웨어와 소프트웨어 부분에서는 연구소 Validation(기능 평가) 리포트, Verification(유효성 평가) 리포트 등이며, 최근에는 무선통신법이나 블루투스나 NFC 무선통신 관련 사이버 보안 관련 법도 고려해야 한다.

중국, 일본, 브라질 등의 인·허가는 시간도 많이 걸리고, 에너지 소모도 많고, 난도도 상대적으로 높은 편이다. 해당 국가에서 인·허가 업무를 수행할 때에는 RA(인증)팀과 협업하여 집중력 있게 해야 한다.

최근 유럽에서는 인증이 MDD(의료기기 지침)*에서 MDR(의료기기 규정)*로 승화되어 미국 FDA 인증과 비슷하거나 더 어려운 경우도 있어 많은 한국 수출 기업들이 애를 먹고 있다. 이렇듯 국가별·시장별로 동일 제품이라도 수입 허가 및 판매 허가 취득 방법이나 난이도가 각각 다르다는 것을 알아두자.

---

* EMC(*Electromagnetic Compatibility*) : 전자파 적합도, 전자파 검사
* EMI(*Electromagnetic Interference*) : 전자파 간섭도, 자기장 검사
* MSDS(*Material Safety Data Sheet*) : 물질안전보건자료
* MDD(*Medical Devices Directive*) : 의료기기 지침
* MDR(*Medical Device Regulation*) : 의료기기 규정

5.2. 인·허가 등록 시의 필요 서류

인·허가 등록 시의 필요 서류는 보통 아래와 같다. 물론 의약품이나 인체 삽입형 제품 또는 의료기기처럼 인체에 해를 끼칠 수 있는 제품은 요구 서류와 필요 절차가 어렵고 까다로울 수밖에 없다. 하지만 최소한 해외영업팀에서 기본적으로 알아야 할 내용이므로 간단하게 살펴보도록 하겠다.

준비 문서 중에 가장 간단한 서류는 아무래도 DOC(자기적합성선언)*으로, 제조사에서 자체적으로 발행하는 문서이다. 또 이미 준비된 TUV, SGS 또는 DNV처럼 유럽 위원회가 관리하는 CE 승인기관 NB(인증기관)* 인증 문서도 있다. 하지만 국가별로 더 다양한 문서를 적게는 4개에서 많게는 13개 이상도 요구한다. 가장 기본이 되는 문서에는 CE, ISO13485, FSC, LOA 와 같이 4개의 문서이다.

5.2.1. 자유판매 인증서 (CFS : Certificate of Free Sales)

CFS는 해당 제품이 제조국(수출국)에서 문제없이 자유롭게 판매되고 있는지를 수입국에서 확인하는 증명서라고 이해하면 된다.

---

*DOC(*Declaration Of Conformity*) : 자기적합성선언
*NB(*Notified Body*) : 인증기관

만약 제조국에서 자유롭게 판매되지 않고 사용에 문제가 있는 제품이라면 CFS는 발행되지 않는다.

CFS가 발행되고 있다는 것은 수입국의 허가 기관에서 해당 제품이 제조국에서는 안전하게 판매 공급되고 사용되고 있다는 것을 간접적으로 신뢰하는 방식이다. CFS는 식품의약안전처 의료기기 전자 민원창구에서 발급받을 수 있다. 따로 공증해야 하는 서류들도 있는데, 식약처와 같이 공공기관에서 발급하는 문서는 별도의 공증 절차가 필요 없다.

화장품은 한국화장품협회에서도 CFS를 발급받을 수 있다. 하지만 추가적인 공증 작업은 필요하다. CFS 문서를 요구할 때 아포스티유 인증을 요구하기도 한다. 이 경우 영업사원은 주한 수입국 대사관에 가서 CFS 문서에 아포스티유(Apostille) 인증을 받아서 수입국 바이어에게 전달하면 된다.

5.2.2. 아포스티유 (Apostille)

바이어가 제품을 등록하기 위한 필요 서류를 이야기하면서 Legalization(공적확인/공증) 진행을 요구하는 경우가 있다. 여기서 말하는 Legalization은 해당 요구 문서의 국외 사용을 위한 공문서 인증을 진행해 달라는 의미이다.

아포스티유 제도는 외교부와 법무부를 통해 해당 문서의 아포스티유를 받아 제출하면 협약 가입국에서는 현지 문서와 동일

한 효력을 인정받게 되어 추가적인 절차와 시간을 줄일 수 있게
해주는 편리한 국제적 협약이다. 그럼에도 불구하고 공관 주재원
(영사)의 인증 절차를 진행해야 하는 경우도 있기 때문에 외교통상
부의 아포스티유 이외에 대사관 영사 인증을 요구한다면 따로 영
사 인증 절차도 진행해야 한다.

아포스티유 협약은 1961년 10월 5일 헤이그에서 작성되어
1965년 1월 24일에 발효되었고, 우리나라에서는 2007년 7월 14
일에 발효되었다. 현재 가입국은 2022년 6월 4일 기준 121개 국
이다.

- 현재 절차 : 공문서 발급→우리 정부 확인(필요 시)→주한 공
  관 확인→해당 국가에서 공문서로 인정
- Apostille 발효 이후 절차 : 공문서 발급→외교부/법무부 확
  인→협약 가입국에서 공문서로 인정
- Consular Legalization : 영사 인증을 의미하고, 보통 1~2
  주 정도 소요된다.
- Apostille Legalization : 아포스티유를 의미하고, 보통 1~3
  일 정도 소요된다.

5.2.3. 업무 승인서(LOA : Letter Of Authorization)

보통 수권서라고 부르는 제조사가 자체 발행하는 문서다. 이
것은 해당 업무 내용 즉 판매, 마케팅 활동, 정부 입찰 및 다양한

조달 업무를 진행할 때 업무 승인 요청을 하면 작성한다. 쉽게 말하면 해당 제품을 판매하기 위하여 독점권을 가지고 있고 사후 관리 및 10년 동안의 AS의 의무와 책임을 제조사로부터 위임받아 수행한다는 업무적 증빙 문서이다.

바이어들은 보통 이 문서에 자동 연장 문구를 넣어 달라고 요청한다. 그래서 향후 제조사와의 관계가 혹시나 잘못되더라도 지속적으로 입찰 참여 및 중요 프로젝트를 끌고 가기 위함이다. 하지만 제조사 입장에서는 더 좋은 대리점을 찾을 수도 있고, 상황에 맞게 지역 독점권 이원화 또는 모델별 독점권을 부여하는 상황이 생길 수도 있으므로, 문서의 자동 해지 문구를 추가할 때는 신중할 필요가 있다.

5.2.4. 위임장(POA : Power Of Attorney)

간혹 대리점에서 POA를 요청하는 경우가 있다. 하지만 이 문서는 단어 그대로 문서 수신 대상에게 그 일을 행할 수 있도록 나의 권한을 위임하는 문서이다. 보통 이 문서는 부동산의 판매, 구입, 은행 거래, 건강에 대한 판단의 결정, 유언 등 해당 위임장을 통해 수신자에게 권한을 넘길 때 사용한다. 하지만 보통 해외영업에서는 POA 문서를 발행하지는 않고 LOD(Letter Of Distributorship)로 대치하여 업무를 진행한다.

● LOA(수권서) : 상대에게 일을 할 수 있는 권한을 허가하는 것

● POA(위임장) : 상대에게 권한을 위임하는 것

5.2.5. 시험 성적서(Test Report)

제품의 기능 및 성능을 평가하는 각종 시험들, 그리고 제품의 안정성을 평가하는 시험 결과에 관한 문서이다. 보통 시험소에서 제품을 테스트하고 그 결과를 입력한 검사 결과지로 이해하면 된다. 이 또한 요구 사항에 맞게 번역 및 공증 작업을 진행하여 전달한다.

바이어로부터 Notarization of Test Report 요청이 오면 검사 성적서의 공증 절차 진행이 필수인 것으로 이해하면 된다.

5.2.6. CE & ISO / IEC

CE는 유럽 인증으로 미국 FDA와 비슷하다. ISO(International Organization for Standardization)는 국제 표준화 기구이며, IEC는 전기 전자 분야 국제표준이다. ISO는 ISO 9001과 ISO 13485로 이해하면 된다.

● ISO 9001 : ISO에서 제정 및 시행하고 있는 품질 경영 시스템에 관한 국제 규격으로 제품 및 서비스에 이르는 전 생산 과정에 걸친 품질 보증 체계를 인정 및 인증하는 규

격이다.

- ISO 13485 : 품질 경영 시스템인 ISO 9001 의료기기의 특별 요구 사항을 포함하여 만든 의료기기 품질 경영 시스템 표준을 말한다. 해당 표준은 고객 및 적용되는 규제 요구 사항을 지속적으로 충족시키는 기기 및 서비스를 제공하는 능력을 입증해야 한다. 또한 조직의 품질 경영 시스템에 대한 요구 사항을 규정한다. 이러한 조직은 의료기기의 설계 및 개발, 생산, 보관 및 유통, 설치 또는 서비스 제공, 그리고 관련 활동의 설계 및 개발 또는 제공을 포함하여 인정 및 인증하는 규격이다.

5.2.7. 인·허가 업무 프로세스 및 효율적 엑셀 관리 방법

업무 절차는 앞에서 여러 번 이야기했기 때문에 어느 정도 개념과 순서는 이해하고 있을 것이라 생각한다.

제품을 소개하여 바이어의 관심을 유도하고 제품을 수입하기 위해 증빙 문서를 요청받으면 해당 문서를 작성·준비하여 영어나 현지어로 번역한 다음 공증 작업을 시작한다. 외교부 확인을 통해 아포스티유 인증을 받고 추가 요청에 따라 주한 해당국 대사관 영사 인증까지 진행한다. 등록 서류에는 CE, ISO, CFS, LOA 등 각종 인증서, 증빙, 시험 결과서를 공증 작업하여 최종적으로 바이어에게 전달한다. 하지만 이런 많은 종류의 서류에 대해 번역 · 공증 · 인증 작업한 것을 다 기억하고 관리하기란 쉽지 않다. 관리하는 국가와 대리점 수도 13~18개 정도나 되니 엑셀 등의 프로그램으로 잘 정리하여 관리해야 한다.

영업사원은 오더를 받기 전 또는 납품 오더를 받으면 바이어에게 제품 수입에 문제가 없는지 확인 메일을 반드시 보내야 한다. 예전부터 우리 제품과 동일한 제품을 수입해 왔다면 이미 제품 등록 및 허가에 관하여 사전 경험이 있기 때문에 문제 없이 진행할 수 있는 것이다.

그러나 우리 제품과 동일하거나 비슷한 제품의 수입을 한 번도 해 보지 못한 바이어라면 각종 서류와 절차에 대해 무지할 수도 있다. 따라서 영업사원은 수입 프로세스에서 인허가 문제가 발생하지 않도록 바이어에게 확인하는 버릇을 들여야 한다. 바이어는 식약처 또는 관련 당국 유관기관에 문의하여, 수입 제품에 대한 등록 절차 및 필요 서류 그리고 소요 시간에 대한 정보를 바이어 스스로도 인지하고 영업사원에게 전달하게 된다.

엑셀 등의 프로그램을 이용하여 첫 시트에 국가별 · 대리점별 인 · 허가 갱신 및 만료 기한 상황표를 만들어 두면 한눈에 유효 인증 기간과 만료 여부를 확인할 수 있어 매우 편리하다. 그리고 다음 시트부터는 국가별로 인증 진행 상황을 정리해 둔다.

● 상단 가로축 : DOC/제조사 자가 선언서, 국제3자 인증기관/NB인증 서류, 식약처 문서 발급, 상공회의소 문서, 번

역 공증, 아포스티유, 영사 인증
- **좌측 세로축 :** 등록증, CE, ISO인증, CFS, 제품 설명서, 시
험 성적서, 방사선, 전자파, 자기장, 임상시험, LOA, LOD

이렇게 테이블 형태로 엑셀 파일을 만들어 영업사원 스스로 관리한다면 관리 소홀로 인해 인허가가 만료되거나 갱신 일자가 도래하여 급하게 일을 처리해야 하는 상황은 모면할 수 있다. 또 이런 관리 툴을 지속적으로 관리하면 인·허가가 필요하지만 아직 진행이 더딘 지역에 집중할 수도 있고, 인·허가가 필요 없으나 아직 뚫고 들어가진 못한 시장도 다시 한번 과감히 돌진할 수 있는 의지를 세울 수도 있다.

5.3. 국가별 인·허가 관리

앞에서 인증에 관한 국가별 요구 사항이 다르다는 것과 주요 문서의 개념과 특징을 알아보았다. 이제는 이 문서들을 어떻게 잘 관리해서 해외시장에서 판매의 바탕을 만들고 유지할 것인가에 대해 집중해 보자.

수입 제품은 그 위험도나 특수성에 따라 차별화된다. 일반적인 Type A와 같은 수입품은 해당 수입국의 수입 관리 당국에 수입 신고를 하는 것만으로도 수입이 가능하고, 별도의 유효 기간

도 없다. 하지만 중간 위험 또는 고위험 군에 속하는 Type B, C, D의 수입품은 기본으로 FSC^(자유 판매 인증서) 제출을 요구하고, 그 유효 기간도 5년 또는 그 이내로 관리 및 규제한다.

인도네시아 같은 국가에서는 바이어와 매우 신중하게 접촉해야 하고, 대리점을 통해 제품을 등록할 때에도 거듭 신중해야 한다. 왜냐하면 처음 등록업체가 독점권을 가져가서 제품을 등록하면 다른 신규 대리점에게 판매를 허가할 수가 없다. 만약 그러한 상황이면 기존 대리점의 독점권을 파기하고 등록된 제품의 인증을 신규 대리점에게 전달하고 위임하는 작업을 해야 하는데, 이때 대리점을 교체하고 전환하는 작업은 매우 어렵기 때문이다.

첫 등록 시 한 회사에 모든 제품의 독점을 주지 말고 모델별로 독점권을 줌으로써 미래에 예상치 못한 상황이 발생하더라도 큰 피해를 입지 않도록 신중하게 결정하고 시행해야 한다. 독점권을 주지 말고 LOA 또는 POA 나 LOD를 이용하여 수입 허가를 득하고 진행하거나 대리점 계약서가 필요한 경우에도 Exclusive 라는 문구를 제외하고 진행하는 것이 좋다.

베트남에서는 저위험군 제품인 Type A는 수입 시 신고만 해도 되는 신고 제도였다. 그래서 사전에 준비하지 않아도 수입에 전혀 문제가 없었다. 그리고 중고 제품을 수입할 때도 아무런 규제 없이 쉽게 수입 통관이 진행되었다. 하지만 이제는 베트남도 침습 제품 또는 위험군을 따로 B, C, D 군으로 구분하여 FSC 자유 판매 인증서로 사전에 등록해야 한다.

고위험군 제품 또는 의료기기는 반드시 사전 등록을 진행해야 수입이 가능하다. 등록을 진행하기 위해서는 현장 대리인 선정이 필요하다. 현장 대리인은 해당 제품이 판매된 후에 사용자로부터 불만 사항이 나오거나 제품이 목적하는 기능을 수행하지 못할 경우에 불만 대응 및 기능 복구를 수행하기 위해 필요하다. 등록된 대리인에게는 판매 및 AS 권한이 주어져야 하고, 해당 대리인은 그 업무를 수행할 수 있는 기술 또는 역량을 가지고 있어야 한다.

실질적 등록 필요 서류는 FSC, 제품 설명서, 시험 검사서 등이다. 그러나 침습 관련 기기 또는 제약품은 임상 평가 결과서, CE, ISO, LOA, POA, LOD 등을 준비하여 영어나 현지어로 번역한 후 변호사 공증을 받아야 한다. 외교통상부에서 인증을 받고 필요 시 영사 인증까지 받은 다음 대리점에 전달하면, 대리점은 수입국 관리감독국에 제출하여 제품 등록 절차를 진행한 다음 수입 허가를 받는다. 이 과정은 3개월 정도 소요된다. 베트남은 러시아의 GOST* 인증이나 브라질의 ANVISA* 인증에 비해 아직까지는 매우 쉬운 쪽에 속한다. 브라질의 ANVISA는 현장 GMP* 공장 심사까지 보기 때문에 빨라야 2년, 길어지면 언제 받을지 모르는 그런 상황이다.

---

* GOST(*Gosstandart*) : 러시아 국가 규격

* ANVISA(*Agência Nacional de Vigilância Sanitária*) : 브라질 식약위생 관리국

* GMP(*Good Manufacturing Practice*) : 우수 의약품 제조 및 품질관리 기준

인도네시아뿐만 아니라 아프리카 및 중동 국가에서도 독점권
이 없으면 등록 자체가 안 된다고 주장하는 대리점들이 많다. 인
도네시아를 제외한 다른 국가에서는 중복 대리점도 구축할 수 있
다. 그래도 독점을 고집할 때에는 관련 규정을 보내달라고 하면
저자세가 될 것이다. 가능성이 높은 알짜 신규 바이어라고 판단
되면 바로 제품 등록 및 수입에 문제가 발생하지 않도록 인허가
작업부터 시작할 것을 추천한다.

제6장

소개 및 홍보 자료 만들기

영 업 활동에 필요한 제품 및 서비스를 소개하는 자료는 다양한 소재, 형태, 방식으로 디자인한 다음 제작하여 고객에게 전달된다.

이러한 소개 자료를 제작하기 위해서는 이미지를 포함한 소개 문구와 필요에 따라선 영상 파일도 필요하다. 이미지는 제품을 직접 촬영하거나 3D 모델링을 통해 제작할 수 있다. 하지만 가상적인 이미지보다는 실제 촬영한 제품 이미지 사용을 추천한다.

영상인 경우에는 직접 핸드폰이나 디지털 카메라로 촬영하는 것보다는 전문 영상 제작 업체에 의뢰하는 것이 좋다. 제대로 촬영한 사진과 영상은 그 제품의 수명이 다하는 날까지 다양하게 활용되기 때문에 최대한 고품질의 이미지와 영상으로 작업을 해놓아야 한다. 물론 고비용이 부담스러울 수도 있으나, 정부의 글로벌 마케팅 지원 사업 등을 통해 예산을 절감할 수도 있다.

영업과 마케팅 용도로 사용하는 모든 자료는 기본적으로 제품 인·허가를 위해 신고한 내용과 동일해야 하고, 나아가 실제 제품의 스펙 및 기능과도 일치해야 한다. 그렇지 않으면 구매자에게 본의 아니게 거짓말을 한 것이 될 수도 있고, 공식 입찰 과정에서 스펙 불일치라는 이유로 입찰 참여가 어렵게 되거나 탈락될 수 있으니 주의해야 한다.

준비된 영상, 사진, 글, 정확한 스펙 자료 등을 바탕으로 아래와 같이 다양한 소개, 발표, 표현, 제출, 홍보 및 광고 자료를 만들 수 있다. 이와 같은 마케팅 툴을 사용하면 보다 효과적으로 프레젠테이션을 진행할 수 있다. 이런 노력들은 개별 오더의 계약 확률을 높이고, 프로젝트 진행을 순조롭게 하며, 대형 입찰 시 승리의 쾌감을 만끽하게 해준다. 그러므로 제작 기획 단계에서부터 더 고민하고 더 세심하게 확인하고 준비하는 습관을 길러야 한다.

6.1. 회사 소개 자료 만들기

회사 소개 자료를 작성할 때는 보통 파워포인트(PPT) 프로그램을 사용한다. 대리점들도 최종 고객에게 정확한 정보를 전달하기 위해 제조사로부터 받은 PPT 파일을 현지어로 번역하여 사용한다. 또 고객 및 프로젝트 상황에 맞게 내용을 추가할 수도 있고,

수정할 수도 있기 때문에 PPT 포맷을 가장 많이 이용한다.

대부분의 기업은 공식적인 회사 소개 자료를 제작하여 공개한다. 이 자료는 모든 이들에게 고민 없이 배포할 수 있는 내용을 담고 있다. E-메일로 급하게 회사 소개 자료를 보내줘야 하거나, 공식적인 자리에서 회사 소개를 진행할 때 영업사원들 모두 공식적인 회사 소개 자료를 사용한다. 하지만 바이어가 회사를 직접 방문한다거나, 우리가 특정 바이어를 방문한다거나, 중요한 대형 프로젝트를 진행할 때에는 그때의 상황이나 프로젝트의 성격에 따라 조금씩 수정하여 가장 적합한 내용을 담은 소개 자료를 배포해야 한다.

첫 번째 회사 소개 자료의 기본 구성에 대해서 알아보기로 한다. 물론 어떤 형식을 지키고 따라야 한다는 규정이나 규칙은 없으니 자유로운 형태로 작업해도 좋다. 하지만 기본 형태를 알아야 구성 및 디자인할 때 추가적으로 고민하여 빠지는 내용이 없이 탄탄한 콘텐츠를 구성할 수 있고, 전체적인 통일성을 유지할 수 있다.

커버 페이지는 회사 이름과 로고, 그리고 브랜드를 표현할 만한 이미지 또는 그래픽 배경을 담는다. 자료 초반부에는 기업이 추구하는 가치와 비전을 표현하여 기업 운영 목적을 전달하는 것이 좋다. 추가로 기업의 설립 연도와 위치 그리고 현재 규모와 매출액 또는 직원수를 넣을 수도 있다. 회사의 위치는 설명과 함께 간단한 약도를 삽입하는 것이 좋다.

기업 규모가 크지 않아서 구체적으로 밝히기 곤란할 때는 해당 상품이 전체 시장에서 차지하고 있는 시장 점유율을 표현하여 기업과 브랜드의 시장 장악력으로 대신하는 방법도 있다. 이것은 기업의 크기 대신 가치를 내세우는 방법이다. 전체 시장 점유율은 %로 표현하여도 좋지만, 아직 점유율이 그렇게 좋지 못하다면 연간 판매량 수치를 넣을 수도 있다. 그 수치도 조금은 부족하다고 생각된다면 지금까지 설치되었거나 판매되어 사용 중인 총 누적 수량을 기록하면 된다. 회사의 조직도를 넣어 기업의 구조를 설명해도 좋다.

제조 공장이 있는 회사는 무엇보다도 품질 관리 부분을 강조하는 것이 좋다. 이때 품질 경영을 위한 기업의 시스템과 품질 향상과 유지를 위한 지속적인 노력이나 노하우를 소개하면 금상첨화다. Product line-up 부분은 지금까지 출시했던 제품 또는 서비스를 연도별로 이미지로 표현하여 설명한다.

한편 글로벌 마켓에서의 영업 채널을 소개하는 페이지를 넣는다. 내수 시장에 강하다는 브랜드 이미지보다는 다양한 대륙의 여러 국가에 이미 영업 채널을 구축하고 있다는 것을 보여줄 필요가 있다. 이미 글로벌 비즈니스의 기본은 갖추어져 있다는 의미이므로 가능하면 세계 전도에 현재 개척한 시장과 활성화되고 있는 국가를 그래픽화하여 수록한다. 국내 또는 해외 시장의 시장 점유율을 수치로 표현하면 우리 브랜드를 쉽게 이해하고 신뢰성을 키우는 데 도움이 된다.

제품군이 많지 않으면 부담이 적겠지만, 제품군이 다양하고 제품 라인업이 복잡하다면 하나씩 설명하기 보다는 제품을 카테고리별로 묶어 설명하는 것이 좋다.

제품 스펙 페이지는 지나치게 상세하게 수록하기 보다는 가장 자랑할 만한 특징이나 브랜드만의 차별점을 강조하는 식으로 축약시키는 것이 좋다. 해당 제품이 관련 산업군에서 지속적으로 혁신을 이끌어가고 있는 상황이라면, 제품 소개 페이지는 연도별 개발 시기를 기준으로 각 제품의 출시 연도를 순차적으로 표현하는 것도 매우 인상적이다. 제품별 소개 페이지는 복잡한 구성보다는 간단하고 명료한 표현이 좋고, 좀더 상세한 부분은 Appendix 자료를 통해서 필요한 사람에 한하여 하나씩 살펴볼 수 있도록 추가 자료를 제공해 준다.

기술적으로 어필해야 도움이 되는 제품도 있을 수 있다. 그런 경우에는 수학적 공식이나 이론적 설명보다는 직관적으로 이해를 도울 수 있는 이미지와 설명만으로도 충분하다. 그래도 설명이 어려운 부분은 부수적인 영상 클립 등에서 부연 설명하는 것이 바람직이다.

첫 프레젠테이션에서부터 경쟁사의 단점을 집중해서 설명하는 영업 방식은 도움이 되지 않는다. 상대 제품의 단점을 부각시키기보다는 우리 제품의 특장점을 강조하는 것이 더욱 좋다. 판매 이후 고객 불만 및 향후 서비스를 책임질 수 있다는 것을 증명할 수 있는 페이지도 누락하면 안 된다.

전반적으로 너무 딱딱하고 형식적인 소개 자료보다는 회사와 제품 · 서비스를 간단 명료하게 설명할 수 있는 방법을 고민해서 구성하는 것이 좋다. 제조사는 공장의 내부 및 연구소 사진을 추가하면 좋다. 부서별 담당자들의 사진을 넣어 친근감을 유도하는 것도 좋은 방법이다.

두 번째는 상황에 맞는 프레젠테이션 자료를 만드는 방법이다. 가장 쉽게 적용할 수 있는 방법은 해당 고객의 기업명 · 브랜드 이미지 또는 로고를 우리 브랜드 로고와 같은 페이지에 넣어준다. 최소한 불특정 다수에게 뿌리는 소개 자료는 아니라는 인식을 심어 줄 수 있다. 그리고 발표 자료 첫 페이지 또는 마지막 페이지에 그 회사만이 추구하는 가치와 비전 또는 현재 추진하고 있는 슬로건이 있다면 같이 표현하여 관심과 존중의 의미를 표현하는 방법도 매우 효과적이다.

더욱 신경을 쓰고 싶다면 상대 회사의 홈페이지를 방문해서 전체적인 색감과 분위기를 이해하면 도움이 된다. 예를 들어 방문할 회사의 로고 또는 브랜드의 색감 그리고 전체적인 홈페이지의 분위기가 핑크색이면, 발표 자료에도 그 고객사의 주조색인 핑크 요소를 전체적 또는 부분적으로 구성하여 페이지를 표현한다. 그렇다면 상대 회사의 임원과 관계자들은 왠지 모를 편안함을 느끼게 될 것이다. 발표 장소, 프로젝트의 특성 그리고 고객의 요구 사항에 따라 필요한 내용을 수록하는 최적화 작업을 하여 자료를 구성하면 매우 효과적이다.

CI나 브랜드명 삽입, 그리고 주조색에 대한 관심과 표현이 뭐가 중요하냐고 이야기할 수도 있다. 하지만 발표하는 사람의 입장과 그 발표를 듣고 바라보는 사람의 입장은 다르다. 혹시 이 프리젠테이션이 입찰을 위한 경쟁의 일환이라면, 1~5%의 관심을 더 기울인 기업 또는 발표자에게 마음이 기울어지기 마련이다. 제품 소개 자료 또는 프로젝트를 위한 자료는 통일화 전략보다는 맞춤형 전략으로 접근해야 한다.

6.2. 제품 소개 자료 만들기

제품 홍보에는 바이어들이 국제 전시회나 학회 때 전시된 제품을 직접 보거나 체험하도록 하는 것이 최고의 방법이다. 하지만 그렇지 못한 경우에는 대부분 홈페이지에 올려진 이미지나 설명에 의존하게 된다. 그런데 홈페이지에 제품의 사양과 장점을 세세히 표현하기 힘들기 때문에 제품 소개를 위한 자료를 따로 준비하는 경우가 많다.

앞에서 설명한 회사 소개 자료에도 제품 소개 페이지가 간략하게 들어간다. 하지만 제품 소개 자료에는 좀더 상세한 내용까지 들어가야 한다. 예를 들면 제품에 사용된 기술적 원리, 제품 사용 결과 분석 내용, 사용 후 시장의 반응 등 다양하고 상세한 내용까지 반영할 수 있다.

해당 시장을 처음 개척해서 고객에게 발표를 하고 있다고 가정해 보자. 시장 점유율도 없고, 브랜드 인지도도 없는 상황에 영업을 위한 설득은 전혀 먹히지 않는다. 이럴 때에는 학술적인 증빙 자료를 기반으로 하여 기술적으로 접근해야 한다. 관련 논문을 간략하게 소개한다든지, 국제기관에서 인정한 기사를 활용하는 등 다양한 방법으로 소개 자료를 구성해 나가도 좋다.

제품 스펙 페이지는 사양을 그냥 나열하기보다는 해당 제품에서 가장 자랑할 만한 특징 하나를 뽑아내서 그 특장점을 첫 페이지에 거래하는 것이 좋다. 예를 들어 속도가 빨라서 시간을 절약해주는 장점이 있는 제품은 시간 절약을 포인트로 잡으면 된다. 기존 제품보다 부피가 작아 편리성과 이동성이 좋다면 제품 사이즈에 포인트를 맞추면 된다. 다른 경쟁사 제품들에 비해서 파격적인 디자인을 가지고 있다면 디자인을 부각시킬 수 있는 시각적인 페이지를 추가하여 그 아름다움을 느낄 수 있도록 한다.

우리 제품군 중에서도 동일한 기능이나 성능을 가지고 있는 제품들이 있으면 모델별로 어떤 콘셉트가 다른지 또는 어떤 기능적 차이가 있는지 제품 사진과 함께 스펙을 정리하여 한 눈에 비교 가능하도록 구성한다.

기술적인 부분을 조금 더 깊이 있게 풀어나가야 할 필요성이 있을 때에는 단계적 접근이 필요하다. 초 · 중 · 고 · 대학교의 수

학이나 영어도 학년별 레벨이 있어서 순차적으로 학습하는 것처럼 말이다. 처음부터 너무 어려운 내용으로 발표를 시작한다면 많은 청중이 졸거나 자리를 이탈할 것이다. 처음에는 최대한 흥미를 이끌 수 있는 사진이나 이미지 그리고 영상을 최대한 활용할 것을 추천한다. 레퍼런스가 될 만한 연구기관이나 연구자들과 함께한 사진이 있다면 더욱 좋다. 확신과 신뢰를 주는 레퍼런스 사진들과 함께 개념적인 부분을 쉽게 설명해 나간다면 무리 없이 기술적인 부분을 어필할 수 있을 것이다.

제품의 장점을 설명할 때는 기존 시장에서 지속적으로 불편을 호소했던 부분을 먼저 이야기한다. 그다음 불편함이 어떤 식으로 개선되었는지 그 포인트와 새롭게 탑재된 기능을 설명하고, 그로 인해서 어떤 편리함이나 이익을 얻을 수 있는지 설명한다.

기존의 제품에 잠재적인 위험 요소가 있었다면 안정적인 부분을 강조한다. 시대의 트렌드를 뛰어 넘어서는 파격적인 외형 디자인이 강점인 제품이라면 그 디자인이 잘 어울리는 부수적인 이미지나 영상을 포함하여 제조사의 디자인 의도를 고객들이 쉽게 이해할 수 있도록 내용을 구성한다.

제품에 탑재된 소프트웨어에 강점이 있는 제품은 UI(User interface, 사용자 인터페이스)의 편리성 및 용이성을 강조할 필요가 있다. 이때 실제 실행하는 장면을 영상이나 사진으로 수록하여 타사 제품과 차별화되는 점을 어필한다. 제품이나 소프트웨어의 이미지 외에 다양한 디자인적 요소를 넣어 다채롭게 자료를 구성한다.

6.3. 신제품 소개 자료

6.3.1. 개발 전 제품 콘셉트 소개 자료

기업은 지속적으로 기술을 발전시켜야 함과 동시에 변화하는 시장의 니즈에도 맞춰야 하기 때문에 지속적으로 새로운 상품을 개발하고 준비해서 시장에 출시한다.

새로운 제품은 기존 제품과 동일한 카테고리의 신규 모델이 될 수도 있고, 전혀 다른 카테고리의 제품군이 새로운 제품 라인업으로 추가될 수도 있다. 전자든 후자든 신제품 개발 전에 반드시 시장의 피드백을 거쳐야 한다. 그렇기 하기 위해서는 아직 완성 제품은 준비되지 않았다고 하더라도 시장의 사용자 또는 최종 소비자들에게 신제품과 관련된 무언가를 보여주고 설명해야 한다. 그런 목적에서 해당 자료를 준비하고 만드는 것이다.

자료는 기본적으로 파워포인트로 작업한다고 보고, 세부 스펙이나 다른 브랜드 상품과의 비교 자료는 엑셀 파일로 준비하는 것이 좋다. 최신 과학 기술을 반영한 제품이라든지 최신 의학 트렌드에 의거한 제품이라면 관련 논문이나 문헌도 부록(Appendix)으로 첨부하면 제품을 이해하는 데 많은 도움이 된다.

새로운 제품의 니즈는 시장에서 1차적으로 접수되고 해당 정보를 바탕으로 영업사원은 개발팀 연구원들과 협의를 진행한다.

어느 정도 제품의 외형 및 기능 그리고 특징들이 정리되면 이런 자료들을 다시 시장에 보여주어 고객이 요청하고 원했던 부분들이 모두 수용되었는지 혹시 빠진 부분들은 없는지 시장으로부터 다시 피드백을 받아야 한다. 이렇게 반복적으로 피드백을 주고받으면서 전체적인 MRS^(시장 요구 사항)* 검토 작업을 진행해 나간다.

6.3.2. 제품 출시 후 신제품 소개 자료

제품 개발이 완료되면 신제품 판매를 위한 제품 소개 자료는 기존 제품과 구성 면에서 차이가 있을 수 있다.

신제품 소개 자료에는 시장에서 이 제품을 '누가' '왜' 필요로 하는지를 정확하게 표현해 주어야 한다. 또한 이 제품이 출시되었을 때 기대되는 시장의 크기를 포함한 사업성에 대한 예측도 간단하게 들어가면 더 좋을 것이다. 아울러 이전 제품과 차별화되는 정확한 제품의 용도와 콘셉을 분명하게 제시하는 것이 좋다.

제품이 준비되면 이미지 및 영상을 촬영하고 최신 트렌드를 반영한 제품 소개 문구를 작성하여 세 제품에 걸맞는 고품질의 소개 자료를 만든다.

물론 단순 수치보다는 설명이, 설명보다는 실사 사진 이미지가, 다수의 이미지보다는 영상이, 다양한 각도의 영상보다는 실

---

* MRS(*Market Requirement Specifications*) : 시장 요구 사항

제로 하는 체험이 제품을 이해하는 데 좋다는 것을 염두에 두어야 한다.

가능하면 소개 자료를 이미지화하여 소비자들이 좀더 쉽게 이해할 수 있도록 하는 것이 좋다. 고객이 제품을 구매하여 실제 사용하는 것을 이미지로 보여 주는 것이 가장 효과적이다. 또 세 제품을 통해 고객이 어떤 이익을 얻을 수 있는지도 함께 소개하면 좋다.

컨설팅 조사 기관을 통해서든, 인터넷 기사나 자료를 통해서든 해당 제품군의 글로벌 마켓 사이즈가 어느 정도인지를 제시하는 것도 매우 중요하다. 이는 잠재적인 시장성을 고민하는 대리점 사장에게 중요한 사안이기 때문에 사실에 기반하여 그 가능성 제시해 주고 스스로 판단하게 해 주어야 한다. 해당 신제품을 수입하여 시장에서 판매를 진행했을 때 어느 정도 시장성이 있고 판매 가능성이 있다고 판단한다면 설득은 보다 쉬워진다.

6.3.3. 지속적인 시장 피드백 접수, 그리고 멈추지 않는 진화

발표 도중에, 그리고 발표가 끝나고 나서 청중들이 주는 피드백들을 잘 듣고 정리하여 마케팅 담당자와 기술 개발자들과 추가적인 미팅을 진행한다. 한번에 완벽한 제품을 만들어 출시하는 것이 아니라 시장과 지속적으로 소통을 거듭하면서 시장 니즈에 맞는 제품으로 업그레이드해 나간다. 물론 제품 소개 자료도 제

품의 진화 속도에 맞추어 업그레이드되어야 한다.

자료를 준비할 때는 초기 시장에서 제시했던 MRS 문서의 기본 줄기는 유지하면서 수록되는 내용들은 현재 업그레이드된 수준으로 개정되어야 한다. 하지만 전체적인 제품 정체성의 통일성과 일관성은 유지해야 한다. 그렇지 않으면 초기 시장의 요구 사양과 개발 문서 그리고 마케팅 영업 자료가 일치되지 않아 혼돈을 일으킬 수 있다. 초기 문서 그리고 개발이 반복되면서 개정된 문서들을 꼼꼼히 살피면서 최종적인 제품에 맞는 제품 소개 자료로 업그레이드해 나가면 된다.

6.4. 기술 소개 및 임상 학술 자료

제품이 매우 뛰어난 기술력을 보유하거나 학술적 의미를 보유하고 있다면 조금 상세하면서도 전문적으로 보이도록 구성해도 좋다. 하지만 이론과 계산식을 빼곡히 채운 자료로 구성하면 금세 집중력이 떨어지고 쉽게 지겨움을 느낄 수 있다. 그렇기 때문에 최대한 쉽게 이해될 수 있도록 이미지화하여 설명할 수 있도록 노력해야 한다.

귀로 듣는 것보다는 보는 것이 좋고, 글로 이해하는 것보다는 그림으로 이해하는 것이 좋다. 물론 가장 효과적인 방법은 고객이 직접 만져보고 체험하면서 현장에서 궁금한 것을 묻고 답하는 방법이 제일 좋을 것이다. 그렇게 할 수 있는 상황이 아니라면 해당 제품의 기술력이나 학술적 가치를 증명할 만한 페이지를 구성하여 주장을 뒷받침하는 것이 좋다. 또한 이미지만으로 표현이 어려울 경우에는 영상을 보여 주어서라도 제품을 제대로 이해시켜야만 한다.

중요한 것은 우리가 기술을 소개하는 목적이 아니라 듣는 이가 그 소개한 내용을 이해하여야 한다는 것이다. 그러므로 모든 자료는 내가 원하는 방식이 아니라, 소비자의 이해를 최대한 돕는 방식으로 준비되어야 한다.

6.5. Comparison Table

경쟁사와의 비교 페이지에서도 처음부터 머리 복잡해 보이는 비교표를 보여주지 말고, 실질적인 이미지를 보여주면서 우리 제품이 상대 제품보다 더 나은 부분이 있다는 점을 강조할 필요가 있다. 예를 들어 우리는 10초, 경쟁사 제품은 15초의 속도를 자랑한다면, 경쟁사는 '우리 제품보다 5초나 느리다'라는 표현보다는 '우리 제품이 5초가 빠르다'라는 표현이 더 좋다.

프레젠테이션에는 부정적인 단어보다 긍정적이고 발전적인 단어를 사용해야 한다. 내가 소개하고 발표하고 있는 그 자리에는 이전 장비 또는 제품을 고민끝에 선정하여 구매한 유관 부서 사람들이 앉아 있다는 것을 항상 염두에 두어야 한다. 경쟁사 제품에 대한 부정적인 발언과 자료는 그들로 하여금 우리에게 부정적인 감정을 일으키게 만들 수도 있다.

경쟁사 제품과의 상세 비교 테이블은 엑셀 프로그램으로 관리하면서 우리 제품 또는 경쟁사 제품의 업그레이드 상황에 따라 데이터를 업데이트해 나가면 좋다. 보통 가로축에는 경쟁사 모델을 구분하여 기록하고, 세로축에는 제품군의 타입, 하드웨어, 소프트웨어, 기구 이렇게 네 가지 테마로 크게 나누고 세부 항목별로 중요도가 높은 아이템부터 기록해 나가면 된다. 대부분 경쟁 제품은 비슷한 경쟁 항목이 있다. 하지만 각 제품마다 독특한 기능 또는 스페셜한 옵션이 있을 수 있는데, 이런 부분은 네 번째 카테고리에서 구분해서 정리하면 좋다. 각 제품마다 대표적인 사진을 준비하면 하단 또는 상단에 첨부하면 이해도를 높일 수 있다.

6.6. 각종 홍보 자료 만들기

6.6.1. 전단지, 포스터

전단지는 야외에서 불특정 다수의 일반인들을 대상으로 홍보용으로 배포하는 광고지를 말한다. 보통 낱장으로 구성되며 A4 사이즈를 가장 많이 사용한다. 단면 또는 양면 디자인이 가능한데, 보통 앞면에는 대표 브랜드 홍보용 이미지와 슬로건이 들어가고, 뒷면에는 상세 내용이 들어간다. 전단지는 배포되는 장소가 주로 길거리나 야외이므로 너무 세부적인 내용보다는 일반적인 내용으로 모두가 쉽게 이해할 수 있도록 최대한 간단하지만 인상적으로 디자인해야 한다.

포스터는 전단지보다는 큰 사이즈로 제작되는데, 주로 A2 사이즈가 가장 많이 사용된다. 전단지와 동일한 목적이지만 벽에 부착하여 정보를 전달하는 방식이므로 뒷면에는 디자인하지 않고 단면으로 인쇄하여 사용한다. 보통 상징적인 그림과 이미지를 기본으로 전달하고자 하는 내용 및 글귀로 간략하게 구성

하여 사람들 눈에 많이 띄는 벽 등
에 부착한다.

학회가 개최되는 장소(학회장)의
부스에 부착되는 포스터를 제작할
때 디자인에 너무 중점을 두면 제
품의 강점을 부각시키지 못할 수도
있다. 우리 브랜드 인지도가 어느
정도 있을 때는 학회장 부스의 전
체적인 분위기를 아름다운 또는 미
적인 부위기로 꾸밀 수 있으면 효
과가 있다.

하지만 이제 막 브랜드를 런칭
하여 소비자들에게 소개하는 단계

이거나 제품의 특장점을 어필해야 할 단계에 있다면 미적 디자인
을 추구하기보다는 제품의 특장점을 어필하는 것이 맞다. 이럴
때일수록 전체적인 디자인 밸런스가 깨지더라도 좀더 직관적이
고 공격적인 느낌으로 가독성이 높게 포스터를 디자인하는 것이
좋다.

포스터를 디자인할 때에는 가장 대표적이고 강력한 장점을
한 가지 선택하여 우선 시선을 사로잡을 수 있어야 한다.

전단지와 포스터는 제조사에서 영문으로 제작해서 국가별로
대리점에 전달할 수도 있지만, 원칙적으로 현지 언어로 작업하는

것이 좋다. 그렇기 때문에 디자인적인 요소(사진, 이미지, 문구, 디자인 예
시 파일 등)들을 AI 파일 포맷으로 대리점에 전송해서 현지 언어로
현지 감성에 맞도록 대리점에서 다시 디자인하여 인쇄, 배포하는
것이 경제적이고 효율적이다. 포스터는 이미 제품 판매가 시작된
후에도 영업점에 부착되거나 학회장 부스의 벽면에 부착되면 지
속적인 홍보 효과를 얻을 수 있다.

6.6.2. 브로슈어, 카탈로그

브로슈어는 보통 회사 소개용 홍보 자료로 제작된다. 기업의
가치나 이미지를 최대한 고급스럽게 표현해야 하기 때문에 내용
뿐만 아니라 디자인도 고급스럽고 상당히 고급스러운 종이를 사
용한다. 표지는 대표 브랜드를 잘 전달할 수 있는 이미지로 디자
인하고, 도입 페이지에는 기업 소개와 연혁, 그리고 인사말을 게
재한다. 메인 페이지에는 제품 및 서비스에 대한 내용을 주로 수
록한다. 뒷부분에는 회사 위치 및 연락처, 지역별 대리점, 보유
한 인증 등이 표현된다.
　카탈로그는 제품, 상품, 서비스 내용에 대한 안내 역할을 구성
해야 한다. 따라서 그 내용은 상품의 대표 이미지와 개요 설명 그
리고 상품의 스펙과 함께 사용 방법을 상세하게 설명해야 한다.
　브로슈어나 카탈로그는 기업의 고급스러운 이미지 유지와 동
시에 제품의 소개 내지 해설서 개념이므로 제조사에서 영문으로

제작해서 대리점에 배포한다. 대리
점은 불특정 다수에게 그냥 배포해
서는 안 되고, 어느 정도 관심이 높
은 고객을 방문하거나 상담을 진행
할 때 이 회사 홍보 브로슈어나 제
품 카탈로그를 전달해야 한다. 내
용면에서 좀더 상세한 이해가 필요
하다면 한 장짜리 전단지나 리플릿
을 함께 전달한다. 특별 이벤트를
진행하거나 DM 발송 시에 동봉할
수도 있다.

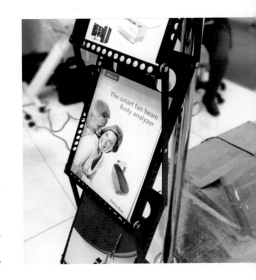

6.6.3. 리플릿

리플릿은 전단지와 비슷한 한 장짜리 광고물로, 전단지와 가
장 큰 차이점은 손에 쥐고 읽을 수 있도록 접히는 방식으로 디자
인된다는 점이다. 4단 접이식과 3단 접이식이 있는데, 가장 많
이 사용되는 구조는 3단 접이식이다. 카드보다는 종이 두께가 얇
고 포스터보다는 사이즈가 작게 제작하여 전시회장이나 학회장
의 부스 또는 약국이나 병원의 접수 테이블에 놓고 관심 있는 사
람들이 가져가게 하는 방식이다. 그렇기 때문에 포스터나 전단지
보다는 내용이나 구성 그리고 대상이 좀더 타깃 지향성을 가지는

특징이 있다.

리플릿 앞쪽 커버 페이지는 대표 이미지와 주제 또는 홍보 문구를 눈에 잘 띄게 디자인하고, 뒷면은 지도나 연락처 등 기타 홍보 문구에 비해 중요도가 떨어지지만 꼭 필요한 정보를 넣는다. 내부 메인 페이지는 제품이나 서비스를 간략하게 소개한다. 이때 이해를 돕기 위해 다이어그램이나 플로우 차트를 삽입할 수도 있다. 예시로 성공 사례 또는 비슷한 운용 사례를 넣어도 좋다. ROI(Return on investment) 테이블을 이용하여 보다 공격적으로 정보를 전달해도 된다.

6.6.4. 영상 자료

영상 자료는 가장 파워풀한 영업 마케팅 툴 중 하나이다. 영상 자료 역시 사용되는 목적에 따라 제작 방식이 다르다. 우선 회사를 소개하는 소개 영상에는 기업이 추구하는 가치와 비전을 담겨야 하고, 기업의 성장 과정과 현재 집중하고 있는 사업 분야 그리고 미래의 방향성 등을 수록하면 된다.

제작 비용이 부담스러운 중소기업들은 한 영상에 기업 소개를 포함하여, 제품 소개 그리고 사용 설명까지 모두 담으려는 경향이 있다. 하지만 각각 구분해서 제작하여야 상황과 용도에 따라 적절한 것을 선택하여 사용할 수 있기 때문에 메시지의 집중력을 높일 수 있다.

　제품 소개 영상은 주로 어디에서, 누가, 어떻게 사용하는지와 같은 내용을 포함하면서 제품의 특장점을 적절하게 소개하는 방식으로 구성할 수도 있다. 또 처음부터 전체적인 스펙을 보여주고 강점을 부각한 뒤 후반부에 사용 방법을 설명하는 식으로 구성해도 된다. 고객이 제품을 직접 사용해 보는 것이 가장 좋겠지만, 그렇지 못하는 상황을 상정해서 영상을 제작하는 것이다.

　한편 장비 판매가 목적이 아닌, 판매 이후에 고객의 제품 설치 및 사용의 편의를 위해 제작되는 영상도 있다. 초기 설치 영상의 경우 엔지니어 또는 기술자의 입장에서 자막이나 설명을 넣는 식으로 제작하면 안 된다. 기술이나 장비 콘셉트를 전혀 이해하지 못하는 대상에게 설명한다는 전제를 깔고 영상을 제작해야 한다.

　이전 제품 출시 시기가 오래되어 현재 제품의 운영 방식과 기능이 이전 제품과 차이가 많이 나는 경우에는 새로운 제품을 모델로 한 영상을 제작하여 대리점 또는 바이어에게 전달해야 한다.

제**7**장

해외 출장

해 외영업에서 출장의 목적은 반드시 현지에서 진행해야 하는 일과 확인해야 하는 일로 구분된다. 그리고 프로젝트의 상황 및 성격에 따라 출장 주기와 업무 형태도 달라질 수 있다. 출장 목적에 따라 현장에서 어떤 미팅을 진행해야 하고, 어떤 부분을 중점적으로 확인한 다음 복귀해야 하는지 등 전반적인 내용을 하나씩 살펴 보도록 하자.

7.1. 출장 전 준비 사항 (마음 가짐)

해외영업을 위하여 영업사원이 출장을 가는 이유는 여러 가지다. 물론 회사마다 분위기가 조금씩 다를 수 있겠지만, 출장에서 복귀한 영업사원이 오더 없이 빈손으로 돌아오면 무능하다고 평가하는 기업들도 상당히 많다. 이렇게 '출장은 곧 오더'라고 여기는 회사 문화라면 영업사원들은 사전에 쿠킹된 오더 없이 나가는 해외 출장을 매우 꺼리는 현상을 낳게 된다. 출장갔다가 빈손으로 복귀하면 영업사원의 무능력이 드러난다고 여기기 때문이다. 이런 경우 영업사원은 출장 전에 바이어와 미리 오더 작업을 해놓거나, 아니면 지난달에 매출을 잡을 수 있는 오더를 일부러 한 달 뒤로 이월하여 오더 작업을 마쳐놓고 출장을 계획하는 경우도 있다.

이런 꼼수를 알려주려고 이야기를 시작한 것은 아니다. 출장은 오더를 받아오려고 가는 것이 절대 아니기 때문이다. 설사 매출 수치 때문에 출장이 계획되었더라도 그냥 PI*에 사인만 받아서 들고 들어오면 안 된다.

제대로 된 영업사원이라면 해외 현지 출장의 목적부터 심도 있게 고민해 보아야 한다. 이미 만들어 놓은 오더 그리고 이전 달에 일부러 이월시켜 놓은 오더를 수령하려 가는 형태의 현지 출장은 의미가 없다. 현지 시장을 정확히 이해하고, 바이어의 상황을 파악하고, 현재 우리와 경쟁사의 위치, 그리고 시장의 트렌드를 잘 파악하여 어떡하면 시장을 장악하여 제품 판매를 활성화할 수 있을지 등을 현장 전문가인 대리점 사장 및 영업 책임자와 세부적으로 논의하여 방법을 찾고 실행 사항들을 고민하는 자리가

---

* PI(Proforma Invoice) : 견적송장. 동시에 견적서와 송장의 기능을 하는 문서.

되어야 한다. 한편 시장을 보다 정확하게 이해하기 위해서는 최종 소비자와 사용자를 직접 찾아가는 방법도 있다.

사무실에서 시장 상황과 관련된 질문을 수없이 보냈어도 아무런 대답을 받지 못했던 것들, 메일 또는 유선상으로 논의하기 어려웠던 것들, 현장의 이해나 심각성을 영업사원이 100% 공감하지 못했던 사항들…….

이처럼 직접 확인하지 못해 답답했던 부분들이 분명이 많을 것이다. 출장을 기회 삼아 현장에서, 그리고 시장에서 직접 그 시장을 대표하고 실제로 삶을 살아가고 있는 사람들로부터 직접 듣고 체험해야 한다. 그런 과정이 반복되면 시장을 올바르게 이해하게 되고, 이해와 공감을 바탕으로 보다 현실적이고 창의적인 아이디어와 기획을 떠올리게 된다. 나아가 다양한 프로그램을 실행하면서 시장에서 경쟁력을 올리고 자연스럽게 시장을 장악하게 되는 것이다. 당장 결과물이 나타나지는 않는다. 하지만 분명 영향력은 발휘되고 있으며 반복과 누적을 통해 긍정적인 결과를 낼 수 있다. 이 부분이 바로 영업사원이 현지 출장을 가야 하는 이유이다.

하지만 영업사원이 이런 마음 가짐으로 무장이 되어 있어도 회사에서 출장 기안서에 사인을 해 주지 않으면 출장은 갈 수 없다. 그렇기 때문에 회사에는 출장을 중심에 놓은 장기적인 플랜을 보여 주어야 한다. 출장의 당위성을 준비하는 것도 무척 중요한 과정이다.

7.1.1. 출장 계획서 작성하기

해외영업부 영업사원들은 우선 출장을 나가기 전에 왜 본인이 지금 그곳에 출장을 가야 하는지에 대한 명확한 목적을 출장 계획서에 어필해야 한다.

대리점의 매출에 문제가 있어 보이지만 그 원인 및 문제가 정확하게 파악되지 않아 그 부분을 확인하고 문제를 해결하기 위한 출장이 될 수도 있다. 또 계획 대비 부족한 매출 수치를 만회할 만한 오더를 현지 출장을 통해 채우기 위한 목적이 될 수도 있다. 아니면 정부의 대형 입찰 프로젝트를 확인하거나 진행에 필요한 지원을 하기 위한 출장이 될 수도 있겠고, 현지에서 진행되는 전시회, 학회 또는 세미나 행사 지원을 위한 출장이 될 수도 있다. 그리고 앞에서 언급했던 영업적 교육 또는 서비스적 임상 기술 교육을 지원하기 위한 출장도 있을 수 있다.

이와 같이 출장에 대한 목적이 명확하게 정해지면 대리점 사장과 일정을 조율한 후에 출장 기간을 정해서 언제 출발하고 언제 복귀할지 계획서를 보고서와 품의서 중간 형태로 준비를 한다. 대부분의 회사에는 최적화된 출장 계획 기안서가 있다. 계획된 목표를 수행하기 위해 출장지, 방문 회사, 수행할 업무 내용 등이 상세하게 정리되어 있어야 한다. 또 일정에 따라 항공권과 호텔을 예약하고, 도착 공항에서 호텔까지, 그리고 호텔에서 대리점 사무실까지의 이동 방법에 대해서도 세세하게 준비한다. 물론 대리점 직원들이 공항에 픽업하러 나오기도 하고, 출장 기간 동안 이동을 책임져주기는 한다. 하지만 만약이라는 부분 있기 때문에 미리 준비하는 것이 좋다.

기업 대표의 성향에 따라 출장 계획서는 최소화하고 구두 보고로 대치하는 곳이 있는가 하면, 출장 계획 보고서에 대리점별 이동 경로까지 정리되어 있어야 결재하는 경우도 있다. 그 회사의 분위기에 따라서 출장을 가기 위한 최소한의 허락은 사전에 받아 두는 것이 정석이다.

대리점의 매출이 계획 대비 잘 나오고 있다면 아무런 문제가 없다. 하지만 현재 누적 실적이 계획 대비 많이 부족하다고 느끼는 대리점 사장은 영업사원의 출장을 그리 반기지 않는다. 왜냐하면 멀리서 비행기를 타고 자기 회사까지 찾아오는 영업사원을 빈손으로 그냥 돌려보내는 것도 마음이 편하지 않기 때문이다. 그렇기 때문에 영업사원은 방문의 목적을 사전에 명확히 할 필요가 있다. 그래야 대리점 쪽에서 충분히 준비하고, 현지 시장에서 고민해야 할 사안에 대해 집중할 수 있기 때문이다.

7.1.2. 출장 준비 - 항공권, 호텔, 이동

출장 예산 중 가장 큰 비중을 차지하는 것이 항공권이다. 항공권은 특성상 미리 예약하면 매우 저렴하게 구매할 수 있다. 아무런 준비 없이, 고민과 전략도 없이 갑자기 기업 대표가 궁금해한다거나 매출이 저하되었다고 급하게 출장을 가는 것은 바람직하지 않다. 최소한 한 달 전에 출장의 필요성에 대하여 고민한 다음 충분한 사전 검토와 계획을 세운 후 출장 기안서를 올린다. 대리점과는 미리 일정을 계획하여 그 스케줄에 따라 항공권을 저렴하게 준비하는 것이 좋다. 운 좋으면 절반 가격으로 항공권을 구매할 수도 있다. 항공권 예약 및 발권은 영업사원 본인이 직접 인터넷으로 할 수도 있고, 지정 여행사를 통해서 항공권을 준비할 수도 있다.

현지 숙박도 예약을 통해 더 품질 좋고 저렴한 호텔을 이용할 수 있다. 가장 쉬운 방법은 대리점 사장에게 부탁하여 좋은 위치에 있는 좋은 호텔을 미리 예약해 달라고 부탁하는 것이다. 하지만 그 정도의 친분이 없거나 이제 막 시작한 관계일 경우에는 이런 부탁을 쉽게 하지 못할 수도 있다. 이럴 때는 공항에 가까운 호텔을 구하는 방법도 있다. 하지만 이런 곳에 있는 호텔은 영업사원 본인에게는 매우 좋은 위치겠지만, 대리점 직원들에게는 조금 힘이 들 수도 있다. 아침에 픽업하러 와야 하는데, 사무실과 거리가 있으면 교통 체증으로 고생할 수도 있기 때문이다.

그렇기 때문에 대리점 사무실에 가까운 호텔에 머무는 방법이 좋다. 이 경우는 대리점 직원들에게는 매우 편리하지만 대리점 사무실이 도시 중심에 위치하지 않고 외곽에 위치해 있을 경우에는 혼자서 업무 이외에 마땅히 할 만한 것들이 없을 수도 있다. 너무 한적한 산업단지 같은 곳은 식당도 없으면서 큰 도로 옆에 호텔만 달랑 하나 위치하는 경우도 있다. 그렇기 때문에 출장의 목적과 성격 그리고 대리점의 사무실 위치를 고려하여 가장 적당한 곳에 있는 호텔을 선정하는 것도 매우 중요하다.

이동에 대한 부분은 대부분 대리점에서 픽업부터 거의 모든 이동 경로를 지원해 주지만, 택시를 타고 오라고 하거나 택시를 불러서 가라고 하는 대리점들도 있다. 요즘에는 우버도 대중화되어서 이런 일들이 자주 발생하고 있다. 하지만 공항 픽업도 나오지 않고 이동 지원도 해주지 않는 파트너는 조금 문제가 있다고 생각한다. 만약 양사의 관계가 매우 중요하다고 여긴다면, 그렇게 소홀히 대접하지는 않을 것이다. 하지만 혹시 모르니 호텔, 대리점 사무실, 그리고 공항까지 어떤 방법으로 얼마의 비용을 들여서 이동해야 하는지 사전에 꼭 체크해서 준비하기 바란다.

이런 부분에 치우쳐서 대리점을 정하는 것도 좋지 않지만, 필자의 경우 이왕이면 예를 다하여 대우해 주는 대리점에 보다 높은 점수를 부여하곤 한다. 시장의 개척 및 활성화에는 상당한 의지와 노력 그리고 지속력이 요구된다. 그런 측면에서 보면 사소한 부분까지 최선을 다하는 대리점이 영업 마케팅을 세세하게 잘 진행할 가능성이 훨씬 높기 때문이다.

7.1.3. 미팅 자료, 체크 리스트, 매출 분석 및 정리

영업사원이 해외 출장 전에 준비해야 할 일들을 살펴보자. 자주 있는 일은 아니지만 출장 전날까지 열심히 준비하여 사소한 물품과 안건 하나하나씩 꼼꼼하게 다 챙겼는데, 정작 중요한 여권과 항공권을 챙기지 않은 채 공항으로 가는 경우가 간혹 있다. 호텔 예약 사항도 프린트해서 준비해 놓았지만, 중요하기에 잘 챙겨둔 여권과 함께 책상 서랍에 고스란히 두고, 나머지 준비물과 물품들만 챙겨서 퇴근한다. 또 다른 경우는 코트에 여권을 잘 넣어 두었는데, 정작 당일에는 새로 산 코트로 바꿔 입고 출발하는 경우도 있다. 바쁜 아침에 다시 총알 택시를 타고 집으로 와서 여권을 가지고 다시 가야 하는 불상사가 벌어진다.

이제부터 반드시 챙겨야 하는 중요한 것들은 무엇인지 살펴보자. 방문할 국가 대리점의 역대 매출 히스토리 파일을 우선적으로 챙겨야 한다. 가능하면 모든 연도의 기록이 모델별, 월별, 그리고 수량과 매출 기준으로 정리되어 있으면 가장 좋다. 연도별 구분은 전체적인 외부 환경 변화, 특히 해당 국가 및 주변의 국제 경기나 정세의 변화에 따라 맥을 쉽게 파악하는 데 많은 도움이 된다. 월별 구분은 주로 언제 예산이 모여 언제 집행되어 오더가 나오는지를 가늠하게 해준다. 그리고 모델별 구분은 점점 판매 수량이 줄어드는 모델과 늘어나는 모델을 구별하여 시장 트렌드의 변화를 파악하고 미래에 어떤 제품에 집중할 것인가를 판단하게 해준다.

그리고 사업계획의 기초 데이터가 되었던 연매출 목표 및 수량을 약속했던 PR(실적 목표 요구 및 확약 문서)도 꼼꼼히 챙겨 놓을 필요가 있다. PR도 모든 연도별로 있으면 좋다. 그러면 특정 연도에 얼마를 계획했고, 얼마의 실적으로 마감했는지를 알 수 있다. PR에는 지불 조건 등 관련된 여러 가지 조건들도 기록되어 있기 때문에 양사가 어떠한 조건으로, 그리고 어떠한 형태로 파트너의 역사를 같이 걸어 왔는지 전체적인 그림을 그릴 수 있어 미팅을 편하게 이끌어 갈 수 있다.

대리점 사장과 첫 만남 시에는 상대에게 호감을 줄 수 있는 작업을 해야 하는데, 조그마한 선물로 그 분위기를 만들어 갈 수 있다. 국가적 특성을 충분히 고려하여 적당한 선물을 준비하면 된다. 한국의 미를 확실하게 느낄 수 있는 선물이 좋을 수도 있고, 예전부터 갖고 싶다고 노래를 불렀던 것들을 미리 확인하여 준비할 수도 있다. 보통 영업사원들은 한국의 문화가 강하게 느껴지는 선물 아이템을 선정하는 경우가 많지만, 경우에 따라서 BTS 또는 블랙핑크의 앨범이나 굿즈가 더 큰 효과를 낼 수도 있다.

그리고 미팅 때 진행될 각종 영업 및 마케팅 자료와 학술적이

---

* PR(*Performance Requirement*) : 실적 목표 요구 및 확약 문서

거나 임상적인 자료를 충분히 준비한다. 이런 자료는 출장지에서 미팅할 때 짠하고 멋지게 공개하려고 하지 말고, 대리점 사장과 직원들이 먼저 메일로 받아 보고 미리 해당 내용을 예습할 수 있도록 준비하는 대로 이메일로 미리 전달하는 것이 좋다. 현지에서 미팅을 하다 보면 자료 요청을 많이 받을 것이다. 그럴 때를 대비해서 USB에 공유 가능한 모든 자료를 넣어 요구가 있으면 바로 하나씩 전해 주는 것도 좋은 방법이다. 회사 소개 자료부터 제품 라인업 소개, 제품 기술 사양 비교표 등 각종 영업 및 마케팅 자료를 담은 USB를 여러 개 준비해 가면 더욱 좋다.

종이 책자형 카탈로그 100~200부를 핸드캐리로 요청하는 대리점 사장들도 있고, 한국 본사에서 제작한 포스터 및 다양한 마케팅 툴들을 부탁하는 사장도 많다. 이런 경우에는 공항에서 출국 전에 추가 수화물로 체크인을 해도 좋다. 하지만 일반 여행 가방보다 서비스 가격대가 조금 더 비싸다는 점도 참고하자. 그리고 한국 본사에서 제작한 굿즈가 있다면 출장 가지 전에 몇 개 챙겨서 연관된 대리점 직원들에게도 선물로 주면 매우 좋아한다.

마지막으로 필요한 일은 사전 시장 조사이다. 주요 고객은 어떤 층이며, 경쟁 구도는 어떤 상황이며, 판매 가능한 고객층은 어떤 계층인지 등과 같이 분화 작업을 진행해야 한다. 시장 조사를 한국에서 출장 전에 하면 내가 준비한 객관적인 자료와 현지의 대리점에서 느끼는 현실적인 부분을 비교할 수 있어서 그 차이만큼 보정할 수 있는 능력을 키워 나갈 수도 있다.

이처럼 출장 전에 준비하고 알아야 할 일들은 상상보다 많고 다양하다. 앞에서 말했듯이 출장은 단순하게 쿠킹된 오더를 받아 오는 행위로 끝내서는 안 된다. 한국에서 아무리 머리를 싸매고 상상을 해봐도 풀리지 않는 일들을 해결할 수 있는 용도로 활용 해야 한다. 그런 문제를 해결할 수 있는 솔루션이 현장에 있다고 믿고, 그것을 현장의 최고 전문가인 대리점 직원들과 같이 고민 하고 논의하는 기회의 장이 되어야 한다. 그런 중요한 미팅과 기 회를 위한 준비 작업이 바로 현지 출장 전에 이루어져야 한다.

이런 중요한 미팅을 준비하는 출장 전 작업이 소홀했다면 어 떠한 결과가 나올 것인가 상상해 보자. 소홀한 출장 전 준비 작업 은 미진한 미팅으로 이어질 것이다. 너무도 간단하다.

7.2. 해외 출장 시의 업무(영업적 접근)

해외 출장은 보통 신규 시장을 개척하여 새로운 대리점을 세 팅하거나 내부적으로 지역 담당자가 교체될 경우 기존 대리점과 소통하기 위해 가게 된다. 또 중요한 국제 전시회에 참가하거나 학회에 참가할 수도 있다. 그 외에도 그 국가의 조달청에서 진행 하는 입찰 또는 대형 프로젝트, 그리고 기타 마케팅 활동을 위한 목적으로 현지 출장을 가기도 한다.

기업별·제품별로 성격이 모두 다르기 때문에 출장 횟수는 차이가 있을 수 있다. 취급하고 있는 제품이 시장에서 경쟁력이 있고 기술력을 선점한 상태라면 영업적 출장보다는 시장의 니즈를 충족시킬 수 있는 기술적·교육적 출장이 주를 이루게 된다. 즉 새로운 기능에 대한 설명과 그 기능을 사용하는 데 필요한 작동법 교육을 위한 출장이 많다. 임상적 지원이 필요한 제품일 경우에는 임상 직원이 출장을 가서 대리점 직원들을 교육시키고, 대리점 소속의 임상 직원이 제품 판매 후 또는 데모 현장에서 맡은 역할을 최대한 소화해낼 수 있도록 지원한다.

특수한 경우이기는 하지만 고객의 불만이 너무 심해서 영업적으로 해결해야 하는 상황이 발생하기도 한다. 이런 일들은 영업사원 혼자서 처리하기가 매우 어렵다. 그렇기 때문에 영업사원 혼자 출장 가는 것보다는 연구소나 고객지원팀과 함께 출장을 가는 것이 좋다. 이렇듯 해외 출장은 목적에 따라 성격도 달라질 뿐만 아니라 그 주기도 많은 차이가 난다.

7.2.1. 최적의 출장 주기

해외영업에 관심이 있는 사람들은 출장 주기에 대해 많이 궁금해 한다. 최소 1년에 한 번은 출장을 간다고 생각하면 된다. 회사 오너의 출장에 대한 인식에 따라서 또는 해외영업팀장의 업무 스타일에 따라서도 출장 주기는 상당히 차이가 난다. 한 달에 한 번 정도로 자주 나가야 하는 경우도 있고, 한 번 나가면 한 달 이

상 대륙에 있는 모든 국가들을 순회하
고 돌아와야 하는 장기 출장도 있을 수
있다.

특히 중남미 지역 담당자는 경비나
시간 등을 고려하여 멕시코를 시작으로
칠레까지 한 번의 장기 일정을 소화하
는 경우가 많다. 그 중간에 있는 중미
그리고 남미 국가들에 있는 대리점은
모두 방문한다고 보면 된다.

아시아 담당은 일본 또는 중국을 담
당하는 경우가 많은데, 아침 일찍 첫 비
행기로 상해 또는 도쿄에 도착해서 오
후 미팅을 하고 저녁 비행기로 돌아오
는 당일 해외 출장도 충분히 가능하다.

하지만 비인기 아이템, 영업적 지원
이 필요한 상황, 관련 교육을 지속적으로 진행해야 하는 경우 등
에는 최소 반기에 한 번 또는 자주 갈 경우에는 3개월 한 번씩 출
장을 가는 경우도 있다. 특수한 이슈가 있어 출장을 이미 다녀온
국가지만, 그 이슈를 마무리하기 위해 한 달에 2번 이상 같은 국
가를 다녀오는 경우도 있다.

그리고 반기 마감 또는 연 마감 진행 도중에 급하게 매출이
필요해졌거나, 사업계획 대비 너무 미진한 국가의 매출을 만회하

기 위해서나, 프로모션을 기획 또는 진행하기 위해서도 긴급하게 전략적 해외 출장을 갈 수도 있다.

7.2.2. 픽업부터 식사 대접까지 최대한 꼼꼼히 살펴라

영업 출장부터 살펴보자. 어렵사리 전시회에서 신규 시장을 개척함으로써 많은 대리점 후보군이 생겼다고 하자. 전시회 또는 학회에서 잠깐 만난 인연이나 그들이 보내준 회사 소개 자료를 바탕으로 중요한 대리점을 결정할 수는 없다. 이런 경우에는  출장 일정을 4~5일 정도로 잡고 대리점 후보 기업들을 모두 방문해야 한다. 회사도 직접 살펴보고, 같이 일하고 있는 직원들도 만나서 회사의 전반적인 분위기를 살펴봐야 한다. 회사의 시장 장악력은 있는지, 우리 제품을 잘 홍보하고 판매할 수 있는지, 또 그럴만한 인력과 자본과 네트워크가 있는지 말이다.

미팅을 진행할 때 업무 시간에만 국한되어 확인하는 것은 아니다. 같이 차를 마시면서, 점심을 먹으면서, 그리고 저녁 식사를 하거나 술자리를 가지면서 다양한 방법을 통해서 직접적 또는 간접적으로 회사와 오너의 성향과 능력을 파악한다.

그렇다면 회사의 평가는 어디에서부터 시작할까?

- 공항에 픽업 나오는 것
- 호텔로 이동하는 과정
- 아침에 호텔 픽업 나오는 방식
- 회사로 이동하는 분위기
- 회사가 위치한 지역과 건물의 상태, 회사 정문의 모습
- 첫 방문 시 대리점 직원들의 환대 방식과 태도
- 회사 소개를 진행하는 미팅룸과 진열된 상장, 트로피 등
- 제품을 전시하고 홍보하는 데모룸
- 판매 영업사원 및 마케팅 인력
- 제품을 납품, 설치, 교육 그리고 수리 및 유지 · 보수할 수 있는 인력과 네트워크
- 저녁 식사를 대접하는 분위기, 호텔에 데려다 주는 태도
- 공항 또는 다음 목적지로 이동하는 데 필요한 지원 등

영업사원이 출장을 가서 황제 대우를 받고 오라는 의미가 아니다. 나를 대하는 태도와 그들이 실질적으로 생활하는 업무 분위기를 잘 살펴봐야 한다.

일전에 모시던 회장님이 출장 가기 전 이런 말씀을 해 주셨다.

"출장을 갔는데 픽업을 나오지 않는 대리점과는 좋은 조건을 제시하지 말아라. 저녁을 사주지 않는 대리점과는 인연을 맺지 말아라."

영업사원을 대하는 태도는 제조사의 대표를 대하는 태도와
동일하다고 봐야 한다. 아무리 경험이 부족하고 어린 영업사원이
라도 출장을 가면 기업을 대표하므로 극진히 대우하지 않는 회사
에 대해서는 좋은 점수를 주지 않는다는 경험적 차원에서의 조언
이다.

7.2.3. 좋은 대리점 선정의 객관적인 요소들

대리점의 태도적인 부분을 제외하고 지극히 객관적인 요소들
만으로도 회사를 판단할 수 있다.

- 연간 매출은 얼마나 되는가?
- 언제 사업을 시작하였나?
- 설립 이후에 지속적으로 성장하고 있는가?
- 외부적 · 환경적 장애에는 무엇이 있는가?
- 직원은 총 몇 명인가?
- 조직 구성은 어떻게 이루어져 있는가?
- 영업사원은 몇 명인가?
- 마케팅 조직은 있는가?
- 판매 후 서비스를 지원할 인력 및 네트워크는 있는가?
- 있다면 얼마나 어떻게 고객 지원 활동을 하는가?
- 주요 비즈니스 아이템은 무엇인가?
- 주 아이템은 전체 매출에서 얼마나 비중을 차지하고 있는가?

- 주 아이템은 현 시장에서 얼마만큼의 시장 점유율을 보유하고 있는가?
- 우리 제품을 취급한다면 어느 정도의 매출이 기대되는가?
- 제품을 등록하고 허가받는 데 장애 요소는 없는가?
- 시장의 크기는 어느 정도인가?
- 주 고객의 수는 얼마나 되는가?
- 시장의 경쟁 구조는 어떻게 되는가?
- 주요 경쟁사는 어떤 브랜드인가? 가능하다면 브랜드, 모델명까지 확인한다.
- 경쟁 제품의 제품 라인업은 어떻게 되고, 가격은 어떻게 형성되어 있는가?
- 경쟁사의 영업 전략의 핵심은 알고 있는가?
- 우리는 어떤 영업 및 마케팅 전략으로 대항할 것인가?
- 우리 제품 판매의 전략적 아이디어가 있는가?
- 경쟁사 제품의 사용자 리스트 및 기존 고객 리스트가 정리되어 있는가?
- 기존 고객 리스트, 신규 고객 리스트, 신제품 교체 대상 고객 리스트는 구분되어 정리되었는가?
- 제품 교체 시기별 관리 대장이 있고 잘 관리되고 있는가?
- 교체 대상의 경쟁사 제품은 파악되어 있는가?
- 신규 고객 관리 리스트가 있는가?
- 예상 구매 시점은 모니터링되고 있는가?

- 현지 마케팅 전략으로는 어떤 아이디어가 있는가?
- 제품 광고 및 홍보 전략은?
- 전체 매출 대비 광고 홍보 비용은 얼마나 지출하고 있는가?
- 지역 현지의 학회 지원, 전시회 참가, 세미나 진행 계획은 있는가?
- 앞으로 해당 아이템의 비전은 어떻게 보고 있는가?
- 시장에서 경쟁사 제품에 관한 불만 사항은 없는가?
- 시장의 고객 불만 정도 및 대응 속도 민감도는 어떻게 되는가?
- 보증 기간의 유동적 연장은 필요한가?
- 시장의 대금 지불 조건은 어떤 형태인가?

이렇게 대리점과 미팅을 진행할 때 다양한 항목의 질문을 주고받으면서 영업사원이 객관적으로 대리점을 판단하는 방법도

있다. 엑셀 프로그램을 이용하여 항목별 점수를 부여하고 기록해 둔다면 나중에 회사에 복귀하여 대리점을 평가할 때 상당히 많은 도움이 될 것이다. 출장 중 다수의 가망 대리점 후보군을 만나서 미팅을 진행하다 보면 누가 누구인지, 어

떤 이야기를 누가 했는지 등에 관하여는 기억이 나지 않을 수도 있고, 내용이 뒤엉켜 정리가 안 될 수도 있다.

7.2.4. 바이어의 입장에서 모든 것을 느끼고 생각하고 행동하라

바이어와 첫 대면 미팅을 진행하는 경우를 살펴보자. 신규 고객 발굴을 위한 전시회 또는 학회에 나갔다고 가정하자. 이미 약속된 만남도 있을 수 있겠지만, 전시회 참가의 목적처럼 새로운 시장을 개척하기 위해 새로운 바이어를 찾는 작업에는 첫 만남이라는 허들을 넘어야 한다.

대리점과의 미팅은 세 가지 정도로 구분해서 이해하면 된다.

첫째, 바이어 또는 대리점과 처음 만나는 경우

둘째, 어느 정도 관계가 무르익어 대리점을 직접 방문하여 현

장 실사하는 경우

셋째, 기존 바이어이지만 매출 확대를 위한 심도 있는 전략적 회의를 위해 만나는 경우

이제부터 각각의 미팅의 성격에 맞게 어떻게 행동해 나가야 하는지 하나씩 살펴 보기로 하겠다.

7.2.5. 전시장에서 처음 만난 잠재 고객을 위한 대면 미팅법

이 상황에서 가장 중요한 것은 고객이 우리 기업 또는 제품과 브랜드를 알고 찾아왔는지, 아니면 아무런 정보 없이 그냥 지나치다가 관심을 가지게 되었는지를 판단하는 일이다. 이미 우리 브랜드를 인지하고 있다면 바이어 입장에서 해당 아이템을 수입하여 판매를 진행했을 때 이익이 날 것인지에서 시작하여, 이익이 날 것으로 판단된다면 얼마나 지속적으로 성장 또는 확장할 수 있는 아이템으로 예상하는지가 중요하다.

그렇다면 우리는 어떻게 접근해야 할까?

첫 번째로 그 국가의 상황을 파악하여 해당 대륙 또는 인접 국가의 성공 사례를 예로 들어 설명을 시작하면 된다. 평균적으로 일 년에 몇 대가 수입·판매되고 있으며, 수익은 어느 정도 예상되는지 알려주는 것이 핵심이다.

불가리아에서 바이어가 방문했다고 가정해 보자. 옆 나라 루마니아의 성공적인 시장 진입과 현재의 매출 데이터를 건네면서

루마니아의 최종 고객 중 VIP 고객의 이름을 거론하여 주의를 끌자. 그리고 동남쪽에 위치한 트뤼키예의 사례를 들면서 향후 5년 또는 10년 후 정부의 정책 변화 및 환경적·진보적 변화에 따른 시장 변화를 이야기하고, 나아가 기대되는 예상 수익까지 귀

띔한다. 이렇게 개괄적인 내용만 짧게 이야기해 주어도 그 바이어는 바로 테이블에 앉겠다고 부스 안으로 들어올 것이다.

　두 번째로 우리 브랜드에 대한 인지도가 전혀 없을 경우에는 우리 회사 부스의 따스함과 인간미로 승부한다. 바이어들은 대부분 전시 기간 동안 매우 빡빡한 일정과 강행군으로 지쳐 있을 확률이 매우 높다. 이 부분을 공략한다. 전시장의 수많은 전시 홀을 4~5일 동안 계속해서 탐색해야 하므로, 딱딱하고 굽높은 구두를 신고 불편한 정장 차림으로 관련 벤더들과 수많은 협상을 진행해야 한다. 그렇기 때문에 심신은 이미 매우 지쳐 있다.

　미래의 잠재 고객에게 지금 이 순간 필요한 것은 무엇일까? 바로 환대와 휴식이다. 겨울이라면 따뜻한 차나 커피를, 여름이라면 시원한 냉수나 음료를 제공하고, 봄이나 가을이라면 초코바나 사탕 그리고 에너지를 낼 만한 스낵이나 쿠키를 제공한다. 물론 편안한 의자와 잠깐 일을 할 수 있을 만한 테이블도 제공하여

잠깐의 휴식 이후에도 편하게 메일이나 긴급한 업무를 볼 수 있도록 배려하고, 편안한 장소 그리고 갈증 해소와 에너지를 선물한다. 그리고 떠날 때 꼭 한마디 더 건네야 한다. "언제든지 좋으니 편하게 다시 방문해서 쉬어 가도 좋다."고 말이다. 이런 따뜻하고 미소 담긴 환대를 쉽게 잊을 사람들은 많지 않다.

감동을 느낀 잠재 고객은 전시 기간 중 분명히 다시 우리 부스를 찾게 될 것이다. 다시 찾은 고객이라고 모두 우리 브랜드와 제품에 관심이 있다는 것은 아니다. 물론 아직은 '아니다'라는 말이다. 이 바이어는 단지 어제의 따뜻한 환대와 휴식 공간을 제공한 데 대한 감사의 인사를 건네려고 온 것이지, 아직 우리 회사나 제품에는 관심이 없다.

일단 다시 찾은 미래의 고객에게 업무적인 스탠스를 취하기보다는 칭찬의 소나기를 날려 주어야 한다. "얼굴이 잘생겼어요.", "목소리가 너무 좋아요." 그런 것도 찾기 어렵다면 스타일이 좋다든지, 찾을 수 있는 모든 장점에 대해 칭찬을 계속하면서 대화의 물꼬를 터야 한다. 물론 그 상대도 영혼 없는 칭찬을 하고 있다고 생각할 수도 있다. 하지만 결과는 이내 달라진다. 갑자기 핸드폰을 꺼내서 아들 또는 딸의 사진을 보여 준다든지, 지난 주에 방문한 불가리아의 여행지 풍경을 보여 준다든지, 아니면 어제 저녁에 먹었던 음식 사진을 보여 줄 것이다.

이렇게 되면 게임은 이미 끝난 것이다. 이제 고작 두 번째 만

난 사이지만 가족에 대한 부분이나 관심 분야에 대한 부분이 이미 공유된 상태이기 때문에 업무적인 이야기에 들어가도 부담이 전혀 없는 상태가 된 것이다. 이 상황까지 만들기가 어려운 것이다. 그다음에는 팀장이나 해외영업 선배들에게 배운 루틴으로 영업을 전개해 나가면 된다.

어느 정도 관계가 무르익으면 대리점을 직접 방문하여 현장 실사를 하는 상황이 된다. 이 경우는 심화 과정에 해당한다. 상대방은 이미 우리 제품을 수입하여 판매한 경험이 있고, 또 현장에서 영업 시 애로 사항이나 고객의 불만 사항 또는 미래의 추가 요구 사항도 가지고 있다. 이런 바이어와 미팅하게 되면 준비한 내용이나 미션 또는 처리해야 할 업무는 제쳐두고 일단 무조건 그의 말을 먼저 들어야 한다. 첫 마디는 이렇게 시작하면 좋다.

"영업과 마케팅을 진행하면서 애로 사항은 없었습니까?"

적어도 1~2시간은 각오를 해야 한다. 지금까지 1년 동안 쌓여 있던 고민, 고충, 원망, 미움 등 모든 감정들이 다 쏟아져 나올 것이기 때문이다. 이때 미리 얘기하고 녹음을 한다든지 메모를 하여 바이어의 소중한 의견을 하나도 놓치는 일이 없도록 해야 한다.

이 부분이 선행되어야 하는 이유는 이러하다. 아무리 좋은 조건을 먼저 이야기하고 제시하여도 듣는 사람의 마음이 원망으로 가득 차 있다면 그 어떤 좋은 소리도 귀에 들어오지 않기 때문이다. 일단 마음에 있는 모든 원망을 듣고, 원하는 바가 있다면 지금 당장 내가 해 줄 수 있는 일이 하나도 없다고 할지라도 경청하고 메모하고 본사에 돌아가서 협의하고 노력하겠다는 의지를 보여주는 것만으로도 충분하다.

바이어는 자신의 감정이 아니라 최종 소비자 즉 바이어의 최종 고객인 엔드유저들의 불만을 강력하게 전달할 것이다. 이 또한 최대한 정중하고 낮은 자세로 경청하고 받아들이면 된다. 언제까지 계속해서 경청해야 하냐고 많이들 물어본다. 대답은 간단하다. 고객이 할 말이 없을 때까지 들어야 한다. 만약 내가 가지고 있는 카드 중에 고민이나 문제를 해결할 수 있는 것이 있다고 하더라도 바로 해결해버리지 말고, 해결하려고 노력하는 모습을 보여주어 힘겹게 얻었다는 느낌이 나도록 지연하면서 솔루션을 전달해 주는 것도 좋다. 어려운 일이지만 노력해서 얻었다는 느낌이 더 좋은 기억으로 남기 때문이다.

그리고 심화 학습이 필요하다고 판단되면 어떤 방식이든 상관없으니 미팅 시간에 얽매이지 말고 최대한 자세하고 정확하게 교육해 주어야 한다.

다음 일정 때문에 시간이 없을 경우에는 식당에서 기다리거나 공항으로 이동하면서 심화 교육을 진행하는 것이 좋다. 이렇게 심화 교육이 이루어진 바이어들은 최종 고객과 영업적 미팅이나 만남 시 눈빛부터가 달라지게 된다. 처음 시작하는 대리점이나 시작한 지 얼마되지 않은 대리점에 출장 갔을 때 바이어가 무엇을 준비해 줄지 물어보면 나의 대답은 똑같다. 큰 흰색 칠판과 3색 마커. 고객을 상대하는 현장 영업사원들의 자신감을 올려주는 일이야 말로 현지 출장 중 영업사원이 필히 진행해야 할 미션이다. 심화 교육 이후 6개월 후의 매출 수치를 비교해 봐라. 뭔가가 많이 다르다는 것을 쉽게 확인할 수 있다.

7.2.6. 매출 확대를 위한 전략 회의를 위해 바이어와 미팅하는 경우

대단한 열정을 가지고 열심히 하고 있으나 국제 정세 또는 경기 악화로 인해 매출이 저조하거나 시장 활성화가 이루어지지 않는 경우에는 문제점을 정확하게 파악하고 상호간에 조건을 조금씩 양보해 가면서 어려운 시기를 극복해 나가야 한다. 물론 이런 대외적·환경적인 변화 이외에도 경쟁사의 변화, 즉 가격 경쟁 및 신기능 추가에 의해 우리 제품의 경쟁력이 상대적으로 악화되었을 수도 있다. 이런 경우에는 수입 통관 시 세금을 줄이는 방법을 함께 모색하고, 시장에서 요구하는 기능 또는 경쟁사가 이미 시장에 소개한 새로운 기능에 대해서 정확하게 전달받고, 본사로 복귀한 후 전략적 대안을 찾아 근본적인 문제점을 해결해 주어야 한다.

장시간에 걸쳐 미팅이 이루어질 수도 있고, 미팅 환경이 썩 좋지 않을 수도 있다. 가끔은 해당 국가 정부의 고위 관계자들(보건부 차관 또는 상공회의소 회장)도 만나야 하는 경우도 발생한다. 제조 단가를 20% 낮추는 것이 쉬운 일인가? 대리점의 마진을 20% 줄이는 것이 옳은 일인가? 둘 다 아니라면 정부의 수입 관세를 줄일 수 있는 여러 가지 방법을 논의해 보는 것도 좋은 방법이다. 자유무역협정(FTA) 관세 혜택의 적용이 가능한지, 부분 조립 생산(SKD : Semi-Knock Down) 또는 반조립 제품 생산(CKD : Complete Knock Down)이 가능한지, 향후 시장의 성장이 기대된다면 대리점을 설득하여 생산 법인으로 전환하는 등에 관한 논의도 가능하다. 이런 문제는 깊은 논의가 이루어져야 하지만, 최소한 이런 고민들을 함께하며 성의를 보인다면 어려운 시기를 같이 극복하기 위해 대리점에서도 의지를 불태울 것이다.

가장 중요한 것은 영업사원의 입장이 아니라 바이어의 입장에서 현장 미팅을 진행해야 한다는 것이다. 영업사원의 기분과 마음은 스스로 제어할 수 있지만, 이미 감정이 상한 바이어의 마음을 되돌리기란 쉽지 않기 때문이다. 그리고 꼭 기억해야 할 것이 있다. 내 앞에 앉아 있는 상대는 내가 이겨야 하는 상대가 아니라 같이 노력하여 고난을 극복해 나가야 할 동료라는 사실이다. 영업사원 스스로 이런 파트너십을 가지고 있지 않다면 바이어에 대해 형식적이고 이익적인 부분만 논의하게 된다.

모든 미팅은 항상 긍정적이고 밝은 상황과 미래를 보여주며 마무리해야 한다. 우울하고 불안한 미래를 보면서 힘을 낼 수 있는 인간은 지구상에 몇 되지 않는다. 바이어와 경청의 미팅에 관련한 내용은 다음 장에서 좀더 집중적으로 이야기해 보도록 하겠다.

7.3. 해외 출장 시 주의 사항

7.3.1. 경쟁사의 단점을 먼저 꺼내지 말라

영업사원이 해외 출장을 나가면, 일반적으로 대리점을 방문하여 매출과 관련된 상황을 파악하고, 마감을 위한 설득 작업을 진행하는 경우가 많다. 하지만 대리점이 고민하는 내용들을 들어

보면 절반은 대리점의 고객인 최종 소비자인 엔드유저로부터 발생되거나 전달받은 상황들이 많다는 것을 알 수 있다.

따라서 영업 활동 및 미팅을 이끌어갈 때는 두 가지로 구분해서 진행해야 한다. 하나는 대리점이다. 여기서 말하는 대리점은 우리편이라고 말해도 괜찮을 것이다. 최종 구매자를 설득하기 위해 함께 고민하는 파트너이기 때문이다. 그리고 나머지 하나는 최종 소비자인 엔드유저이다.

7.3.2. AM (영업사원) – 현지 대리점 미팅 진행 시

대리점은 우리 회사 제품 및 경쟁사 제품의 단점을 많이 알고 있을수록, 그리고 제품에 대해 기술적으로 깊이 있게 이해하고 있을수록 현장에서 상황에 맞게 대처할 수 있다. 그렇기 때문에 대

리점 사장을 포함하여 대리점 영업사원들과 마케팅 담당자를 교육시킬 때는 연구소 쪽 기술 보안^(대외비) 사항이 아니라면 최대한 자세히 설명해 주는 것이 좋다. 그리고 시장에서는 경쟁사와 언제나 경쟁 관계에 있기 때문에 브랜드별 · 모델별 · 기능별 · 항목별로 구분하여 직관적으로 비교하고 이해하기 쉽게 설명할 수 있도록 엑셀 파일로 정리된 장비 비교표(Comparison Table)를 준비한다.

해당 제품이 이미 오랫동안 사용되어 왔고 시장에서 구매가 이루어지고 있으면 시장에서 기본적으로 사용되는 기술 사양서(Technical Specification Sheet)를 대리점 사장으로부터 받아 그 내용을 기반으로 우리 제품이 가지고 있는 스펙들을 테이블에 채워 넣는 작업을 진행한다. 시장에서 그 제품을 구매할 때 확인하는 내용들을 확인하고, 그 항목을 중심으로 우리 제품이 더 좋아 보일 수 있도록 작업한다. 일차적으로 시장에서 요구하는 스펙들의 정리가 끝나면 그다음에는 우리 제품만의 자랑할만한 기술이나 기능 또는 장점들을 하나씩 카테고리에 맞게 삽입하는 작업을 진행한다.

대리점 사장이나 영업 매니저들은 제품의 기본 스펙에 대해서는 이미 알고 있다. 하지만 세부적인 내용은 잘 모르고 있으므로 경쟁사의 단점을 우선적으로 교육시키기보다는 우리 제품의 장점을 먼저 이해시킬 필요가 있다. 신기하게도 부정적인 부분에 대해 먼저 교육을 받으면 급한 상황에서는 자신도 모르게 부정적인 부분을 우선적으로 이야기하게 된다. 경쟁사의 단점을 노출시키는 영업보다는 우리의 장점을 어필하는 것이 최종 구매자에게는 더 좋은 인상을 준다.

그런데 이렇게 교육을 진행하다 보면 대리점 사장 또는 직원들로부터 질문을 받게 될 것이다. 경쟁사의 영업사원이 우리 고객들에게 각인시킨 우리 제품의 단점들이 있다. 우리 제품이 가지고 있는 단점 또는 사용자가 잘못 사용하여 발생하는 단점은 대리점 영업사원들이 대응하기가 쉽지 않다. 그렇기 때문에 현장에서 고객에게 올바른 대답을 하거나 제대로 설명하지 못한 채로 복귀하는 경우가 많다. 이 부분은 매우 중요한데, 이런 상황이 반복되면 영업사원들은 고객들의 재방문을 꺼리게 되어 자기가 맡고 있는 제품군 중에 보다 쉽게 영업할 수 있는 제품에 영업력과 시간을 집중한다. 그렇게 되면 어떤 이유인지도 모른 상태에서 우리 제품의 판매 및 매출은 줄어들 것이다.

이 때문에 첫 번째로 시장에서 통용되는 사양을 정리하고, 두 번째로 우리 제품의 강점을 부각시키거나 우리 제품만이 가지고 있는 장점을 정리하고, 세 번째로 우리 제품에 대한 시장의 잘못된 이해 또는 오해 즉, 잘못 사용되어 단점으로 인식하고 있는 부분에 대한 대처 방안을 반드시 교육시켜야 한다.

때로는 경쟁사의 영업사원들이 해당 제품을 사용할 때 굳이 필요 없는 기능과 성능, 작업 속도 등을 어필하면서 우리 제품이 상대적으로 부족한 제품임을 어필하기도 한다. 그럴 때는 고객이 실제 사용하는 환경을 꼼꼼하게 확인하여 그 기능이나 속도가 의미 없는 것임을 확인시켜 주면 의외로 쉽게 해결된다. 만약 이런 내용들을 교육받아 숙지하지 못하고 있다면, 대리점 직원들은 경쟁사의 제품보다 우리 제품이 부족한 제품이라고 스스로 인지하게 된다.

한편 최종 소비자에게 올바른 사용 방법을 교육시키지 못했거나, 제품 담당자가 바뀌었는데 업무 인수 인계가 정상적으로 진행이 되지 않았을 경우에도 제품에 대한 잘못된 인식이 발생될 가능성이 매우 높다. 이런 상황이라면 사용자들은 우리 제품을 사용하기 어렵고 불편한 제품으로 인식하게 된다. 이런 경우에도 영업사원은 고객의 변화된 상황을 정확히 인지하고 문제를 파악하여 최종 고객에게 바른 사용법을 교육함으로써 단점으로 오해된 부분을 반드시 바로 잡아야 한다.

물론 우리 제품이 시장에서 요구하는 기준에 미달하는 경우도 있을 수 있다. 이때에는 깔끔하게 인정하는 것이 차라리 낫다. 최대한 빨리 본사에 해당 내용을 정확히 보고하여 개선을 위한 프로세스를 진행시켜야 한다. 출장 중인 경우라도 본사 연구소와 연락을 취하여 문제점을 공유하고, 현장에서 해당 문제점을 보완할 수 있는 방안을 모색하여 대리점 직원들에게 교육시켜주어야 한다. 그리고 정확하지는 않더라도 언제쯤 개선된 제품이 준비되는지 예상 일정도 공유하면 더욱 좋다. 우리 제품의 모든 것이 고객 마음에 들었지만, 어떤 한 가지가 마음에 걸려 최종 결정이 지연되는 경우에는 이런 희망적인 일정 공유가 최종적인 구매로 이어질 수 있다. 기능이 추가되면 당연히 추가 비용이 들겠지만, 그 고객에 한해서는 무상으로 지원해 준다는 조건으로 마케팅을 진행하면 대리점 영업사원은 놓칠 수 있는 고객이라 할지라도 설득 작업을 통해 오더를 받아올 수 있을 것이다.

교육을 진행하다 보면 상당히 적극적인 대리점 사장 또는 영업사원들도 만나볼 수 있다. 자신의 지식을 사장 앞에서 어필하고 싶은 영업사원들도 있을 수 있고, 자신의 영업 관리 지역에 처음부터 경쟁사 제품의 진입을 막아버리려고 하는 의지 넘치는 영업사원들도 있을 수 있다. 이런 분위기가 형성되면 준비된 PPT 파일을 써먹을 차례다. 이 파일은 처음부터 경쟁사의 제품을 상대적으로 누르고 우리 제품이 경쟁 우위에 서게 만드는 목적에서 제작된 것이기 때문이다. 영업사원이 이 정도의 자료까지 만들어야 하냐고 생각할 수도 있지만, **나를 알고 남을 알면 그 어떤 전장에서도 이길 수 있는 것이다.**

시장에서 싸워야 할 대상을 계속 연구하고 정리하다 보면 어느 순간 그들의 아킬레스건을 찾을 수 있게 된다. 그 부분이 보이기 시작하면 그 부분을 하나씩 나열하고 그 부분에 합당한 우리 제품의 상대적 우위를 그림, 사진, 그래픽, 수식, 논문, 동영상 등 활용할 수 있는 모든 자료를 사용하여 표현하면 된다. 전문적인 소스가 필요하면 한국 본사의 연구소나 개발팀의 도움을 받으면 된다.

이런 교육의 효과가 바로 매출 수치로 이어지지는 않는다. 하지만 대리점 사장과 영업사원의 눈빛이 달라졌음을 정확히 확인할 수 있다. 그들이 확신에 찬 눈빛으로 고객에게 말하는 것과 교육 시작 전에 나에게 불만 섞인 표정과 함께 보여준 눈빛으로 고객에게 설명하는 것은 차원이 다른 문제다. 이런 자신감 넘치는 눈빛과 말투 그리고 태도는 고스란히 고객을 설득하는 과정에서 고객에게 신뢰를 줄 것이고, 이런 반복된 만남이 제2와 제3의 오더를 불러 올 것이다.

지금까지 대리점의 직원들에게 어떤 방법과 기준으로 교육을 진행하는지를 대해서 알아보았다. 이제는 최종 소비자인 엔드유저 즉 최종 고객에게 어떻게 영업적으로 접근할지에 대해 이야기 하겠다.

7.3.3. 현지 대리점 직원 – 최종 소비자 미팅 진행 시

최종 구매자인 고객들은 우리가 생각하는 것보다 훨씬 더 객관적이다. 대리점 영업사원과 최종 고객을 구분해서 살펴보면 좀 더 이해가 빠를 것이다.

예를 들어보겠다. 영업사원은 자기가 지금까지 고객에게 연락해 온 시간과 노력, 방문 횟수 그리고 해당 오더를 만들어 내기 위한 열정의 크기가 얼마나 큰지를 잘 알고 있다. 그리고 그 노고가 얼마나 고객에게 어필하고 있는지, 앞으로 얼마나 더 그런 과정을 진행해야 할지 알고 있다. 그런 시간, 에너지, 상황 등에 따

라 영업비 문제까지 따지게 된다. 그렇기 때문에 영업사원은 너무도 쉽게 해당 고객을 내 편이라고 판단해 버린다. 최소한 부담 없는 관계라고 생각할 수도 있다. 그렇기 때문에 고객과의 현장 미팅 때 경쟁하고 있는 브랜드나 제품의 단점을 최대한 강조하면서 상대 제품을 깎아내리는 식의 영업을 진행하는 경우가 상당히 많다.

하지만 생각보다 고객은 냉정하다. 왜냐하면 나의 노력의 총량보다 더 많은 시간을 경쟁사 영업사원과 이미 보냈을 가능성도 있고, 고객의 성향에 따라서 경쟁사 브랜드의 부정적인 부분을 어필하는 영업사원을 좋아하지 않을 수도 있다. 고객의 입장에서는 그 제품이 구매 리스트에 경쟁사 제품 이름이 있다는 것은 고객 기준에서 판단해 보았을 때 구매를 위해 고민할 만한 제품이라고 생각했기 때문이다. 그리고 각 제품마다 고유의 가치가 있으므로 고객의 판단에 따라 검토 대상이 된 것이다. 따라서 강압적이고 부정적인 발언은 고객의 판단을 부정하는 것으로 이어질 가능성이 많다. 특히 첫 미팅이나 첫 프레젠테이션 자리에서 너무 노골적으로 상대 브랜드 또는 제품을 비판적으로 설명하는 방식은 지양해야 한다.

이미 고객이 우리의 서비스나 제품을 사용하고 있어서 우리가 교체 서비스나 대체 제품으로 파고 들어가야 하는 상황이라면 더욱 조심해야 한다. 우리가 고객이 선정한 경쟁사 제품의 사용 만족도를 정확하게 파악하지 못했기 때문이다. 정보가 부족한 상태에서 단순히 경쟁사 제품의 부정적인 부분만 강조한다면 고객에게 부정적인 이미지를 주기 마련이다. 지금 사용하고 있는 경쟁사의 제품을 고객은 수년 전 많은 고민을 거쳐 구매했고, 오랜 기간을 사용해서 그 제품에 길들여져 있을 것이다. 그렇기 때문에 고객과의 대화를 통해 충분한 정보를 얻은 후 전략적으로 조금씩 파고 들어가는 영업 방식을 취해야 한다.

사람들은 대개 선험적인 경험이나 지식적 기반 때문에 새로운 것을 받아들이지 않는 경향이 있다. 그것은 구매에서도 동일하게 나타난다. 왜냐하면 동일한 것을 선택함으로써 안정을 취하는 것이 새로운 제품을 선택함으로써 낯선 상황에 처하는 것보다 낫다고 생각하기 때문이다. 그렇기 때문에 기존에 사용하고 있는 고객의 입장을 최대한 경청하면서 스스로 문제점을 드러내는 타이밍을 잡는 것이 매우 중요하다.

물론 시장에서 우리 제품이나 서비스나 월등하게 우수하다면 이야기는 달라진다. 월등한 기술적 진보 또는 따라올 수 없는 기능적 차이로 쉽게 경쟁사 제품의 교체를 이끌어낼 수 있다. 하지만 어느 정도 비슷한 수준의 기술 또는 기능적인 경쟁 구조라면 조심스럽게 접근해야 한다.

7.3.4. 최종 소비자 – 동반 출장 미팅(현지 대리점 with AM)

이렇듯 AM과 대리점과의 미팅 상황이 있을 수 있고, 대리점과 최종 소비자의 미팅 상황도 있을 수 있다. 그리고 대리점 영업사원과 본사의 영업사원(AM)이 최종 소비자를 직접 찾아가서 동반 미팅을 진행하는 경우도 있다. 저자는 이런 미팅을 대리점 사장에게 일부러 만들어 달라고 요청한다. AM이 대리점 사장과 같이 최종 소비자를 방문하여 제품 설명을 상세히 진행할 때에도 동일하다. 최종 소비자와의 첫 만남에서부터 제조사 대표로 방문한 영업사원이 너무 노골적으로 상대 브랜드를 깎아내리는 식의 미팅은 바람직하지 않다.

이 경우에도 비슷한 방법으로 접근해나가는 것이 좋다. 시장에서 요구하는 통상적인 사항들을 완벽히 갖추고 있다는 것을 안정적으로 설명하고, 추가적으로 우리 제품만이 가지고 있는 고유한 가치를 고객의 이익과 연결하여 설명해 나간다. 미팅 도중 우리 제품의 단점이나 부족한 사항이 거론되면 그 대안을 자세하게 설명하고, 완벽한 개선 방안과 예상 완료 시기를 언급하여 고객의 불안감을 해소시켜야 한다.

고객 스스로가 우리 제품에 어느 정도 신뢰를 가지게 되고 구매 이후 안게 될 위험 부담을 모두 덜어놓게 되었을 때, 고객에게 지금까지 타사 제품을 사용하면서 불편했던 부분은 없었는지, 추가적으로 원하는 기능은 어떤 것인지 등에 관한 질문을 던져본다. 그제서야 고객은 사용하던 경쟁사 제품의 여러 가지 단점이나 불편한 사항들을 본인 입으로 이야기하게 될 것이다.

상대를 누르고 "내 제품만 좋아요."하는 영업적 접근에서 벗어나 고객의 현명한 구매 활동을 도와주는 정보 전달자의 태도를 견지하는 것이 핵심이다.

7.3.5. 공항 가는 길은 여유롭게

해외 출장을 나갈 때, 특히 아시아 담당 영업사원은 베트남, 캄보디아, 태국, 미얀마, 인도네시아, 싱가폴, 홍콩, 인도, 파키스탄, 방글라데시 등의 국가를 묶어서 한번의 출장으로 여러 국가를 방문하는 경우가 있다. 여러 국가를 연속적으로 이동해야

할 때 주의할 점에 대해 이야기하려 한다.

출장 전까지 매출과 오더가 간절했던 영업사원이기 때문에 중간 일정에서 계약이 잘 성사되었거나 친분이 있는 바이어와 미팅이 잘 마무리되어 큰 오더를 받을 때는 저녁을 함께하는 경우가 많다. 물론 즐겁게 저녁을 먹고, 또한 술도 함께 마시는 경우가 대부분이다. 하지만 분위기에 취해, 그리고 기분에 취해서 과하게 술을 마시다 보면 아침 비행기를 놓칠 수도 있다. 다행스럽게도 그날 일정이 마지막이라면 다음 비행기를 다시 예약하여 본사로 복귀하면 되겠지만, 연이어진 스케줄이 많이 남아 있다면 매우 난감한 상황에 처하게 된다. 그러므로 음주를 하게 된다면 다음 날 일정과 비행기 시간을 잘 확인해두어야 한다. 태풍이나 쓰나미로 비행기 일정이 지연되거나 취소되면 뭐라 할 말이라도 있지만, 전날 술 먹고 늦게 일어났다거나 체크 인이 늦어 비행기를 못 타게 되었다면 본사에 어떻게 보고할 것이며, 이후 일정은 어찌 다시 조율할 것인가?

장기 출장 중 후반부 일정을 소화할 때에는 특히 더 조심해야 한다. 출장 일정은 순조롭게 잘 풀려서 어떤 문제는 아직 없는 상황이다. 그런 상황일수록 한국 사람인지라 한국 식당에 가서 한식을 먹고 싶어지는 경우가 발생된다. 함께 출장 중인 팀장이나 상사들의 요청이 있을 수도 있고, 영업사원 본인의 의지로 한국 식당을 찾아갈 수도 있다. 이미 업무적으로는 정성적·정량적 성과는 어느 정도 달성했기 때문에 느긋한 마음에서 그럴 수도 있다.

하지만 공항에서 아주 먼 곳까지 가서 굳이 저녁을 한식으로 먹는 것은 지양해야 한다. 맛있는 김치찌개도 생각날 것이고, 삼겹살에 소주 한 잔도 그리울 것이다. 한식을 먹는 것 자체는 문제가 되지 않는다.

하지만 우리는 그 지역에서 오래 살지 않았기 때문에 그 지역의 날씨와 상황에 대해 잘 모른다. 충분히 시간을 가지고 여유롭게 행동한다고 생각하지만, 택시도 우버도 잡히질 않고 식당 사장님에게 부탁해서 힘들게 호출한 택시는 교통 상황이 좋

지 않아 식당에 도착도 하지 않고 돌아가는 경우도 발생한다. 그리고 더 황당한 경우는 갑자기 내린 비에 도시 전체 교통이 마비되는 상황의 발생이다. 우리나라는 하수 시설이 잘 정비되어서 폭우가 내려도 큰 문제가 없지만, 대부분의 아시아쪽 국가들은 하수 시설이 제대로 정비되어 있지 않기 때문에 폭우성 비에 도시 전체의 교통이 마비되는 경우가 잦다. 그렇기 때문에 공항으로 가는 차 안에서 영업사원은 발만 동동 구르게 된다. 결국 시간을 맞추지 못하고 택시의 뒷자석에서 한탄만 하게 된다.

또 공항에 무사히 잘 도착했고 체크 인도 하였는데, 세금^(Tax)

환불을 받거나 면세점에서 쇼핑하다가 여권을 잘 챙기지 못해 안타깝게 보딩을 못하는 경우도 간혹 발생한다. 이렇듯 해외 출장에서는 다양한 일들이 일어날 수 있다.

두바이 공항이나 이스탄불 공항같이 편의 시설이 매우 잘 되어 있으면 여유 시간이 충분하여 휴식 장소를 찾아 점심 때 시원하게 마셨던 맥주의 취기에 알람 소리를 듣지 못해 공항 수면실에서 계속 자는 일도 빈번하게 일어난다.

장거리 출장 시에는 중간에 경유지를 거쳐야 하는 경우도 발생한다. 태국, 홍콩, 두바이 그리고 튀르키에 등 중간 공항에서 상당한 시간을 대기하여 비행기를 환승해야 하는 경우도 있다. 이때 핸드폰 통신 서비스가 제대로 되지 않아 현재 시간을 정확히 알기 어려운 상황이 발생한다. 이럴 때는 팔목에 차고 있는 시계를 의존해야 하는데, 현지 시간으로 맞춰놓지 않거나 잘못 세팅해 놓으면 라스트 콜을 받고도 자기 이름을 듣지 못하여 경유 공항에서 계속 쇼핑을 하거나 라운지나 기타 휴식 공간에서 여유를 즐기고 있을 수 있다. 이런 경우에 비행기 보딩 시간에 맞춰 게이트로 이동을 했지만, 비행기는 이미 떠나고 빈 게이트가 영업사원을 기다리고 있게 된다.

전시회나 학회 일정을 같이 수행하는 출장에서는 전시품이나 각종 마케팅 물품들을 핸드캐리로 들고 들어가는 경우도 있고, 기내 반입 허용 중량을 초과하거나 부피가 너무 커서 특수 수화물로 따로 체크 인 해야 하는 경우도 발생한다.

타국의 경우 우리나라의 인천 공항처럼 모든 시스템이나 직원들의 업무 스타일이 고객 중심적이지 않은 곳도 많다. 커다란 국제 이벤트 행사가 끝나는 마지막 날의 공항은 매우 많은 사람들로 붐비기 마련이다. 하지만 현지 공항의 시스템이나 직원들은 내 맘처럼 그렇게 빠르게 일을 처리하지 않는다. 한 시간 또는 그 이상을 기다려야 하는 경우도 발생할 수 있다. 특수한 화물을 가지고 갈 때에는 보통 3시간 이전에 공항에 도착할 수 있도록 더 일찍 호텔에서 나오는 것이 좋다. 전시품 면세 신고를 위한 절차를 받아야 할 때에는 충분히 여유롭게 시간을 가지고 보딩할 수 있도록 시간을 조정해야 한다.

7.4. 출장 정산 및 보고

여기서는 본사 복귀 후 정산 및 보고하는 부분에 대하여 좀더 세부적으로 살펴보도록 하겠다.

영업사원들이 하는 가장 큰 실수나 착각 중의 하나가 출장에서 얻은 정보들이 복귀 이후에 모두 기억날 것이라는 자신감이다. 사실 현장 협상 테이블이나 미팅 분위기가 너무나 뜨겁기 때문에 당연히 기억날 것으로 착각하기 쉽다. 하지만 막상 한국으로 돌아야 회사로 출근해서 출장 보고서를 쓰기 위해 노트북을 열고 워드프로세서를 실행해 보면 정작 쓸 내용이 아무것도 떠오르지 않는다. 그렇게 되면 인터넷을 검색한다든지 아니면 출장을 다녀온 지 얼마되지도 않았는데, 다시 대리점 사장 또는 영업·마케팅 담당자들에게 연락을 하여 자료를 달라고 요청하게 된다. 그들도 하루하루 루틴이 짜여 있는 생활을 하기 때문에 원하는 자료나 정보를 요청하여도 생각보다 빨리 회신이 오지는 않는다. 그렇게 되면 출장 보고서 제출도 늦어지게 되어 재빨리 판단하고 지원해야 할 소중한 시간과 기회를 놓치게 된다.

이런 모든 것을 해결할 수 있는 방법은 단 하나밖에 없다. 현장에서 미팅을 진행하거나 협상을 진행할 때 바로 그 자리에서 메모를 하거나, 실시간으로 노트북에 정리해 놓는 것이다. 또한 필요한 자료라고 판단되면 대리점에 요청해서 가지고 들어오는 것이 좋다. 그렇지 못할 경우에는 핸드폰 카메라로 사진으로 찍어서라도 저장해 와야 한다. 필요한 내용이 복잡하거나 여러 사정으로 메모나 기록을 남기거나 촬영하기 힘든 경우에는 양해를 구하고 녹음이나 녹화를 진행해도 된다.

그밖에 대리점 사장이나 영업사원 그리고 마케팅 매니저들이 실시간으로 설명하고 제시하고 보여줬던 제품 카탈로그나 참여하고 있는 전시회 정보, 학회 정보, 광고가 실린 잡지, 최종 소비자를 만났을 때 얻었던 다양한 자료들도 모두 가지고 복귀해야 한다. 만약 가지고 들어오지 못할 상황이면 사진을 찍어서 파일로 저장해서라도 그 정보들을 가지고 복귀해야 한다. 그렇지 않으면 복귀 후 출장 보고서 쓰기가 상당히 부담스러워질 것이다.

영업사원은 대리점 사장을 도와주려는 전략적인 고민을 하는 것에 시간을 할애해야 하는데, 보고서를 쓰는 데 본인의 시간과 에너지를 낭비하고 있는 자신을 바라보게 될 것이다. 이것만큼 힘들고 괴로운 일도 없다.

보고서의 내용은 출장 전 승인받았던 출장 계획서에 명시된 목적에 대한 실적 위주로 정리하면 된다. 누구를, 어디에서, 언제 만나서 무엇을 확인했고, 무엇을 진행했는지, 그런 활동으로 어떤 이익(매출 또는 오더)이 있었는지, 그리고 향후 긍정적인 효과 및 기대 요소들은 어떤 것들이 있는지를 정리하면 된다.

기술적인 부분과 시장의 추가 요청 사항에 대한 부분은 내용 보고에 추가하여 1차 보고를 진행하고, 업무적으로는 기술 사양 변경 의뢰서(ECR : Engineering Change Request)를 작성해서 연구소에 전달하면 된다.

비용 정산 부분도 출장 계획서에 계획한 항목별 비용에 대하여 얼마나 실질적인 지출이 발생하였는지, 지출이 초과된 부분은 비고에 사유를 간단히 적으면 된다.

기업마다 그리고 해외영업팀장의 업무 방식에 따라 파워포인트나 워드파일로 상세 보고서를 제출하고, 공용 서버 또는 네트워크에 업로드하여 통합관리하는 경우도 있다.

출장 결과 보고서를 제출하는 것으로 출장 마무리가 끝나는 것이 아니라 출장지에서 영업사원이 보고 느꼈던 현장에서 당장 해결해야 하는 문제점들을 해결하고 시장에서 요구하는 부분들을 내부적으로 다른 부서와 긴밀하게 협력하여 최대한 빠르게 대응함으로써 시장에서의 경쟁력을 유지하거나 강화하여 대리점 사장 또는 영업사원들의 활발한 영업 활동을 지원해야 한다.

다시 한번 기억하자. 출장은 현장을 정확히 파악하고 대리점의 애로 사항을 듣고 현장에서 장애 또는 문제를 해결할 수 있는 부분을 고민하고, 복귀 후에는 약속했던 사항들 그리고 단·중·장기적으로 풀어가고 준비해야 할 사항들을 부서별로 논의하고 협업하여 대리점과 현장을 지원하여 최종적으로 판매를 활성화하기 위한 활동이다.

제8장

바이어 미팅

신규 대리점 세팅을 위한 출장과는 느낌이 조금 다른 출장이 있다. 바로 이미 거래하고 있는 대리점 출장이다. 이미 오래 거래가 이루어지고 있기 때문에 회사 소개나 제품 교육 목적이 아니라 매출 확대를 꾀하거나 침체되어 있는 시장을 다시 살릴 수 있는 방법을 고민하는 전략적인 미팅이 이루어질 것이다.

이런 상황에서 영업사원들이 어떻게 미팅을 진행해야 하고, 또 어떤 것들을 반드시 챙겨와야 하는지에 관한 상세한 이야기들을 하나씩 풀어보자.

매출 증대를 위하여 출장을 가면 일단 대리점의 이야기를 경청해야 한다. 대리점에서는 현재 외부 상황은 어떠한지, 시장의

수요 변화는 있는지, 경쟁사의 움직임은 어떤지, 경쟁사의 가격
정책에 변화가 있었는지, 국가의 정책적 변화는 없는지, 우리 제
품에 문제는 없는지, 소비자의 트렌드는 어떻게 변하고 있는지,
대리점의 현재 상황은 어떤지, 어떤 고충을 가지고 있는지, 해결
해야 하지만 해결하지 못하고 있는 문제는 없는지 등 다양한 이야
기를 들려줄 것이다. 우선 잘 듣고 또 들어야 한다.

그 시간이 영업사원에게는 상당히 힘든 시간이 될 수도 있
다. 매출 수치가 계획한 대로 나오지 않았기 때문에 온 출장이므
로 어떤 영업적 역량을 발휘해서라도 오더를 받아가야 하는 숙
제를 가지고 왔기 때문이다. 물론 본사에서도 그런 기대를 가지
고 출장 계획서에 사인을 해 주었을 것이다.

하지만 모든 문제의 발생지도 현장이고, 모든 문제의 원인도
현장에서 확인할 수 있다. 그리고 모든 문제를 해결할 수 있는 방

안도 현지 대리점 사장과 영업
사원 및 직원들이 함께 마련해
야 한다. 아무리 본사에서 오
랜 시간을 들여 고민하여 좋은
아이디어를 내어 놓는다 해도
현지에서 생각하는 문제점과
그 해결 방향이 맞지 않는다면
아무런 도움이 되지 않기 때문
이다.

본사에서 하려는 이야기는 그들도 이미 다 알고 있다. 그렇기 때문에 굳이 처음부터 출장 온 목적만을 일방적으로 선포하거나 리드하여 그들의 마음을 상하게 해서는 안 된다. 우선 그들의 이야기를 모두 들어주고, 더 이상 할 이야기가 없을 때 우리의 목적을 하나씩 꺼내서 이야기를 풀어나가면 된다.

8.1. 바이어의 불만 및 요구 사항 경청하기

8.1.1. 품질에 대한 불만 사항 체크하기

바이어가 제품의 품질의 대해 이야기할 수도 있다. 아니 무조건 한다. A 모델은 이 부분이 문제이고, B 모델은 이 부분이 고장이 많고, C 모델은 이런 점이 불편하다. 그래서 최종 소비자 또는 사용자는 불만이 많다. 영업사원이야 당장 매출 이야기를 꺼내서 오더를 받아 그 결과물을 카톡으로 팀장에게 보내고 싶을 것이다. 하지만 바이어의 마음이 풀리지 않고 불만으로 가득 차 있는 상황에서는 절대 오더나 매출에 대한 계획은 나오지 않는다.

영업사원들은 제품별로 바이어가 이야기하는 부분을 정확하게 기록하여 회사에 복귀한 다음 반영하겠다는 희망적인 의지를 바이어에게 전달해야 한다. 모든 큰 일들은 사소한 불만과 그것을 극복하려는 희망적 의지에서부터 시작된다. 비록 영업사원이 판단했을 때 이것이 당장 불가능해 보일지라도 한국에 돌아가서 설득해 보겠다는 희망적 의지를 보여 주어야 한다.

제일 빠른 방법은 그 자리에서 팀장과 통화를 시도한다든지, 연구소 책임자에게 전화로 해당 상황을 전달해서 솔루션을 바로 받고 해결하는 것이다. 그렇게 해서 문제가 즉각적으로 해결되지 는 않겠지만, 영업사원이 자신들의 이야기를 경청하고 해결하기 위해 애를 쓰는 모습을 보여주면 바이어는 조금 더 힘을 내서 영업과 마케팅 활동을 지속할 것이다. 하지만 영업사원이 전혀 자기 말을 경청하지 않고 강압적으로 매출 수치만 얘기하고 책임소재에 대해서만 이야기한다면 그날 미팅은 그리 쉽게, 그리고 분위기 좋게 풀리지 않을 것이다.

8.1.2. 서비스 대응 및 속도에 대한 불만

제품의 품질과 불만에 대한 이야기가 어느 정도 끝날 때쯤 영업사원은 '이제 매출 수치 이야기를 시작해도 되지 않을까'라고 생각한다.

하지만 고객의 불만은 그리 쉽게 끝나지 않는다. 서비스 지원에 대한 이야기가 아직 남아 있다. 글로벌 무역을 진행해야 하기 때문에 거리관계로 시간차도 있어서 교체 부품을 보낼 때에도 시간이 많이 걸린다. 또 국가별로 세관을 통과해서 내륙으로 이동해야 하는 다양하고 복잡한 절차들도 남아 있어 즉각적인 대응이 어려운 경우도 있다.

현장에서는 당장 문제를 해결하지 않으면 최종 사용자에게 피해가 발생하거나 그 시간만큼의 손해를 최종 사용자가 부담해야 하기 때문에 최종 사용자는 대리점 사장 또는 영업사원에게 상당한 수위의 불만을 토로한다. 요즘 같은 세상에 하루만 지나도 힘든데, 짧으면 일주일, 길어지면 2주 또는 한 달도 걸릴 수 있다. 그렇기 때문에 서비스에 대한 이야기가 지속적으로 나오지 않을 수 없다.

이런 경우에는 두 가지로 구분해서 일을 풀어 나가야 한다.

첫 번째로 부품 수급에 대한 문제라고 판단되면 잘 협의하여 문제가 자주 발생하는 제품의 부품은 필요한 수량을 대리점에서 미리 구매하여 대응하도록 문제를 풀어가야 한다. 혹시 대리점의

규모가 작아서 그 정도 부품의 재고를 관리하기 힘든 상황이라면 핵심 부품에 한해서라도 스텐바이로 최소 수량을 대리점에서 미리 보유할 수 있도록 조치를 취해 줘야 한다. 고객의 지속적인 불만은 재구매를 막는 가장 큰 장애 요소이기 때문에 이런 불만은 대리점과 협력하여 최대한 빨리 해결해야 한다.

두 번째는 본사 엔지니어의 실시간 지원이 어렵거나, 피드백이 없거나 늦어 바이어가 답답함을 토로하는 경우이다. 이때에는 인력적인 문제를 현실적으로 이야기해 주어야 한다. 그렇게 해서 대리점 스스로 문제를 해결할 수 있도록 내부 조직을 구축하는 방향으로 설득하는 것이 좋다. 실질적으로 한국 본사 엔지니어가 200여 개국의 대리점들을 모두 실시간으로 지원하는 것은 불가능한 일이기 때문이다.

현지에서 발생한 기술적인 문제는 현지 대리점의 엔지니어가 직접 해결할 있도록 대리점 내부 조직과 조직원들의 역량을 강화하는 방향이 옳다. 이런 경우에는 대리점 엔지니어를 한국으로 초빙하여 1~2주일 정도 기술 교육을 진행하는 것도 좋은 방법이다.

8.1.3. 불편한 기능 개선 및 새로운 기술의 요구

이번에 할 이야기는 매우 중요한 부분이므로 영업사원들은 더 집중해서 잘 듣고, 잘 받아 적어 한국 본사에 보고해야 한다. 대리점 사장들도 그렇고, 영업사원이나 마케팅 매니저들도 현장 영업을 지속적으로 뛰고 있는 사람들이다. 그렇기 때문에 그 누구보다 시장에서 우리 제품에 대한 피드백을 가장 많이 들어서 알고 있는 살아 있는 마케터라는 사실을 절대 잊어서는 안 된다. 영업을 뛰다 보면 최종 소비자들이 제품을 사용하면서 불편한 사항이라든지 추가로 있었으면 하는 사항들을 영업사원에게 이야기한다.

이런 부분은 앞에서 얘기했던 제품의 품질 문제나 서비스 대응에 대한 불만이 아니라, 있으면 더 좋을 것 같은 기능에 대한 실제 사용자들의 의견이다. 이런 아이디어는 앞으로 우리 제품이 이 시장에서 더욱 강력한 브랜드로 발전하기 위해 우리 제품에 꼭 필요한 핵심 기능·기술 그리고 요소로 발전할 수 있다. 이런 중요한 피드백 데이터는 앞으로 나올 신제품에 탑재되어 업그레이드될 새로운 기술과 아이디어의 밑거름이 된다.

앞서와 마찬가지로 대리점 사장 또는 직원들이 이야기하는 내용을 받아 적지만 말고, 본사에 연락을 취하여 적극적인 자세로 자기들 이야기에 집중하고 있다는 사실을 보여주는 것이 좋다. 물론 출장 전에 이런 내부적인 소통 채널 작업은 미리 해 두어야 한다. 이런 불편한 사항에 대한 개선 요구나 시장에서의 신기술 요구 사항은 연구소에서 신제품을 개발할 때 반드시 참고해야 할 사항이기 때문에 책임 연구원들과 사전에 이야기하여 '출장 시 현장으로부터 이런 이유들로 전화나 카톡을 받게 되면 적극적인 대응을 부탁한다'라고 사전에 암묵적인 합의를 보아야 한다.

영업사원은 '이제야말로 들어 줄 것은 다 들어 줬으니 이제 매출 수치 얘기를 해 볼까?'라고 생각한다. 하지만 대리점 사장들의 이야기는 아직 끝나지 않았다. 이제는 마케팅 지원을 이야기한다. 여기서는 영업사원이 판단을 잘해야 한다. 대리점에서 어느 정도 스스로 잘하고 있다고 판단되면 필요한 마케팅 활동에 대한 고민을 같이 해 주어야 한다. 하지만 매출이 하락하거나 오랫동안 정체된 대리점인 경우에는 우선 허약한 매출 구조와 문제에 대한 원인부터 파악해야 하기 때문에 단호하게 매출적인 이야기부터 풀어가는 것이 옳다.

8.1.4. 대리점의 전시회 · 학회 참가 및 기타 마케팅 지원 요청

대리점이 경쟁사 제품을 취급하고 있다는 최악의 시나리오에서 벗어나 긍정적 관계라는 가정하에서 이야기를 이어가 보자. 바이어의 품질에 대한 불만, 서비스 대응에 대한 불만 등 불편한 부분에 대한 대화에 이어 바이어의 마케팅 활동에 대한 지원 요구가 이어진다. 예를 들어 전시회의 부스비를 지원해 달라고 요청을 할 수도 있고, 학회 기간 동안 스폰서 지원을 요청할 수도 있다. 그밖에 관련 산업에 대한 내용을 다루는 매거진에 게재하는 광고료를 요청할 수도 있다. 시장에서의 브랜딩이란 고객에게 우리 제품에 대한 좋은 이미지를 세뇌하는 작업인데, 이때 가장 흔한 방법이 광고나 홍보의 연속적 노출이다.

고객에게 지속적으로 우리 제품의 장점과 이미지를 노출시키면 고객의 뇌에는 우리 브랜드가 자리잡게 되는데, 이것이 바로 브랜딩이다. 명확한 대상 고객이 참가하는 전시회나 학회의 참가는 매우 가성비가 좋은 마케팅 방법 중 하나이다.

그리고 방문하는 타겟층은 미래의 잠재적인 소비자들이기 때문에 지금 당장 구매가 이루어지지 않더라도 방문한 고객의 방명록만 지속적으로 관리한다면 미래에 구매를 유도할 수 있다. 그렇기 때문에 현지 국가에서 진행되는 전시회나 학회에 지속적으로 참가하는 것은 무척 중요하다. 대리점 사장들은 유료 광고나 전시회 참가에 들어가는 비용을 분담하기를 원하므

로 평소에 전화나 스카이프(Skype)로 이야기하기 힘든 부분을 출
장왔을 때 조심히 꺼내어 놓는다. 물론 해당 시장이 매우 건전하
고 향후 매출을 크게 늘려가야 하는 국가라면 지속적으로, 그리
고 전략적으로 지원을 해 주는 것이 좋다. 하지만 본사의 예산 상
황이 그리 여유롭지 않기 때문에 선택과 집중을 위한 고민을 충
분히 해야 한다.

　전문적인 기술이 채택되었거나 임상적 노하우가 필요한 제품
이나 아이템은 자체 세미나 형태의 설명회 또는 교육 프로그램을
기획하여 최종 소비자들 중 시장에 영향력을 미칠 수 있는 핵심
인물들은 선별·초대하여 세미나를 진행할 수도 있다. 이런 경우
에도 다방면으로 비용이 발생하는데, 대리점 사장들은 이런 모든
비용을 혼자서 감당하려고 하지 않는다. 마케팅에 비용이 들고
집중 투자가 필요하다는 사실은 누구나 잘 알고 있다. 하지만 언
제 어떻게 진행할 것인가를 결정하기 위해서는 영업사원과 현지

대리점 사장이 머리를 맞대고 협의해야 한다.

전시회 및 학회 지원, 세미나 비용, 기타 광고 비용까지 모두 지원해 주고 싶지만, 그렇게 하기 힘든 것이 현실이다. 현실적으로 예산 투입에 명확히 한계가 존재하기 때문이다. 그러므로 이와 같은 이벤트를 포기하지 않고 대리점 사장이 주체적으로 운영해 나갈 수 있도록 설득하는 작업이 필요하다.

전시회의 경우를 얘기를 해 보자. 대리점 사장은 전시회 부스의 임대 비용이나 설치 비용의 전부 또는 일부를 부담해 달라고 이야기한다. 하지만 해외 출장도 힘겹게 내부 보고와 설득을 거쳐 어렵게 진행한 실정인데, 국가별 전시 비용을 시원하게 지원하기는 어려울 수밖에 없다.

이런 경우에는 전시회 부스 임대 비용이나 설치 비용이 아니라 장비에 대한 지원으로 이야기를 끌어가는 것이 좋다. 당연히 전단지만 놓여 있는 빈 부스보다는 장비가 들어 있는 부스가 홍보 효과가 좋다. 우리는 데모 장비를 지원하면 되기 때문에 대리점 사장의 입장에서는 상당한 부분을 제조사에서 지원해 주는 것처럼 느끼게 된다. 기존에 요청했던 임대 비용과 설치 비용을 지원하지 않는 데도 말이다. 그럼에도 불구하고 지속적으로 추가 지원을 요청한다면 부스 설치 비용보다는 전시회 부스 임대 비용의 50% 정도를 부담하는 쪽으로 이끌고 가는 것이 좋다. 그리고 이 부분도 현금으로 정산하기보다는 해당 금액의 쿠폰을 발행하거나, 차기 오더에서 할인을 해주거나, 기타 부품 구매 시 상계

처리해 주는 방법을 사용한다. 대리점 사장이 느끼기에는 금액상
으로도 동일한 지원이지만, 우리 입장에서는 30%의 실질적 비용
으로도 100% 효과를 낼 수 있기 때문에 이런 방법으로 유도하여
마무리짓는 것이 좋다.

현지 세미나를 진행하려면, 보통 장소 임대료, 운영 인원과
데모 장비, 그리고 식대 등이 발생한다. 이 부분도 대리점 사장이
혼자서 부담하기는 어렵기때문에 영업사원에게 도움을 요청한
다. 만약 우리 제품 단독으로 세미나로 진행한다면 매우 부담스
러울 것이다. 하지만 우리 제품과 연관된 제품 또는 서비스들이
분명히 존재한다. 그 브랜드들을 찾아서 컨소시엄 형태로 세미나
를 진행한다. 그렇게 되면 4~5개의 브랜드가 하나가 되어 일을
진행하게 되므로 소규모의 학회와 비슷한 구조로 세미나를 진행
할 수 있다. 물론 공간과 시간, 예산 측면에서 비용이 들어가겠지
만, 5개의 브랜드가 조금씩 비용을 나누어 부담하기 때문에 그 정
도의 투자는 대리점 사장도 감당할 수 있게 된다. 그런 연후에 데
모 장비나 기술, 임상 교육자 출장 지원 등 우리가 할 수 있는 부
분에서 가장 경쟁력 있지만 비용이 덜 드는 부분을 지원해 줌으로
써 Win-Win할 수 있는 합의점을 이끌어낼 수 있다.

그 이외에도 포털의 배너 광고를 시작으로 인스타그램, 페이
스북, 유튜브 등 SNS 홍보를 위한 방법 및 지원, 그리고 키워드
광고를 비롯한 수많은 온라인 플랫폼의 광고비 지원에 대한 이야
기도 나올 수 있다. 이런 부분은 너무 소소하기 때문에 대리점에

서 자체적으로 예산을 편성하여 시행하도록 하는 것이 좋다. 하지만 기관에 필요한 제품을 기증하거나 사회적인 봉사와 기부 활동에는 적극적으로 협업을 하는 것이 좋다.

현지 국가에서의 지속적인 마케팅 활동은 매우 중요하다. 그렇게 때문에 대리점 사장이 요청하는 항목과 요소들을 우리를 대신해서 너무나 열심히 일을 하고 있는 현지 법인의 마케팅 직원의 이야기라고 생각하고 경청하고 지원해 줄 수 있는 방법을 찾아서 최대한 지원을 해 주는 것이 중·장기적으로 바람직하다고 할 수 있다.

여기에서 꼭 기억해야 할 것은 누가 무엇을 얼마만큼 지원해 주느냐가 아니다. 공동의 비전을 목표로 서로 배려해가면서 한 걸음 한 걸음 나아가는 것이 중요하다.

8.2. 매출 수치 확보

우리가 그렇게 기다리고 기다리던 순간이 드디어 왔다. 매출, 오더, 수치, 마감 이야기가 바로 그것이다. 이 이야기를 하려고 그 얼마나 오랜 시간 동안 바이어의 이야기를 들어 주며 불만을 견디고 참아 왔던가.

매출 관련 이야기나 수치를 이야기를 할 때에는 주도권을 놓치면 안 된다. 카리스마 있게 매출 이야기를 이끌어가려면 바이

어보다 영업사원인 내가 더 많은 정보를 가지고 있어야 한다. 그렇게 하기 위해서는 출장 전에 해당 국가와 대리점의 수출입 기록을 모델별로 미리 정리하는 것이 좋다. 최소 5~10년 정도를 추적하여 모든 모델별로 수입한 수량 또는 매출 수치를 구분하여 표 또는 그래프로 작성한 후, 바이어에게 거꾸로 보여주면서 회의를 진행해야 한다. 처음 양사가 파트너를 시작한 연도부터 시작해서 제품이 등록되었던 시기, 그리고 신제품이 출시되면서 라인업이 늘어나는 부분까지 세밀하게 자료를 구분하여 정리해 두면 좋다.

　보통은 제품이 시장에 풀리면 대리점이 시간, 에너지 그리고 자본이라는 3요소를 투입하고 노력함으로써 제품 판매량이 조금씩 우상향 곡선을 그리면서 늘어나고, 본사에 추가적인 오더가 들어가는 것이 일반적이다. 이는 해당 제품이 속해 있는 산업의 성장 비율과 비슷하거나 조금 빠르거나 조금 느린 속도로 나타나는 것이 정상적이다. 하지만 판매 가능한 제품의 수가 늘어나면 매출 증가량은 150%, 180% 이렇게 성장하기도 한다. 거기다가 신제품이 출시되어 시장에 큰 파문을 일으킨 경우에는 200%, 250%, 많게는 300%까지 성장하기도 한다. 하지만 판매 가능한 제품 수도 충분하고, 이미 신제품도 출시되었음에도 불구하고 매출이 늘기는커녕 정체되거나 줄어들었다면 분명히 내부적 또는 외부적으로 문제가 발생한 것이다.

매출을 마냥 늘려야 한다고 주장하기에 앞서 어떠한 문제가 있는지 외부의 환경적 변화 또는 내부의 조직적·인력적·역량적 변화를 하나씩 분석할 필요가 있다. 문제의 원인을 파악하지 못하면 절대로 그 문제를 올바르게 해결할 수 없기 때문이다.

그럼 이제부터 연도별 판매 실적을 고민할 차례다. 본사에서 정리한 매출 수치를 대리점과 함께 검토하여 문제가 되는 포인트, 즉 그 시점을 발견하면 대리점에게 분석의 기회를 넘겨준다. 모델별·지역별로 세심하게 분석하여 반대로 추적해 나가다 보면 이전에 무슨 문제가 있었고, 그 문제가 아직 해결되지 않고 있다는 사실을 인지할 수 있다.

국가 차원의 외부 환경 변화, 즉 정치적 문제나 경기 침체로 인해 최종 소비자의 구매력이 얼어붙거나 조달 시스템이 장기 이

월되어 실구매가 이루어지지 않아 전체적이 수요가 감소되었을 수도 있다. 이런 경우에는 시간이 흐르면 어느 정도 평소의 수준으로 수치가 돌아오고, 구매 활동도 조금씩 회복된다.

그보다 더 큰 문제는 대리점의 내부적 문제이다. 대리점의 내부적인 문제에는 어떠한 것들이 있을까? 해당 국가의 경기가 장기 침체되어 대리점 운영이 어려워진 상황이라면 그나마 우리 입장에서는 긍정적으로 해석할 수 있다. 왜냐하면 경기가 호전되면 다시 예전 매출로 회복될 것이므로 잘 견디며 협력하여 극복해 나가면 된다.

하지만 이미 다른 아이템을 수입하여 판매에 열중하고 있어서 우리 제품의 판매에 들어갈 역량을 조직·시간·예산의 차원에서 줄이거나 없애버렸다면 매우 좋지 않는 상황이다. 대리점 사장이 다른 상품에 집중하면 그 하부 조직인 영업팀 또는 마케팅팀 역시 따라 갈 수밖에 없다. 이것만이 아니다. AS 파트의 직원들도 동시에 두 상품의 서비스 콜을 받으면 대리점 사장이 집중하고 있는 제품을 사용하는 고객이나 사용자에게 우선적으로 대응을 하고 서비스를 진행해 나가게 된다.

이런 경우에는 대리점이 다시 우리 제품에 집중할 수 있도록 유도해야 한다. 이때에는 침착하게 대응할 필요가 있다. 어떤 대리점 사장도 자기가 지금 다른 상품에 집중하고 있다고 먼저 얘기를 꺼내지 않는다. 어떻게 하면 그런 부분을 파악하고 찾아낼 수 있을까?

어떤 상품에 집중한다는 것은 시간과 에너지와 돈을 투자하는 것이고, 외부적 악영향이 없는 상황이라면 이러한 투자는 반드시 성과로 돌아오게 되어 있다. 대리점을 방문하면 회의실 또는 대리점 사장의 책상 주위, 쇼룸이나 데모룸을 자세히 살펴보자. 거기에 우리가 수여하지 않은 이전에 보지 못했던 다른 브랜드의 로고가 인쇄된 상장·트로피 등이 있다면 그쪽으로 천천히 걸어가서 이야기하면 된다.

"요즘 이런 제품에 집중하시고 계시는군요."

또한 영업사원 책상에 놓여 있는 제품 카탈로그나 마케팅 매니저 모니터에 작업 중인 포토샵 이미지를 통해서도 알아낼 수 있다. 브로슈어, DM, 리플릿 등 증거물은 다양하다. 확인했다면 언제부터 이 상품을 수입하고 판매하기 시작하였는지를 물어보자. 그 시기가 우리 제품 판매가 저조해지는 시점과 겹친다면 빼도박도 못하게 된다.

또 한 가지 방법은 대리점의 마케팅 매니저 또는 영업사원에게 최근에 진행한 전시회 자료를 보여 달라고 요청하는 것이다. 그 전시회에 우리 제품이 전시되었는지, 주인공은 새로 수입 판매하고 있는 상품이고 우리 제품은 구석에 한 켠에 자리만 잡고 있는지 확인하자.

그리고 대리점 방문 시 꼭 들러야 할 곳이 있다. 그것은 바로 대리점 재고 창고이다. 카탈로그나 트로피, 그리고 각종 인쇄물들은 치우거나 순간적으로 보이지 않게 정리할 수 있다. 하지만

창고와 같은 거대한 공간은 운영의 최적화를 하여 비용을 줄여야 하기 때문에 갑자기 처분하거나 감추기가 매우 어렵다. 대리점 창고에 가 보면 많은 것들을 확인할 수 있다. 현재 집중하고 있는 제품이 무엇이며, 몇 대의 재고가 쌓여 있는지, 이 대리점이 다른 브랜드에 주문하는 제품과 수량까지 파악 할 수 있다. 뿐만 아니라 지금까지 어떤 제품들을 취급했으며 현재 어떤 제품을 중고로 수리 판매하고 있는지까지도 확인할 수 있다.

이렇게 우리 상품에 대한 대리점의 집중도가 떨어졌음을 확인한 다음에는 매우 중요한 판단을 내려야 한다. 우리가 지금까지 독점 판매권을 주고 믿고 맡겼던 책임에 대한 부분을 전반적으로, 그리고 객관적으로 검토해야 한다. 이런 것들을 확인하기 위해서 현장 출장을 가는 것이다.

여기서 고민을 거쳐 두 가지 결론을 내릴 수 있다.

첫째는 대리점을 예전 상태로 되돌리는 것이다. 이럴 때는 대리점 사장에게 무엇 때문에 우리 제품에서 다른 제품으로 집중도가 이동했는지 솔직하게 물어보는 것이 좋다. 대부분 대리점 사장들은 비슷한 대답을 할 것이다. 많이 팔아도 이익이 되지 않는다고. 판매 수량은 늘어나지만 공급가가 비싸서 판매 이후 몇 번에 걸쳐 사후 관리하고 나면 이익은 사라지고, 나아가 서비스 이슈까지 발생하여 비행기 타고 호텔 비용을 들여가면서 서비스 엔지니어가 출장을 몇 번 다니면 마이너스라고 대답할 것이다. 그렇다면 우리 쪽 책임도 일부 있다는 생각으로 현실적으로 대응 가능한 방법을 찾아야 한다. 왜냐하면 이 대리점 대신 다른 더 능력 있는 대리점을 찾는다고 해도 공급가는 동일할 것이고, 또한 제품 사후 관리 및 서비스 발생 주기는 비슷할 것이기 때문에 신규 대리점에게서도 똑같은 문제가 발생할 것이기 때문이다.

대리점의 마진을 고려하지 않고 일괄적인 가격 정책을 고수할 경우 흔히 볼 수 있는 상황이다. 물론 공급가를 조정하기 전에 물류 쪽에서 비용을 줄일 수 있는 부분은 없는지, 수입 절차 중 감세 또는 면세를 받을 수 있는 방법은 없는지 대리점과 협의하여 확인할 필요가 있다. 최대한 비용을 줄일 수 있는 방법을 총동원해야 한다. 그런 다음에 제품의 구매 수량을 늘려서 공급 단가를 낮추는 방법과 재고 수량을 장기 보관할 경우 보증 기한으로 인해 발생하는 대리점 쪽의 손해를 감안해 그 기간을 충분히 연장을 해 주는 조건을 적용하여 공급가를 낮추는 튜닝 작업을 해야 한다.

만약 제품 수입 시에 전체 금액을 은행 대출로 받아 100% 선금으로 구매한 경우에는, 대리점은 제품도 창고에 쌓아 놓고 판매 전까지 창고비 지출은 물론, 은행 대출 이자도 내야 하므로 이중으로 손해를 보고 있는 것이다. 이 경우에는 지불 조건에 여신을 적용하는 등의 방법들을 총동원해서 대리점의 이익을 최대화하고 손해는 최소화하도록 해 주어야 한다.

이런 단계까지 진행되었는 데도 불구하고 가격에 매력이 없다고 한다면, 경쟁사의 수입 원가와 최종 소비자 가격을 면밀히 분석하여 경쟁력 있는 공급가를 대리점에 적용해 주어야 한다. 이때 영업사원이 현장에서 바로 결정할 권한이 있다고 하더라도, 그 자리에서 확답을 주는 것보다는 본사에 돌아간 후에 긴밀하게 협의하고 고민해서 가격을 조정하는 것이 훨씬 더 효과적이고, 대리점 사장이 느끼는 고마움도 클 것이다. 이렇게 대리점 공급가를 조정해서라도 대리점과 그 시장을 유지해 나갈 수 있다면 다행이다. 우리가 아직 시장에 진입해 있고 시장 변화에 적극적으로 대응하고 있기 때문이다.

둘째는 대리점이 우리 제품의 독점 판매권을 가지고 있으면서도 경쟁사의 동일 카테고리의 제품을 수입 판매를 하는 경우는 가장 심각한 상황이다. 일단 이런 성향을 가진 대리점은 장기적 파트너로서 이미 신뢰를 잃은 것이다. 그렇다고 아무런 대안이나 신규 대리점 구축 플랜이 없는 상황에서 바로 모든 관계를 정리하는 것은 우리 입장에서도 바람직하지 않다. 대리점에서 이미 경쟁사 제품을 판매하고 있다고 하여도 오랫동안 우리 제품을 홍보하고 영업 관리와 마케팅을 진행해 왔기 때문에 대리점 고객 리스트에는 분명 우리 브랜드를 찾는 소비자가 있기 마련이기 때문이다. 무를 자르듯이 관계를 정리해 버리면, 남은 재고를 가지고 시장 가격을 흐리거나 입찰 프로젝트에서 장난을 칠 가능성도 있다. 일단 본사에 돌아가서 팀장을 비롯한 상급자와 협의하여 결론을 내는 것이 좋다. 현재 남아 있는 모델, 재고 수량 등을 정확하게 확인한 다음 이미 판매되었던 사이트 정보와 작업하고 있는 가망 소비자 리스트를 받아내야 한다.

이런 대리점들이 우리 브랜드를 저버리고 다른 브랜드를 선택하여 집중하고 있는 이유는 반드시 있다. 그 부분도 알고 있어야 향후 동일한 상황을 미리 막을 수 있다. 그렇기 때문에 너무 단호하게 미팅 자리를 정리하거나 마무리짓지는 말자. 그것보다는 우리가 알아야 할 모든 상황과 정보 등을 최대한 얻어 내는 방향으로 미팅을 유도 정리하는 기술이 필요하다.

그리고 출장 기간 중 시간을 내어 가망 고객 리스트 중에서 혹시 현 대리점을 대체할 만한 곳이 있는지 찾아보고 미팅을 시도할 것을 추천한다. 이미 해당 국가에 체류 중인 상황이므로 일정이 비는 저녁 시간이나 다음 날 시간을 최대한 활용하여 가망 회사를 직접 방문하거나, 그렇지 못할 상황이라면 담당자를 찾아 잠깐이라도 만나 보는 것도 좋다. 거래처의 분위기를 판단하고

더 많은 정보를 얻어 내려면 자주 만나는 것이 유익하다. 통신상
으로 코레스하는 것보다 한 번이라도 더 만나보는 것이 좋다.

　팀장에게 보고하고 출장 일정을 조정하여 보유하고 있는 가
망 대리점 후보군들을 모두 만난 다음 복귀하는 방법도 좋다.

8.3. PI 사인으로 마감하기

　이렇게 장시간에 걸쳐서 대리점의 이야기를 우리는 다 들어
주었다. 그리고 현장에서 영업사원이 풀어줄 수 있는 부분은 대
체로 해결해 주었거나, 해결해 주지 못했더라도 적극적으로 노
력하는 모습을 보였기 때문에 대리점은 더 이상의 불만을 토로할
수 없게 되었다.

　보통 영업사원들에게 "고객과 미팅이나 협상을 진행할 때 가
장 힘든 상황은 어떤 때인가?"라고 질문을 던지면 대부분의 영업
사원은 "상대가 결정이나 다른 대안을 주지 않은 상황에서 지속
적으로 침묵을 지키고 있을 때"라고 말한다. 그렇다. 우리는 출
장을 가서 대리점의 모든 불만과 요구 사항, 그리고 앞으로 해야
할 일들에 대한 것들을 이미 다 들었다. 그 상태에서 대리점 사장
은 더 이상 할 이야기가 없기 때문에 침묵을 유지할 수밖에 없다.
이때 영업사원은 자연스럽게 매출 이야기로 이어나가면서 침묵
상황을 깨어야 한다. 그런 연후에야 대리점 사장도 매출 수치에

집중하게 된다.

대부분의 대리점은 일년간 가져가야 할 책임 오더 수량이 정해져 있다. 이것은 앞에서 언급했듯이 전년도 사업계획에서 양쪽이 이미 합의가 끝난 내용이다. 하지만 여러 가지 상황과 이유들 때문에 지금 계획 대비 매출 수치가 받쳐주질 못하고 있는 실정이다. 대리점 사장은 여러 가지 원인은 영업사원에게 말해 주었고, 그중 전체 또는 일부는 이미 해결되었을 것이다. 또한 앞으로 바라는 방향 및 추가 요청 사항에 대해서도 이미 영업사원 선에서 해결해 주거나, 한국 본사로 복귀해서 해결해 주면 될 것이다. 그렇다면 영업사원이 현지로 출장가기 전과 비교해 본다면 상황은 많이 호전되었을 것이다. 그리고 대리점 사장도 그렇게 느낄 것이다. 영업사원은 상황이 긍정적인 방향으로 전환되고 있는 이 타이밍을 놓쳐서는 안 된다.

이때 준비된 영업 시나리오를 가동한다. 우리의 기존 목표는 이 정도인데, 지금 현재 상황은 이러하다. 하지만 이것을 다 채워서 오더를 하면 좋겠지만 오늘 이야기를 들어보니 현지 시장 상황도 매우 힘들어 보인다. 하지만 지역 담당자인 자신의 입장도 힘들다. 이런 식으로 현지의 어려운 상황은 공감하지만 영업사원 본인도 난관에 처해 있다는 사실을 그대로 전달하자.

그리고 나서 대리점 재고 상황을 함께 살펴본다. 잘 나가는 모델의 재고 수량이 빠져 있거나, 잘 나가진 않지만 재고가 없는 경우, 그리고 불경기 상황에서도 잘 나가는 제품이 있다면 추가적인 구매 의지가 있는지 한국 본사의 입장이 아닌 대리점 사장의 입장에서 현실적으로 검토해야 한다. 그러면 하나씩 오더를 내릴 수 있는 모델별 수량이 산출될 것이다. 그런 오더들의 매출 수치를 하나하나씩 모아가다 보면 100% 만족할 수는 없어도 어느 정도 매출을 만회할 수 있는 수치를 만들어 갈 수 있다.

그래도 매출 수치가 부족하다면 팔리지 않는 모델의 재고 수량에 한해 한시적으로 파격적인 프로모션을 진행하여 소진할 수 있도록 공동 프로모션 협의를 진행하고, 잘 나가는 제품인 경우 판매를 촉진시킬 수 있는 건설적이면서도 현실적인 영업 마케팅 전략을 함께 고민하는 시간을 가진다. 모든 협의가 끝난 후 최종적으로 얼마 정도는 더 해야 한다고 이야기하면 대리점 사장들은 관계 유지를 위해 조금 부담이 되더라도 자기가 할 수 있는 선에서 최대한의 성의를 표현할 것이다.

그러면 이제 악수를 하거나, 포옹을 하거나, 기뻐서 맛있는 저녁을 먹고 술을 마시면서 미팅을 마무리하면 되는가? 절대 아니다. 영업사원은 반드시 기억해야 한다. 우리가 얼마나 힘든 시간을 견뎌 왔는지, 내가 여기에 왜 왔고, 나는 무엇을 지금까지 하고 있었는지 말이다. 말은 그냥 말일 뿐이다. 상황이 바뀌면 마음이 바뀌고 마음이 바뀌면 했던 말은 그냥 없는 말과 같다. 그렇기 때문에 모든 시나리오를 대비한 PI를 미리 준비해 가야 한다. 세 가지 제품의 오더를 받는 시나리오가 있었다면 서로 다른 세 가지 PI를 미리 준비해 간다. 그래서 그 분위기에서 바로 해당 수량 및 오더 그리고 매출 수치가 기록된 PI에 사인과 날짜를 기록해서 들고 한국으로 들어와야 한다.

보통 많은 영업사원들이 이 중요한 마무리를 하지 못하고 대리점 사장의 말만 믿고 그냥 귀국한다. 회사에 복귀하고 나서 이메일을 보내거나 전화를 걸어봐도 대리점 사장은 내 메일에 대한 회신도 않고 내가 건 전화도 받지 않는다. 이미 마음이 바뀌었기 때문이다. 이렇게 또다시 어려운 침묵의 시간을 갖지 않으려면 PI 없이 그냥 복귀하는 일을 절대 없도록 해야 한다.

제9장

매출 증대를 위한 마케팅 전략

앞 장에서 영업사원이 해외 출장을 어떻게 준비하고 바이어 미팅을 어떻게 진행하는지를 영업적인 측면에서 살펴보았다. 하지만 영업사원은 현지 출장 시 영업적인 부분에만 치중하거나 관심을 가져서는 안 된다. 가능하다면 좀더 거시적 관점에서 시장을 바라보고, 대리점 사장 및 직원들과 소통하면서 당면한 이슈에 대하여 같이 고민해야 한다. 소극적인 관점에서 벗어나 거시적인 안목으로 마케팅 전략을 고민해야 한다.

이 장에서는 시장을 더욱 확장시키거나 세분화할 수 있는 방법을 알아보도록 한다.

마케팅 측면에서 보면 영업이란 인간의 본성적인 부분을 자극하는 것이다. 관심, 구매 욕구, 소유욕 등이 자연스럽게 표출될 수 있도록 만들어야 한다. 영업사원의 영업적 접근법은 단기간에 기대했던 매출이 나와 즉각적인 효과를 볼 수 있다. 그런데 마케팅적 접근법은 1년이나 2~3년에서 5년, 길게는 10년까지 바라보고 준비하는 것이다. 당장의 생존을 위해 단기적 성과를 내야 한다면 중·장기적 마케팅 전략을 수립하여 추진하기는 쉽지 않다. 하지만 이런 노력이 시장의 확대 또는 세분화 작업에 중·장기적으로 꼭 필요하고 중요한 사항이라는 것을 기억하고 실행할 필요가 있다.

9.1. 고객의 심리를 공략하라

9.1.1. 욕구적 불안 심리를 자극하라

이 방법은 현재 고객의 심리를 한쪽으로 밀어 올리거나 내림으로써 고객이 간접적으로 해당 상황을 체험하게 하여 불안 심리를 바탕으로 구매 욕구를 자극시키는 방법이다. 원론적이기는 하지만, 모든 상품이나 아이템에 이식할 수 있는 전략이므로 반드시 알아두어야 한다.

먼저 현재 고객의 상황을 여러 방면에서 파악한 다음 시기·환경 및 조건에 맞는 최적 타이밍에 적당한 조건을 먼저 제시해야 한다. 만약 그 기회를 놓쳤다면 고객이 감당해야 할 불이익 또는 해당 조건의 부재로 발생하는 피해를 간접적으로 체험을 할 수 있도록 하는 방법이 있다. 이는 비단 일반 고객 한 명에게만 해당되는 이야기가 아니다. 이 전략은 전체적인 시장을 대상으로 하여 그대로 적용해 볼 수도 있다.

일단 개별 고객 한 명 한 명을 대상으로 하는 경우는 다음과 같다. 시기적으로 보면 입학이나 졸업 시즌, 그리고 추운 겨울날이나 더운 여름날, 조건적으로는 자녀들 유학의 황금 타이밍, 노후 준비나 사망을 위한 준비 등이다. 예로 든 상황들은 적절한 시기에 시간의 유한함, 미래에 대한 막연한 두려움을 전제로 아쉬움·두려움·불안함·공포심 등을 자극하여 연계된 상품에 관심을 갖게 만든다.

우리 아이를 위해 초등학교 입학 시즌에 맞는 준비를 해야 하고, 그 입학식에 입고 가거나 들고 가야 하는 것들을 고민하게 만들고, 한정 판매로 불안감을 자극하여 좋은 조건으로 폭염과 강추위를 대비하게 만들고, 최적의 유학 연령을 거론하면서 유학 상품을 구매하게 유도한다. 그리고 점점 노쇠해지고 나약해지는 데 대한 불안감, 경제적으로 힘들어질 것이라는 불안감, 나아가 아직 발생하지도 않은 암과 사고로 인한 죽음에 대한 공포심까지……. 이렇게 불안 심리를 자극하면 내 상품에 대한 고객의 관심도를 극대화시킬 수 있다.

이제 한 인간의 관점에서 머무르지 말고, 한 인간의 욕구가 곧 시장이라고 생각하고 대입해 보자. 그것은 그 시장이 소비의 주체가 될 경우에 예상되는 상황과 우리가 펼 수 있는 전략이다.

인간의 욕구에 중점을 둘 때는 두 가지 방향으로 접근할 수 있다.

첫 번째는 상위 욕구 단계를 이미 충족한 고객에게 하위 욕구 단계에 대한 불안 심리를 자극하는 것이다. 우리 제품이 속해 있는 하위 욕구 단계의 단단함을 유지해야만 지금 영위하고 있는 상위 욕구를 유지할 수 있다고 간접 체험의 기회 및 상상을 제공하는 방식이다.

이미 상위 욕구 단계에서 생활하고 있는 안정적인 소비자에게 건강이나 사망에 대한 안전 욕구를 격하게 자극하여 미리 보험 상품을 준비하게 한다든지, 고객이 사랑하는 가족들을 위한 준비, 즉 생명 보험에 가입시킬 수도 있다. 이 단계의 소비자는 이미 현실적으로 안정적인 상황을 유지하고 있을 뿐만 아니라 상위 욕구 단계인 소속과 사랑의 상위 욕구를 충족하며 살아가고 있다. 하지만 상위 욕구 단계를 지탱하고 있는 아래 단계의 미래

형 불안 요소를 지속적으로 자극한다면 상위 욕구를 유지하기 위해 하위 욕구를 보강하려고 할 것이다. 이런 심리적 작용을 가장 잘 이용하는 전략이 바로 보험 사업이다.

두 번째는 하위 욕구 단계에서 상위 욕구 단계의 달콤함을
충분히 설명하여 머리나 가슴에 그 달콤함을 새기게 만들어 그
욕구를 충족하지 못함으로써 발생하는 현실적 갈증을 자극하는
방법이다. 충분히 상위 욕구를 누릴 수 있는 상황인데도 불구하
고 그 조건이 부족한 경우에 불안 심리를 반복 자극하면 고객은
심리적 불안감을 극복하기 위해 구매 시기를 앞당기는 경우가
발생한다. 상위 욕구 단계에 있는 사람은 아래 욕구 단계에 머물
러 있는 현실을 인정하고 싶어 하지 않는다. 이 경우에 거부감은
강한 스트레스로 심리적 불안을 일으킨다. 이런 안정적이지 않
는 상태를 안정화시키기 위해서라도 소비자 또는 구매자는 경제
적으로 무리를 해서라도 그 욕구를 채우기 위한 구매를 반복해
서 고민하게 되고, 어느 순간 과감하게 카드 할부라는 방법으로
구매함으로써 그 스트레스를 날려버리거나 이완시키는 행위를
실행한다.

안전 욕구에 머물러 있는 고객에게는 다음 단계인 '소속과 사
랑'의 욕구를 자극하기 위해 등산 모임의 장점과 즐거움을 소개
하고 반복하여 각인시킨다. 그리고 등산 모임에 참여할 수 있는
조건과 등산에 필요한 아이템, 즉 등산화도 소개하면서 등산화를
우리가 판매하고 있다는 정보도 주기적으로 노출시킨다. 이미 안
전 욕구에 머물러 있던 소비자들은 여러 차례 반복된 '소속과 사
랑'이라는 상위 욕구에 노출되었고, 그런 삶을 원하게 된다. 또한
그런 삶을 영위하기 위해서는 등산 모임에 적극 참여해야 한다는

사실도 알게 되었다. 그리고 등산을 하려면 등산화의 필요성을 느끼게 되는데, 이때 상위 욕구 단계를 반복적으로 소개해준 대상이 등산화를 제공해 준다는 사실도 알게 된다. 이렇게 소비자의 상위 욕구를 자극하여 새로운 수요를 창조함으로써 결국 판매에 성공할 수도 있다.

이렇게 상위 또는 하위 욕구의 바로 이전 단계의 욕구를 불안하게 만들거나 꿈꾸게 하여 우리 제품이나 서비스가 소속되어 있는 연결 고리를 타고 제품을 판매하거나 구매 시기를 좀더 앞당길 수 있도록 유도할 수 있다.

해외영업팀의 AM^(영업사원)들에게 적용할 만한 실질적인 예를 살펴보자. 영업사원이 여러 방법들을 통해서 신규 개척 시장에서 가망 대리점을 확보하였다. 그중에는 파트너로써 오래도록 함께 일하고 싶은 상대도 있을 것이고, 그렇지 않는 상대도 있다. 하지만 관계는 쌍방형으로 형성되기 때문에 영업사원의 마음에 든다고 파트너가 되지는 않는다. 영업사원이 원하는 대리점이 제안을 한 번에 받아들여주면 좋겠지만, 아무리 제안하여도 해당 대리점은 우리 회사에, 그리고 우리 아이템에 관심이 없는 경우도 있다.

그렇다면 영업사원이 바이어의 관심을 유도하는 과정과 방법에는 어떤 것이 있을까? 일반 소비재 제품을 취급하면서 회사를 운영하고 있는 영업사원이 파트너로 인연을 맺고 싶은 가망 대리점이 있다고 가정해 보자. 이런 대리점에는 국제 경기 침체 및 기타 자연 재해적 위기 상황을 주제로 이야기를 풀어가면 좋을 것이다.

최근의 가장 큰 화두인 코로나19 팬데믹 상황, 중국의 무역 갈등, 러시아-우크라이나 전쟁 등의 위기 상황에서는 예고 없이 닥쳐오는 통제 불가능한 위기 요소들과 외부 환경의 변화로 인해 혼란스러운 시장에서 소비자들이 꼭 소비하고 구매해야 하는 필수 소비재의 필요성을 강력하게 어필한다. 이렇게 국제적인 위기·위험 요소와 우리 제품의 연관성을 들어 설득하면 아무리 콧대 높은 바이어라도 충분히 설득할 수 있다. 일반 소비재만 취급하는 대리점에게 좀더 나은 기업의 미래를 꿈꾸게 하면서 동시에 최악의 소비 환경을 경고함으로써 고가의 필수 소비재 아이템인 즉 우리 상품을 취급하게 만드는 것이다.

해외 비즈니스인 만큼 요동치는 환율 이야기도 빠트릴 수 없다. 249개가 넘는 국가들 중에는 환율 변동이 매우 심한 국가들이 많다. 하지만 시장성이 좋거나 그 규모가 커서 구매력이 있는 국가들은 포기해서는 안 되는 시장이다.

이란과 튀르키에의 예를 들어 보자. 미국 달러 대비 현지 화폐 가치가 바닥을 치는 상황에서는 비싼 달러를 주고 물품을 수입해야 한다. 현지 화폐의 가치가 점점 떨어지기 때문에 동일한 US 달러를 지불하려면 더 많은 현지 화폐를 써야 한다. 이런 환경이 지속된다면, 대리점에서 일정한 퍼센트의 커미션 이익을 붙여 수입한 물품을 시장에 판매하더라도 환차손이 이익분보다 커지게 되어 영업 이익은 마이너스가 된다. 이 경우에는 달러를 주고 수입하는 것보다는 물품을 수출하여 변동하는 달러의 차액만큼 더 벌어들이는 방법이 현명하다. 하지만 우리는 그들의 물건을 수입하지 않고 그들에게 물건을 팔아야 하는 입장이다. 주식 차트가 오르고 내리듯, 고점에 있는 경우와 바닥인 저점에 있는 경우도 있다. 해당 대리점을 설득하는 시기가 달러의 저점, 즉 약세 구간의 시기라면 다시 오른다는 공포를 심어주면 우리 제품을 다량 판매할 수 있다. 그들도 이미 내려간 상황이 이상한 것이고 다시 달러가 무섭게 치고 올라갈 것을 믿고 있기 때문이다.

이러한 부분을 잘 공략하면 경기가 어려워 한 대도 팔지 못할 바이어와의 미팅에서 사장이 아닌 회장과 담판을 벌여 50대 이상을 판매한 경우도 있었다. 그 저점 구간에 적당한 프로모션을 실시한다면 대리점 입장에서는 앞으로 오를 달러 강세장에 대한 대응도 되지만, 제조사의 프로모션 할인도 받을 수 있다. 이와 같은 위기의 시기에는 이익적 사고로 전환할 수도 있다.

이렇듯 환율이 요동치는 불안한 경제 상황에서도 어떻게 설득해 나가고 논리를 풀어가느냐에 따라 한 대의 오더도 받지 못할 수도 있고, 한 번에 50대 이상의 오더를 받아 낼 수도 있다.

만약 의료기기를 수출하는 기업이라면 정부 기관 관계자들과 함께 보건 사업에 관련된 대형 프로젝트들을 진행해야 한다. 그런 대형 정부 입찰 프로젝트를 진행하기 위해서는 현지 대리점의 도움이 절실히 요구된다. 제조사보다 현지 대리점이 입찰에 대해 더 적극적으로 고민하고, 현장에서 보다 발 빠르게 움직여 줘야 할 때도 있기 때문이다. 하지만 해당 대리점이 우리 제품에 관심이 없다면 정부 입찰 프로젝트 진행은 매우 어려워진다. 이런 상황에서 영업사원은 가망 대리점 사장의 마음을 어떡해서든 설득해야 한다. 이때 우리의 브랜드와 상품의 매력을 최대한 어필하여 관심을 가질 수 있도록 설득 작업을 해야 한다.

의료기기와 아이템들은 특정 질병에 대한 진단 · 예방 · 치료라는 목적을 가지고 개발 · 제조되었다. 이 기능들은 의료 기관 및 시설에서 국민들의 건강을 지켜주는 매우 중요한 역할을 한다. 하지만 G20 국가 리스트에 속하지 못하는 시장에서는 이와 같은 의료기기를 포함한 의료 인프라가 미비하여 국민 보건적인 측면에서 상당히 많은 피해를 보고 있는 것이 사실이다.

하지만 국민들이 이런 의료 인프라를 경험해 보지 않았기 때문에 그 필요성조차 인지하고 못하고 있는 나라도 많다. 그렇기 때문에 이런 의료 인프라 부재로 발생하는 피해 상황들을 정확한 수치 또는 데이터로 보여주는 작업이 필요하다. 예를 들어 인구 4명 중 1명이 골다공증으로 고통을 받는다고 가정해 보자. 남자는 5명 중 1명, 여자는 3명 중 1명. 그런데 이 중에서 골다공증으로 인한 고관절 골절은 발생 1년 이내에 사망률이 20%가 넘는다면, 매우 자극적으로 받아들이게 될 것이다. 이것은 일반 인구 사망 위험의 3.5배 수준이다. 그리고 적절한 치료가 진행되지 않으면 2년 이내 사망률은 70%까지 올라간다. 추운 겨울이라면 그 비율은 더 높아질 것이다. 이런 경우 전체 인구 대비 피해 인구는 상당한 숫자가 되고, 거기에 소요되는 사회적 비용을 계산한다면 엄청난 수치가 된다.

이런 이야기를 하면 국민의 표를 의식해야 하는 정치 세력들은 귀가 솔깃해진다. 국민들의 표심도 얻을 수 있고, 또한 국가 예산 지출도 줄일 수 있다. 그리고 영업사원은 한술 더 떠서 지금 골다공증을 측정할 수 있는 골밀도 장비의 보급률 순위를 전 세계 랭킹으로 보여 준다. 자신들은 '상위 20%는 되겠지'라고 생각하겠지만, 현실적으로 바닥에 가까운 수치임을 알고는 충격에 빠질 것이다.

이 포인트를 지속적으로 자극하면 국가의 예산 편성은 물론 정책적으로나 법률적으로 우리 제품에 유리한 방향으로 상황이 조성될 것이다. 국민의 안전 욕구와 위기적 불안 심리를 자극하여 이렇게 예산과 정책적 지지를 받을 수 있게 된 것이다.

9.1.2. 가치적 이상을 꿈꾸게 하라

반대로 대리점 사장에게는 지금 우리와 파트너십을 시작하면 가까운 미래에 황금 시대가 열린다는 가치적 이상을 꿈꾸게 해주어야 한다. 그리고 인접 국가인 불가리아, 루마니아 또는 사우디아라비아의 보급률, 제품의 시장성 등을 보여주면서 미래 시장의 가치에 대해 상상하게 만들어야 한다.

지금은 수요가 그리 많지 않아서 당장 투자 비용과 시간 대비 이익은 많지 않다. 그러나 향후 3~5년 또는 10년 후에는 인접 국가들의 성공적 시장 상황을 직접 확인하게 하여 시장을 선점하고 브랜드를 키우는 것이 가치 있는 일이라는 사실을 깨닫게 해야 한다. 현실적으로 1년에 10대도 팔기 힘든 시장이지만, 향후 5년 뒤에는 한 달에 70~100대를 판매하고, 1년에 800~1,000대를 판매한다고 한다면, 그 어떤 바이어가 관심을 가지지 않겠냐는 말이다.

이런 시장에서는 주로 장비를 판매하기 때문에 부품의 수명이 다하기 시작하면 사후 유지 관리를 해야 하는데, 이와 관련된 서비스 활동은 회사에 추가적인 이익을 선사한다. 또한 10년을 버티게 된다면 10년 동안 출고된 전체 수의 1/10(10%) 정도는 정기적인 교체 시장이 형성되기 때문에 안정된 매출이 보장된다.

아래 보이는 매슬로우의 욕구 5단계에서 볼 수 있듯이, 한 단

계 위의 욕구를 꿈꾸게 하고 한 단계 아래의 불안 심리를 자극하여 내가 판매하고자 하는 제품 또는 서비스를 고객에게 소개하고 필수적인 부분으로 인식시킴으로써 구매에 대한 인식 또는 구매 시기를 앞당길 수 있다.

매슬로우의 욕구 5단계

9.1.3. 아마존 원주민과 신발

아마존의 원주민들에게 생리적 욕구가 아니라 안전의 욕구를 충족해 줄 수 있는 운동화를 무료로 1년 동안 제공해 보자. 그리고 소속과 사랑의 욕구를 좀더 표현하고 충족할 수 있도록 다양한 의상들을 1년 동안 무상으로 제공해 보자. 처음에는 기존 생활 방식과 많이 다르고 어색하여 불편하기 때문에 신발을 신는 것도 귀찮고 옷을 차려 입는 행위도 매우 번거롭게 생각한다. 그래서 선뜻 신발을 신거나 옷을 입으려 하지 않는다. 하지만 시간이 지나다 보면 한두 명씩 신발을 신고 옷을 입고 생활하게 될 것이고, 시간이 조금만 더 지나면 대다수의 주민들이 신발을 신고 옷을 입게 될 것이다.

거친 돌뿌리와 뾰족한 가시 그리고 가끔 만나는 독사들의 위협에도 잘 견뎌왔던 바위처럼 단단했던 맨발의 굳은살들은 어느새 운동화 안에서 보드라운 살로 변화되어 버릴 것이다. 그리고 따가운 자외선과 가시덩굴 그리고 모기의 시련에도 잘 견뎌줬던 튼튼한 원주민들의 피부와 또 그 피부를 유지하기 위한 관리 비법들도 모두 사라질 것이다. 이제는 좀더 멋을 부리기 위해 더 예쁜 운동화를 가지려고 하고, 더 아름답고 멋진 옷을 서로 입으려고 애를 쓸 것이다. 이렇게 조금 더 나은 삶을 꿈꾸게 하고 지출이 없이 새로운 삶의 맛을 보게 한 뒤 이제는 다른 전략을 전개해 나간다.

신발과 옷을 무료로 제공했던 기업이 공급을 중단한다. 이전엔 아무런 문제없이 뛰어 다니며 사냥을 했던 발바닥이 신발 없이는 한 발짝도 걷지를 못하는 상황이 되어버린 것이다. 돌뿌리와 가시들로 인한 아픔과 뱀의 공포로 인해 원주민들은 운동화가 보급되기만을 애타게 기다릴 것이다. 옷도 마찬가지다. 상의를 탈의한 채로 집 밖으로 나가지를 못하게 되고, 용기를 내어 나갔어도 뜨거운 햇빛에 그새 화상을 입고 피부에 물집이 생긴 것을 확인할 수 있다. 이들도 옷이 다시 보급되는 날만을 애타게 기다릴 것이다.

이런 시기가 다가오면 1년 동안 무료로 신발과 옷을 공급했던 기업들은 공포 심리를 자극하면서 돈을 받고 판매하기 시작한다. 물론 원주민들에게는 달러가 없다. 원주민들에게 신발과 옷은 필수 아이템이 되어 버렸고, 말도 안 되는 부당한 조건으로도 거래가 성립이 되는 현장을 목격할 수 있다. 신발 한 켤레를 얻기 위해 염소 한 마리를 영업사원에게 줘야 하고, 딸과 아들의 결혼식에 입어야 할 옷을 준비하기 위해 소 한 마리와 옷가지들을 교환하는 거래를 보게 된다.

이것은 남미 아마존의 원주민의 경우뿐만 아니다. 아프리카 마사이마라의 부족에서도 비슷한 경우를 볼 수 있다.

이렇듯 고객의 현재 상황과 위치가 너무 다양하고 각각 다른 위치에 있다 하더라도 우리가 판매하는 제품의 가치를 잘 파악하여 한 단계 위쪽 또는 한 단계 아래쪽으로 시장 수요를 만들어주고, 그 수요가 곧 생활이 될 수 있도록 소비자들에게 지속적으로 노출하고 설득하는 작업을 지속하면 새로운 시장을 만들 수 있다.

아메리칸 브렉퍼스트, 즉 미국식 아침 식사의 경우도 그렇다. 바쁜 아침에 고기를 먹기 부담스러운 미국 음식 문화를 베이컨 제조사는 과감하게 파고 들어가는 데 성공하였다. 지속적인 광고와 의학적 권위자들의 추천을 미디어에 지속적으로 노출시킨 결과, 현재 미국 시장의 아침 식사에 베이컨이 기본 요소로 자리잡게 된 것이다. 미국 아침 식단의 베이컨은 고도의 마케팅 전략이 만들어낸 성공 사례 중 하나이다.

9.1.4. 고객이 돈을 벌게 해주자

우리 제품이 국민들의 질병 예방과 건강 유지에 필수적인 아이템이라는 것을 국가 의료 인프라를 고민하고 있는 정부 관계자에게 설득하였다. 또 개척한 시장의 신규 대리점 사장에게 우리 제품에 대한 관심을 이끌어내는 데도 성공하였다. 그렇다면 이번에는 대리점 영업사원들이 최종 소비자들 즉 병원이나 의원의 원

장들과 의사들을 설득해야 한다.

이런 상황에서는 가장 좋은 방법은 그 고객들에게 수익을 올려주는 것이다. 자본주의의 핵심 요소는 자산이다. 우리 제품을 사용하면 추가적인 수익이 있다는 것을 인식시켜 줘야 한다. "우리 제품을 쓰는 순간부터 추가적인 수익이 생긴다."는 인식을 심어주면 그다음 영업 활동은 매우 쉬워진다.

그렇다면 무엇을 어떻게 활용하여 설득할 것인가? 이제부터 마법의 테이블을 소개하겠다. 바로 ROI 테이블이다.

ROI*(Return On Investment)*란 우리말로 하면 '투자 자본 수익률'이다. 보통 이것은 기업이 제품이나 서비스를 판매하기 위해 진행하는 프로모션·광고·캠페인 등에 투입된 예산 및 비용이 투입 예산에 대비하여 얼마나 돈을 벌었느냐 하는 이익을 따지는 계산 지표 또는 계산 식이다. ROI 계산 식에서는 투자 광고 비용과 순

이익 부분이 구분되어 분석된다. 이 ROI 계산 결과에 따라 해당 프로모션을 진행할지 말지를 쉽게 결정하고 판단할 수 있다.

이것을 그대로 소비자의 투자 비용 대비 이익 구조에 대입한다. 제품 구매에 들어간 총제품 가격, 제품을 운용하는 데 들어가는 운영 비용 등을 총투자 비용이라고 보고, 그 제품으로 벌어들이는 이익을 구분하여 ROI 식에 넣어 계산하면 된다. 그렇게 계산 식을 돌려보면, 총투자 비용이 어느 시점이 되면 100% 회수되어 이익으로 전환되는 구간을 알 수 있다. 그 기점 이후부터는 순수한 이익이 지속적으로 발생하게 되는데, 그 기간은 제품의 수명이 다할 때까지이다. 즉 이 계산 식을 이해하는 순간 고객은 미래의 부자가 된다.

영업사원들이 고객을 찾아가 영업 활동을 할 때 ROI*(Return On Investment)*, 즉 투자 자본 수익률이라고 말하면서 설명하면 고객들은 조금 어려워할 수 있다. 계산 식을 보여주면서 "분자에 고객 수익이 들어가고, 분모에 총투자금이 들어가 전체 값에 100을 곱하고 이것을 비율로 정리하면 %가 나오는데, 이것이 고객님의 투자 대비 이익률입니다."라고 설명해도 고객의 반응은 그리 좋지 않다.

그러면 어떤 방식으로 ROI 식을 쉽게 이해시킬지 고민해 봐야 한다. 이런 때일수록 단순하게 접근하는 것이 좋다. 고객이 투자한 돈을 언제 회수 가능한지를 보여 준다. 그다음 그 기점 이후에 얻어지는 예상 이익이 얼마가 되는지를 알려주면 된다. 이익금의 총량 또는 월수입이 추가적으로 얼마나 발생하는지 간단하고 직관적으로 표현하면 된다. 가능하다면 그림이나 도표를 활용하면 고객의 이해도는 확연히 올라갈 것이다. 예를 들어 고객이 1,000만 원을 투자했을 때, 1년 뒤면 1,000만 원의 이익이 발생되어 투자한 원금을 회수할 수 있고, 나아가 그 시점 이후부터는 제품의 나머지 수명 9년 동안 추가 이익이 9,000만 원 발생한다고 설명하면 고객은 쉽게 납득할 것이다.

각각의 상품이나 서비스에는 시간이라는 미래의 가치의 가중치가 멀티플로 적용되어 고객에게 이익을 가져다 준다. 하지만 고객은 오늘 또는 내일 내가 직접 지불해야 하는 지출이라는 비용을 부담으로 느끼기 쉽다. 이런 부담이 구매를 막거나 구매 시기를 지연시킨다. 그렇기 때문에 영업사원 또는 마케팅 담당자들

은 현장 영업에서뿐만 아니라 DM 작업, eDM 작업, 유선 통화, 화상 미팅 등에서도 이 ROI에 대한 이야기를 지속적으로 노출하고 알려줘야 한다. 돈을 벌어준다는 것보다 더 매력 있는 영업 활동과 세련된 마케팅 전략은 없기 때문이다. 단언컨대 ROI 테이블은 구매 진행에 매우 강력한 효과를 발휘할 것이다. 큰 돈을 벌기 위한 작은 돈의 투자, 그것이 바로 ROI 식이다.

그러면 어떻게 ROI 식을 만드는가? 구글에서 'Tool for ROI table' 또는 'ROI calculator' 등의 키워드로 검색한다. 그러면 엑셀 베이스의 파일을 무료로 다운받을 수 있는 사이트를 찾을 수 있다. 해당 사이트에서 적당한 포맷을 다운받아 우리 상품과 서

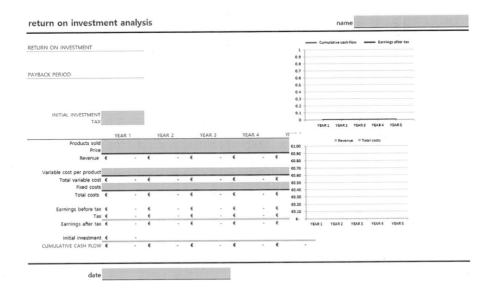

※ 출처 https://businessmakeover.eu/de/

ROI calculator

name ___ **Freitag**

RETURN ON INVESTMENT

122%

PAYBACK PERIOD

3,3 year

INITIAL INVESTMENT €	15.000,00				
TAX	42%				

	YEAR 1	YEAR 2	YEAR 3	YEAR 4	YEAR 5
Products sold	€500,00	€600,00	€720,00	€864,00	€1.037,00
Price	€90,00	€90,00	€90,00	€90,00	€90,00
Revenue	€45.000,00	€54.000,00	€64.800,00	€77.760,00	€93.330,00
Variable cost per product	€45,00	€45,00	€45,00	€45,00	€45,00
Total variable cost	€22.500,00	€27.000,00	€32.400,00	€38.880,00	€46.665,00
Fixed costs	€20.000,00	€20.000,00	€20.000,00	€25.000,00	€25.000,00
Total costs	€42.500,00	€47.000,00	€52.400,00	€63.880,00	€71.665,00
Earnings before tax	€2.500,00	€7.000,00	€12.400,00	€13.880,00	€21.665,00
Tax	€1.050,00	€2.940,00	€5.208,00	€5.829,60	€9.099,30
Earnings after tax	€1.450,00	€4.060,00	€7.192,00	€8.050,40	€12.565,70
Initial investment	-€15.000,00				
CUMULATIVE CASH FLOW	-€13.550,00	-€9.490,00	-€2.298,00	€5.752,40	€18.318,10

※ 출처 https://businessmakeover.eu/de/

비스의 성격에 맞춰 조금씩 수정하여 최적화하면 된다.

결과물은 쉽게 이해할 수 있도록 그래프 등을 삽입하여 시각
적으로 구성하는 것이 좋다.

위 이미지에서 보는 것과 같이 특정 기간이 경과하면 수익이
발생하는 구조로 전향되는 포인트를 설명하면 된다. 그리고 그
기점 이후에 발생되는 모든 이익의 합을 수치로 나타내거나 그래
프·이미지 등을 동원해서 표현한다. 좀더 현실적으로는 해당 서
비스나 상품을 운영하면서 발생하는 운영 비용까지 계산하여 보
여주면 좀더 신뢰감 있는 데이터를 보여줄 수 있다.

9.2. 대리점과 투자자를 활용하라

9.2.1. 수익 분배 판매 전략

다양한 판매 전략을 모두 펼쳐보아도 판매가 어려울 수도 있다. ROI와 같은 마법의 테이블을 적용해도 초기 투자금이 부족하거나, 미래의 수익 구조에 대해 의심을 가지는 소비자도 있을 수 있다. 이 경우에는 조금 다른 방향으로 판매 전략을 수립해야 한다. 이 전략에는 현지 대리점과 제3자의 개입이 필요하다.

우선 대리점이 적극적으로 진행하는 경우이다. 대리점과 협상하여 최종 구매자가 사용할 수 있도록 납품을 먼저 진행한다. 우선적으로 소비자가 이익을 낼 수 있게 해 주는 것이다. 즉 장비는 그냥 제공하며, 고객은 돈을 먼저 벌고 그 번 돈(수익금)을 50 : 50으로 분배하는 것이다. 그 50%의 수익금을 대리점이 가져가는 경우는 대리점이 초기 투자 부분을 부담하게 된다. 이런 대리점은 전체의 10% 정도 될 것이다.

이번에는 대리점이 아니라 금전적 여유가 있는 투자가들을 찾아서 은행이나 주식에 투자하는 것보다 우리 장비에 투자했을 때 수입 구조의 안정성과 투자 가치가 높다는 사실을 주지시켜 투자를 이끌어내는 방식이다. 투자가들은 전체 이익금의 절반인 50%에 대한 이익을 가져가면 된다.

이런 엔젤 투자가를 현지에서 발굴하는 작업은 국내의 AM이 할 수 없기 때문에 현지 대리점 사장이 본인의 인맥을 통하거나 투자가를 모집해서 진행한다. 이때 영업사원이 해야 할 일은 ROI 손익 분기표를 잘 만들어서 대리점 사장에게 전달하고, ROI 식의 로직을 대리점 사장이 투자가에게도 정확하게 설명할 수 있도록 교육시키는 것이다. 투자가들이 적은 돈을 투자하여 시중 은행에서 이자를 받거나 주식에 투자하는 것보다 돈을 더 벌 수 있다는 것을 인식시켜서 투자를 이끌어내면 된다.

9.2.2. 수요를 만들어 줘라

이렇게까지 설명하고 설득하고 미래의 확실한 이익을 보장한다고 해도 전체의 50%, 즉 절반의 원장들은 고민에 빠질 것이다. 돈을 버는 건 알겠는데 '만약 우리 병원에 손님이 오지 않는다면 어떡하지?'라고 진료를 시작도 하기 전부터 걱정하는 병원 오너도 있을 수 있다. "하루에 환자 3명만 와도 돈을 한 달에 얼마씩 벌 수 있습니다."라고 최소 진료 환자가 내원하는 예를 들어줘도 설득이 어려울 수도 있다. 그렇다면 어떻게 해야 할까?

〈더 울프 오브 월스트리트〉라는 영화를 보면, 레오나르도 디카프리오가 학생들과 친구들에게 펜을 건네주면서 자기에게 팔아보라고 하는 장면이 나온다. 영화 속에서는 다양한 대답들과 영업적 또는 마케팅적 시도들이 나오는데, 내용은 이러하다.

더 울프 오브 월스트리트 공식 포스터

"이 펜은 전문가들이 사용하는 펜이다."

"이 펜은 매우 놀랍다."

"이 펜은 개인적으로 좋아한다."

"이 펜은 적을 수 있게 해준다."

"당신의 소중한 일들을 기억하게 한다."

이렇듯 많은 이들이 펜을 디카프리오에게 팔기 위해서 다양한 시도를 해 보는 모습을 볼 수 있다. 하지만 진정 디카프리오를 아무런 말도 못하게 만들어버린 한 시크한 친구의 대답은 이러했다. 그 친구는 디카프리오에게 펜을 넘겨 받자마자 바로 디카프리오에게 이렇게 요청했다.

"어이 친구~! 혹시 지금 냅킨에 이름 좀 적어 줄 수 없나?"

그러자 디카프리오는 이렇게 대답했다.

"어? 난 펜이 없는데?"

그러자 그 친구는 이렇게 대답한다.

"바로 그거야, 친구! 수요와 공급."

이것이 바로 시장에서 가장 중요한 포인트 중 하나이다. 그 친구는 디카프리오에게 수요를 창조해 준 것이다. 다른 사람들은 펜의 특정 사용자들의 권위와 명성에 업혀간다든지, 자체적으로 평가된 장점을 스스로 감탄하며 그 느낌을 고객에 전달하거나, 개인적인 상품에 대한 생각을 공유하거나, 펜 본연의 가치를 소개하는 방식으로 대답했다. 하지만 마지막 친구는 지금 당장 디카프리오에게 펜이 필요하게 만들어버린 것이다.

이렇듯 우리 영업사원들이나 마케팅 매니저들은 우리 제품을 팔기 위해 고객들에게 냅킨을 쥐어주면서 이름을 써달라고 해야 한다. 더 쉽게 말하면, 고객이 제품을 살 수밖에 없는 환경을 조성해 주어야 한다는 뜻이다. 그렇게 된다면 고객들은 우리 제품을 구매할 수밖에 없게 될 것이다.

우리의 영업으로 치환하면 냅킨이란 의료기기 판매에서는 환자들의 내원을 유도하는 일이다. 가능하다면 환자의 내원을 늘리는 솔루션을 제공하고 솔루션에 대한 월 사용료까지 받을 수 있다. 보통 장비 수입업자들은 장비를 판매하면서 일정 %의 수익을 커미션으로 받는 구조로 마진을 취하는데, 이렇게 솔루션 비용을 포함하여 계약을 진행하면 고정적인 월수입이 들어오게 되어 안정적으로 회사를 운영할 수 있다.

예를 들면 이러한 접근이 가능하다. 한 달에 장비를 사용하면서 기대되는 수익의 20% 정도를 구독료^(마케팅 서비스 사용료)로 설정하고 해당 홍보 작업을 대리점에서 직접 해 준다. 해당 병원이나 의원 그리고 인근에 위치한 노인 시설, 약국 그리고 공공 장소에 포스터를 게재하고 리플릿을 구비함으로써 계약된 병원 또는 의원에 환자를 몰아주는 서비스를 자체적으로 진행한다. 물론 리플릿과 포스터의 콘텐츠나 내용은 앞서 이야기한 것처럼 불안과 공포심을 자극할 만한 내용으로 구성한다. 이 리플릿과 포스터를 보는 환자들은 자신의 건강과 미래의 질병에 대하여 고민하게 되어 병원에 가봐야겠다고 결심하게 된다. 그때 리플릿과 포스터 하단에 적혀진 병원의 이름이 눈에 들어오게 됨으로써 고객들은 큰 고민 없이 가까운 그 병원에 내원하게 된다. 그렇게 되면 병원 오너는 하루 방문 환자 수에 대한 걱정 없이 계약을 진행하게 될 것이다. 대리점은 장비 판매 수익과 마케팅 서비스 구독료를 매월 수금할 수 있어 이익이 배가된다.

결과적으로 그 병원에서 우리 장비를 구매한 이후에 환자나 내원객이 늘었다는 소문이 퍼지게 되어 근처의 동종 병원이나 의원에서 앞다투어 우리 장비의 구매를 고민하게 될 것이다. 이것은 알제리와 이란에서 실제로 적용하여 성공한 사례다. 이렇게 보급률이 점차적으로 늘어나게 되면, 환자나 의사들에 의해 장비의 홍보가 자체적으로 이루어지게 됨으로써 자연스럽게 바이럴 마케팅이 실시된다.

9.2.3. 농부가 씨를 뿌리는 마음으로 정성을 다하라

의료기기에 관련된 이야기를 좀더 해보자. GE라는 회사가 있다. 천재 발명가 토마스 에디슨이 세운 초일류 기업이 바로 General Electric 즉 GE다. 전 세계적으로 GE의 의료기 사업 분야는 필립스나 지멘스 같은 여러 글로벌 대표 브랜드를 제치고 최상위 랭킹을 유지하고 있다. GE처럼 모든 제품군들이 글로벌 시장 점유 부분에서 랭킹 TOP 3에 모두 드는 것은 정말 대단한 일이다. 도대체 여러 세대를 거쳐서 GE라는 기업은 왜 이렇게 시장의 사랑을 지속적으로 받을 수 있었을까? 이 부분을 심도 있게 고민해 봐야 한다.

제조 부문에서는 생산 규모가 증가할수록 일정한 비율로 생산 비용도 증가한다. 그러다가 일정 수준의 임계점을 돌파하면 생산 규모가 계속 증가하더라도 생산의 효율성이 올라가서 평균 생산비가 감소하는 구간(현상)이 발생한다. 이것을 우리는 규모의 경제라고 한다. 하지만 시장 수요에서도 규모의 경제와 비슷한 현상이 발생할 수 있으므로 적절하게, 때로는 적극적으로 대응해야 한다.

의대생이 학교에서 실습할 때 병원에 설치된 의료기기를 사용한다. 전문 임상 수련을 하는 레지던트 과정 4년 동안 매일 같이 사용하던 장비가 GE사의 장비라고 가정해 보자. 레지던트가 작은 병원이나 의원을 개원했을 때 어떤 브랜드의 장비를 사게 될 것인가? 당연히 손에 익은 GE 브랜드의 의료기기를 선택하게 된다. 새로 배워야 하는 귀찮음도 있겠지만, 동일한 성능이 나오지 않으면 어떡하나 하는 불안한 마음도 일어나기 때문이다. 다른 브랜드들도 모두 비슷한 기능을 가지고 있고, 동일한 임무를 수행할 수 있는 하드웨어·소프트웨어를 가지고 있고, 중요한 알고리즘 시스템을 모두 갖추고 있다. 하지만 모든 브랜드가 똑같은 유저 인터페이스와 동작 시스템을 가지고 있지는 않다. 세부적으로는 운영 체제 화면의 글씨체나 진단 결과를 판독하는 과정, 결과물에 대한 아웃풋도 조금씩 다를 것이다. 하지만 이미 GE의 인터페이스에 익숙해진 의사는 굳이 익숙하지 않은 다른 제품을 사용하지 않게 된다.

이렇듯 2~3세대에 걸쳐 GE 장비에 익숙해진 시장 환경에서는 아무리 대리점 영업사원들이 열심히 고객을 방문하고 제품을 설명하고 영업 활동을 전개해도 그 아성을 무너뜨리기는 쉽지 않다. 그러면 어떻게 해야 하는가? 그래서 제목을 '농부가 씨를 뿌리는 마음'이라는 타이틀을 선정한 것이다. 바로 매출로 이어지는 효과가 나오지는 않겠지만, 농부가 봄에 씨를 뿌린 다음 가을까지 해야 할 일을 열심히 할 뿐 추수 시기 전에 수확을 바라지 않듯이, 우리도 시장이라는 논에 브랜드라는 씨앗을 곳곳에 뿌려

놓아야 한다.

그러면 누구를 대상으로 해야 하는가? 어떻게든 기관 대표들을 설득해서 학생들이 교육 또는 실습하는 학교 · 교육 기관 · 유료 교육 시설 등에 장비를 판매, 렌트 또는 무상 기증해서 앞으로 고객이 될 의대 학생들에게 우리 브랜드의 씨앗을 뿌려야 한다.

실제 장비를 설치하고 교육을 진행하는 곳들도 있고, 장비 없이 컴퓨터와 운영 소프트웨어만을 가지고 약식으로 실습 교육을 대신하는 곳도 있다. 하지만 한번 설치된 시설은 기간이 지났다고 해서 바로 철수시키거나 폐기되지 않는다. 한번 들어가기가 어렵지 한번 설치되면 정말 오랫동안 그 자리에서 미래의 소비자들과 함께 공부와 실습을 함께해 나가게 된다.

CETRUS는 1995년에 설립된 브라질의 의학교육센터이다. 이곳에서는 의학 분야의 진단 및 임상 영역에서 광범위한 경험을 가진 저명한 전문가들을 육성하고 있다. 과학 기술의 진보에 맞춰 지속적으로 장비와 교육 프로그램을 업데이트하여 차세대 의료 전문가를 양성하는 교육 기관이다. CETRUS는 초음파 분야를 시작으로 방사선학, 자기공명(MRI) 및 컴퓨터 단층 촬영(CT), 그 외 다양한 의료 분야에 적용할 수 있는 주요 응용 프로그램에 대한 교육 과정도 제공하고 있다. 교육은 이론과 실습이 병행되고, 실습 과정에는 진단, 계측, 임상 사례 검토 및 지식 평가까지 포함하고 있다. 이런 교육 기관에서 사용하는 의료기기 또는 장비들이야말로 오래전부터 씨앗을 심었고, 장기간 농사를 지어온 것

CETRUS(브라질의 의학교육센터)

들이다.

　이곳은 GE의 브랜드 파워가 아직 상당히 강하게 남아 있는 시장이지만, 레지던트 교육센터에서 우리 브랜드로 교육과 실습을 받은 의사가 교육 과정을 마치고 독립하여 병원을 오픈하고 필요 장비를 구매할 때 영업사원이 우리 브랜드를 제안한다면 어떤 반응을 보일까? 대세를 따라 GE 브랜드를 선택하게 될까?

　그렇지 않다. 이런 작은 변화도 여러 번 반복된다면 우리 브랜드를 선택하는 원장들이 나오게 되고, 시간이 흘러 그 원장들이 학회에서 영향력을 가지게 되면 KOL*이 된다. 이들에게서 우리 회사의 장비에 대한 우호적인 발언이 나온다면 그 KOL을

---

* KOL(*Key Opinion Leader*) : 핵심 오피니언 리더. 해당 분야의 최고 권위자 또는 영향력을 가진 사람

CETRUS 초음파 교육 실습실, 이미징 분석 툴 실습실

따르는 KOC*들은 우리 브랜드에 대한 믿음이나 신뢰 이전에 그 KOL에 대한 믿음을 바탕으로 우리 브랜드를 구매할 것이다. 그 KOL를 따르는 추종자들의 수는 분야마다 조금씩 차이는 있겠지만, 적어도 2천~3천 명 정도라고 한다.

그렇기 때문에 가을에 수확할 날을 꿈꾸며 열심히 최대한 많은 교육 기관에 씨를 뿌려야 한다. 하지만 이것도 쉽지만은 않다. 왜냐하면 해외영업을 책임지고 있는 영업부부장이나 해외영업팀장들을 해마다 실적을 내야 하고, 지속 성장하는 성과를 내야 하기 때문이다. 그래서 이런 장기적인 전략은 영업사원이나 해외영업팀장이 원한다고 해서 이루어지지는 않는다. 이런 장기 프로젝트를 끌고 가지 위해서는 오너의 흔들리지 않는 철학이 필요하다.

---

* KOC(Key Opinion Customer) : 핵심 오피니언 소비자. KOL을 따르는 영향력 있는 고객.

9.2.4. 바이어와 절친이 되자 (온라인 화상 미팅 습관화)

우리가 업무를 진행하면서 메일을 주고받다 보면 이해가 어려운 부분이 있을 수 있다. 그런 난해한 부분을 확인하기 위해서는 다시 메일로 물어보거나 그 질문에 대한 회신이 오기를 기다려야 한다. 하지만 메일도 역시 어느 정도 형식이 있는 문서이기 것이기 때문에 쉽게 그리고 빠르게 작성하거나 보내오지 않는다. 그래서 우리는 SNS를 통해서 바이어에게 연락을 취한다. SNS 즉 채팅 기반의 메시지는 메일보다 가볍지만 빠르다.

하지만 이 채팅 역시 난해한 단어와 문장으로 인해 제대로 이해되지 않는 경우도 있다. 채팅으로 해결할 수 없는 부분은 유무선 통화로 직접 물어볼 수밖에 없다. 하지만 여기가 끝은 아니다. 유선상으로도 설명이 어렵거나 이해가 어려운 부분은 여전히 발생한다. 그렇기 때문에 우리는 화상 통화라는 기술을 이용하게 된다. 이렇게 화상으로 미팅을 진행하면 이전에 설명했던 메일이나 채팅, 그리고 유무선상 대화로 어려워했던 부분을 어느 정도 해소할 수 있다.

최근 2~3년간 전 세계가 코로나19 팬데믹 시대에 접어들면서 해외 출장은 사실상 불가능했었다. 그래서 해외영업을 지속해야 하는 우리들은 해외 출장을 대신할 무언가를 찾아야 했고, 그 대안으로 대두된 것이 바로 온라인으로 진행하는 화상 미팅이다, 온라인으로 진행되는 화상 회의는 대면 미팅에 비하면 아직 많이 부족하다. 그래도 다른 툴들과 비교하면 시각과 청각적인 요소를 가장 잘 전달할 수 있고, 추가적으로 복잡하고 어려운 상황이나 개념들을 설명할 때 실시간으로 자료의 이미지를 공유할 수 있어 쉽게 커뮤니케이션도 가능하다. 줌이나 스카이프 등의 화상 회의 툴의 기능이 날로 좋아지고 있어서 해외 출장이 불가능한 상황에서도 우리들은 코로나19 이전과 같이 수출 업무를 계속할 수 있다.

그렇다고 모든 해외 출장을 온라인 화상 미팅으로 전환하자는 의미는 아니다. 앞장에서 거론했듯이 현장에서 우리가 보아야 할 부분이 있고, 직접 확인하고 가지고 들어와야 하는 부분들도 있기 때문에 현지 출장은 지속적으로 이루어져야 한다.

이 장에서 저자가 이야기하고 싶은 포인트는 바이어와 영업사원은 인간관계로 묶여 있으므로 그 관계를 친밀하게 만들어가는 것이 매우 중요하다는 것이다. 그렇기 때문에 일반적인 업무는 메일이나 채팅 그리고 전화를 통해 루틴하게 진행하더라도 자주 화상 미팅을 가져서 양쪽의 친밀도를 높여야 한다.

한번은 이란 바이어에게 이런 이야기를 들은 적도 있다. 영업사원들과 짧은 화상 미팅으로 얼굴보는 횟수가 집에서 아내 얼굴 보는 횟수보다 많다고 말이다. 이 정도로 친밀감이 형성된 관계라면 그 어떤 프로젝트나 어려운 시련도 같이 극복해 나갈 수 있다.

9.3. 전시회 및 학회를 활용하라

9.3.1. 왜 전시회에 참가하는가

수많은 광고 · 홍보 전략 중에 왜 전시회를 선택할까?

많은 기업들이 전시회 참가를 고집하는 가장 강력한 이유는 최고의 가성비 때문이다. 전시회 참가로 발생되는 비용 내역에는 전시장 부스 임대료, 부스 디자인 및 설치비, 전시품 반출 · 반입을 위한 운송비, 전시 기간 중 출장 인원에 대한 출장비, 항공비 · 숙박비 · 식비와 같은 출장 경비 등이 있다. 그런데 이런 비용들을 투입하면서까지 해외에서 열리는 전시회에 힘들게 참가하는 이유는 분명히 있다. 그럼 하나씩 살펴보도록 하자.

전시회 참가 비용은 온라인 · 오프라인 광고 및 기타 SNS 홍보 활동 진행 비용보다 상대적으로 적다. 적은 예산의 투입으로 단기간에 큰 성과를 낼 수 있는 방법 중의 하나이다. 그리고 가장 중요한 이유 중 하나는 해당 산업 분야에 관심이 있는 바이어가 여러 국가에서 본인이 항공비와 숙박비를 부담하면서 전시회를 참관하러 온다는 사실이다. 이는 불특정 다수에게 진행되는 광고나 홍보와는 다르게 이미 방문객들의 마음에는 해당 산업 분야에 대한 흥미와 관심이 있는 것이고, 향후 비즈니스에 대한 의지가 있는 사람들이 전시 기간 동안 만나게 됨을 뜻한다. 우리가 힘들게 여러 컨설팅이나 기관 서비스를 통하여 고객을 찾으려는 노력을 하지 않고 부스에만 앉아 있어도 관심을 가진 바이어들이 우리 부스로 몰려온다는 큰 장점이 있다.

전시회 참가자인 제조사는 최대한 많은 제품들이 전시 기간 동안 노출되기를 원한다. 이런 목적을 위해 다양한 제품들을 부스에 전시하면 관심을 가진 바이어들에게 소개하고 직접 만져 볼 수 있는 체험의 장까지 제공할 수 있다. 온라인 광고 홍보 활동에서 체험하지 못하는 단점을 직접적으로 해결해 주는 하나의 대안이다. 그렇기 때문에 대부분의 수출 기업들은 판로 개척을 위하여 해외 전시회에 참가한다.

전시회 참가는 두 가지로 구분해서 접근할 수 있는데, 그것은 다음과 같다.

KIMES 전시 홍보 자료실

첫 번째는 국내에서 열리는 유명 국제 전시회에 참가하는 것
이다. 그 산업 분야에서 이미 명성이 났거나, 영향력이 있는 전시
행사이기 때문에 우리나라 주변 국가의 가망 바이어들이 자기 비
용을 들여 한국을 방문하여 해당 전시회에 직접 참가하는 경우이
다. 우리는 해당 전시회에 부스를 차려 놓고 한국을 방문한 바이
어와 상담하며 기회를 만들어가면 된다.

보통은 앉거나 부스에 서서 그냥 바이어가 오기만을 기다린
다. 하지만 전시회 사무국에 미리 연락하여 방문 바이어 리스트
를 확보하거나, 사무국이나 기타 무역 진흥 국가의 기관에서 행
사를 진행하는 바이어 매칭 프로그램에 참가하여 보다 적극적으
로 많은 바이어와 만날 수 있는 기회를 만들어가는 방법도 있다.

※ 출처 : SEMICON EUROPA photo gallery

　　이보다 더 적극적으로 가망 고객을 찾아보고 싶다면 한국 브랜드 중 가장 인기 있는 브랜드 또는 기업의 부스로 카탈로그와 명함을 들고 가서 상담 순서를 기다리면서 지루해 하고 기다림에 지쳐 있는 바이어들에게 적극적으로 접촉을 시도해 보는 방법도 있다.

　　물론 이때는 바로 현장에서 프리젠테이션하려는 욕심보다는 내 브랜드와 기업을 알리고 부스 위치와 취급 아이템의 강점만 강하게 어필할 것을 추천한다. 보통 전시 기간은 4일에서 5일이므로 첫날과 둘째 날은 아니더라도 시간적 여유가 있는 셋째 날 또는 전시 마지막 날에 찾아오는 경우가 많다. 시간과 일정이 빡빡한 바이어들은 귀국하러 공항에 가는 길에 캐리어를 끌면서 부스로 들어오는 모습도 볼 수도 있다.

KOTRA 뉴욕 무역관

　두 번째는 해외에서 진행되는 국제 대표 전시회에 직접 참가하는 것이다. 이런 대규모 국제 전시회는 전 세계의 모든 국가의 바이어들이 참가한다고 보면 된다. 해당 산업 분야에서 가장 강력한 영향력을 가지고 있는 국제 전시회를 우선 선정하여 부스를 꾸미고 제품을 전시하면 브랜드 홍보 및 잠재 바이어 발굴을 동시에 진행할 수 있다.

　한편 국제 유명 전시회 참가는 크게 두 가지로 구분할 수 있다. 하나는 한국 기업들에게 단체로 전시 공간을 부여해 주는 전시 장소인 Korean Pavilion(한국관)이고, 다른 하나는 한국관에 속하지 않고 독립적으로 개별 부스를 디자인하여 참가하는 방식이 있다. 한국관의 장점은 참가 기업이 소기업이거나 브랜드 인지도가 시장에 아직 자리 잡고 있지 않는 경우에 대한민국이라는 브랜드 신뢰도를 업고 전시 참가 효과를 얻을 수 있다는 것이다.

　하지만 어느 정도 기업이 홍보되어 있거나 브랜드가 알려진 경우에는 과감히 한국 브랜드 의존도를 떨쳐내고 당당하게 자신의 브랜드로 승부해야 한다. 국제 전시회는 여러 개의 전시 홀로 구성된다. 그중에는 메인 전시 공간이 존재하는데, 쉽게 이해하자면 누구나 들어가고 싶어하는 노른자 전시 공간이라고 생각하면 된다. 예를 들어 독일 국제 의료 기기 전시회인 MEDICA 뒤셀도르프는 총 19개의 전시장(홀)으로 구성된다. 그중에서 가장 인기 있는 전시장은 9홀인데, 이 전시장에 들어가려고 웨이팅하는 기업들이 매우 많다. 하지만 9홀이 인기가 워낙 많기 때문에

※ 출처 : Medical imaging market.com Word Press

기본으로 2~3년은 기다려야 한다. 메인 홀에 부스를 잡아야 하는 이유는 말하지 않아도 잘 알 것이다.

인기 있는 필립스 부스 옆에 우리 부스가 있다면 어떨까 한번 상상해 보자. 얼마나 신뢰도 높고 영양가 있는 바이어들이 주변을 맴돌지 말이다. 전시회의 부스 위치는 매우 중요하기 때문에 메인 스트림의 방향이나 화장실, 카페테리아의 위치까지 고려하여 바이어들의 동선에 최대한 노출이 많이 되는 곳을 선정한다.

저자는 스테이크를 이용하여 MEDICA 전시장 중에서 가장 좋은 전시장 9번 홀에 대기 없이 들어가는 성과를 낸 적이 있다. 한국 대표 전시 에이전시 담당자를 먼저 설득하고, 한국 에이전시 사장을 설득한다. 그리고 지속적으로 스테이크를 같이 먹자고 제안하면서 우리의 니즈를 지속적으로 노출시켰다. 물론 그 두 분은 일정이 바빠서 스테이크를 함께 먹지는 못하였다. 하지만 우리는 좋은 자리를 차지하게 되었다.

9.3.2. 국제 전시회 참가 준비는 어떻게 하는가

숙박 & 항공권 준비

국제 전시회에 참가하려면 기업에서 해당 전시회 사무국에 직접 연락하여 진행할 수도 있고, 한국에 대표 에이전시가 있으면 그 회사를 통해서 진행하는 방법도 있다. 비용은 발생하지만 준비하는 실무진에게는 여행사에서 진행하는 패키지상품(항공권 + 호텔 숙박권 + 전시장 이동)으로 참가하는 것이 제일 편하고, 업무 효율도 제일 좋다. 물론 항공사의 전시회 참가단 패키지를 이용할 경우에는 출국 및 입국 시 여행사에서 저가 항공권으로 참가 일정을 정하기 때문에 인접 국가를 경유할 수도 있다. 이때에는 주변국의 유명 관광지도 둘러볼 수 있는 기회도 주어진다.

부스 디자인 준비

부스는 에이전시에서 제공하는 서비스를 선택하여 디자인할 수도 있고, 한국의 부스 디자인 서비스 제공 업체를 통해서 진행하여도 좋다. 하지만 후자의 경우에는 기본적으로 한국 인력이 출장가야 하기 때문에 부스 디자인 협의 및 업무 진행은 수월하지만, 비용이 조금 더 발생하게 된다. 물론 전시회 국가에서 부스 디자인 및 설치 서비스를 지원할 수 있는 업체를 알고 있으면 직접 연락해서 현장에서 작업을 진행해도 된다.

전시품 발송

전시장에서 단순히 회사 로고 및 브랜드만 크게 노출시킨다고 전시 효과가 높아지는 것은 절대 아니다. 우리도 어떤 물건을 구매하기 전에 다양한 물품을 비교해 보고, 여기저기 구매 사이트에 들어가 알아본 다음에 결정하지 않는가? 특히 상세 페이지를 꼼꼼하게 살피지 않는가?

체험보다 더 효율적인 설명은 없다. 그래서 가능하다면 부스에서 제품을 직접 전시할 것을 강력하게 추천한다. 바이어가 편하게 직접 만져보고 작동해 볼 수 있도록 부스를 배치해야 보다 높은 전시 효과를 볼 수 있다. 장비가 너무 크거나 무거워서 운송 및 전시가 어려운 경우에는 미니어처를 제작하여 소형 모형으로 보

여 주는 방식도 있다. 그것도 힘들다면 동영상 또는 3D 렌더링을 준비하여 보다 입체적으로 바이어가 제품을 이해할 수 있도록 편의를 제공한다.

일단 관련 국제 유명 전시회를 찾아야 한다. 가장 쉬운 방법은 경험이 많은 인맥을 통해서 물어보는 것이다.

다른 방법은 본인이 직접 Google 검색을 통해서 해당 전시회를 찾아내는 것이다. 구글 검색창에 'Top 10 관련 전시회 카테고리'를 넣고 검색하면 된다. 예를 들어 의료 쪽으로 유명 전시회를 찾고 싶다면, 'Top 10 medical trade fairs'라고 입력하면 구글 검색 알고리즘으로 대표 의료 산업군 10개의 전시회를 알려줄 것이다. 우선 검색된 10개의 전시회 중 Top 3까지 줄인 다음, 전시 시기와 장소(국가)를 고려하여 가장 효과가 좋을 것 같은 전시회를 하나 선정한다. 필요에 따라서는 유럽·중동·아프리카는 가을 전시회를, 아시아는 봄 전시회를, 그리고 북미 쪽은 겨울에 열리는 전시회에 참가하는 방법도 있다. 물론 예산 측면에서 기업이 여유가 있어야 가능한 일이다.

브랜드는 자주 많이 노출될수록 그 효과가 발휘된다. 비용과 인력을 동시에 고민한 다음 가장 효과적일 것 같은 전시회를 특정해야 한다.

국제 전시회에 참가 경험이 없는 기업은 참가할 전시회 하나를 선정하기가 상당히 어려울 것이다. 물론 인력이나 마케팅 예산 지원이 충분하다면 가능성이 있는 모든 행사에 참가하면 좋겠지만, 현실을 그렇지 않기 때문에 우리는 많은 선택지 중에서 하나를 선택해야 한다.

일단 우리가 경쟁사보다 상대적으로 후발 주자라면 어떻게 해야 할까? Top 3에 선정된 전시회 웹사이트에 들어가면 전시 참가자 리스트를 확인할 수 있다. 전시회 사무국 홈페이지에

Sponsor 또는 Exhibitors라는 탭이 있다. 그곳에서 확인된 참가 기업 리스트 중에서 경쟁사가 있다면 그 전시회는 우리가 나가야 할 전시회 중의 하나이다. 간단하게 해석하면 이렇다. 우리는 어느 전시회를 나가야 할지 고민하고 있는 상황이지만, 경쟁사는 이미 해당 전시회에 매년 참가하여 브랜드의 영향력을 키우고 있기 때문이다. 그렇다면 당연히 그 전시회에 나가서 당당히 경쟁해야 한다.

그런데 우리가 후발 주자가 아니고 선발 주자거나 동시에 시장에 진입한 경우라면 어떻게 해야 할까? 우리가 속해 있는 아이템을 취급하고 있는 기업이 있는지, 우리 제품의 전단 또는 후단에 연계되는 산업 또는 아이템들이 있는지를 확인하여 제품별·산업 분야별 유사 산업군의 연계적 접근을 통해 적절한 전시회를 선별하면 된다.

구글 검색을 어려워하는 분들도 있을 수 있기 때문에 네이버 검색을 통한 방법도 소개한다. 네이버 지식인에게 질문을 통해서 물어보는 방법도 있을 것이고, 카페나 블로그를 통해서 정보를 얻을 수도 있다. 또 관심 키워드를 치고 이미지로 전환하여 검색된 이미지들의 전체적인 분위기를 살펴보면 관련 한국 기업들이 언제 어느 전시회에 많이 참가하는지를 한눈에 찾아볼 수 있다. 반대로 이미지에서 내용으로 추적해 가면서 정보를 찾아내는 방법도 있다. 검색할 때에는 작년도 또는 재작년도 연도를 함께 넣어 검색하는 것이 좋다.

카르네 활용

카르네(*Carnet*)라는 전시 물품 외국 반입 간소화 통관 방법을 같이 살펴보자. 전시회가 진행되는 국가에서는 반입되는 모든 물품에 의무적으로 세금을 부가한다. 하지만 핸드캐리로 운반하는 작은 전시품은 전시 목적만 달성하고 다시 본국으로 가지고 돌아간다는 것을 증빙하면 전시 목적으로 세금을 면제받을 수 있다. 이 카르네 절차를 잘 따르면 무관세로 입국이 가능하다. 일반적인 통관 서류 작성은 불필요하고, 관세 및 부가가치세 담보금 납부도 필요하지 않기 때문에 입국 절차가 매우 간소해지는 편한 제도라고 할 수 있다.

무역 지원 직원에게 전시회용 제품 카르네로 수출 신고를 진행해 달라고 요청하면 관련 절차대로 진행해 줄 것이다. 영업사원은 출국 시 공항에서 엑스레이 검색대에 서기 전에 보안직원에게 해당 서류를 보여 주고, 필요 시 내용물만 확인하면 바로 통과할 수 있다(*Carnet original Documentation*).

전시회 개최 국가에 입국할 때도 동일하게 해당 서류를 보여주고, 필요 시 내용물만 확인하면 입국 심사도 쉽게 통과된다. 카르네는 전시회 및 박람회 활동에 서로 편의를 봐주려고 시행되는 국제 편의 규약이라고 생각하면 된다.

출국 시 또는 입국 시 해당 전시품에 대한 설명은 영어로 진행하여야 하기 때문에 영문 카탈로그와 전시회 관련 증빙 서류를 미리 프린트해서 보여주면 더욱 간편하게 진행된다. 간혹 패킹리스트를 요구하는 국가도 있으니 PL*도 준비하면 좋을 것이다.

준비 사항
– 전시회 증빙 서류
– Carnet original 승인 서류(수출지에서 발급)
– PL(Packing List)

귀국 시 전시품 반입에는 두 가지 옵션이 있다. 하나는 그냥 핸드캐리로 들고 들어오면서 입국 시 해당 서류를 보여주는 방식이 있고, 다른 하나는 전시품 회수 박스에 넣어 포워딩 파트너에게 카르네로 들고 들어온 전시품이라고 이야기하면 된다. 그러면 운송 파트너가 간단한 내용을 전달해 줄 것이다. 해당 운송업체의 지시를 그대로 따르면 핸드캐리로 다시 들고 들어오지 않아도 된다. 해당 서류가 필요하면 같이 넣거나 포워더에게 따로 전달하면 된다.

다시 말하면 카르네란 출국지에서 사전 승인받고 물건을 들고 가서 전시회 일정을 마친 다음 현지 판매가 아닌 다시 출국지로 가지고(반입) 온다는 약속(밀수가 아니고 단지 전시 목적이라는 것을 증빙하는 활동)이다.

---

* PL(Packing List) : 포장 명세서

9.3.3. 로컬 전시회를 공략하라

국제 대표 전시회 참가 활동으로 대리점은 이미 발굴했을 것이다. 그리고 국가별 시장 활성화 단계에 진입한 상황이라면, 이제는 좀더 섬세하고 깊이 있게 시장에 접근하고 파고 들어야 한다. 그것이 바로 해당 시장의 로컬 전시회 및 학회에 참가하는 이유이다.

지역 로컬 전시회 및 학회에 참가하여 해당 시장 즉 국가에서 실질적으로 구매하는 구매 기관, 구매 담당자 및 예산 담당자를 비롯한 프로젝트 리더들에게 직접적으로 브랜드를 노출하고 세뇌시키는 작업을 진행해 나간다.

아래 보이는 예시는 미용 및 영상 관련 제품 및 서비스를 운영하는 베트남 로컬 전시회 사무국의 홈페이지이다. 이렇듯 제조사 차원에서는 대표 국제 전시회에 참가하여 제품 브랜드를 알리

출처 : TRADEPRO.VN Exhibitions & Trade Fairs

면서 국가별 대리점을 구축해 나가고, 해당 국가의 로컬 전시회 및 학회를 집중 공략하여 제안자, 검토자 그리고 구매자들을 대리점 영업사원들이 만날 수 있는 기회를 지속적으로 열어 주어야 한다.

9.3.4. 학회는 왜 나가야 하는가

국제 전시회도 좋지만, 엔드 유저를 공략하기 위해서는 반드시 KOL(*Key Opinion Leader*)을 내 사람으로 만들어야 한다. 이를 위해서는 내 브랜드의 기술력 또는 학술적 영역에 영향력이 있는 키맨인 해당 학회의 좌장이나 논문 발표 및 최신 연구 활동을 하고 있는 해당 분야의 석학들을 찾아야 한다.

※ 출처 : WCO-IOF-ESCEO 학회 홈페이지

우리는 제품을 만들어 판매하는 데 집중하기 때문에 한동안 초창기 개발 콘셉트 제품의 기술과 기능 수준으로 판매에만 올인하는 경우가 매우 많다.

하지만 우리 제품의 현재 위치를 정확히 파악해야 한다. 시대의 흐름, 고객이 원하는 시대적 트렌드 및 기능적 요구 사항은 매우 빠르게 변한다. 신개념을 넘어 새로운 패러다임의 변화를 따라가야만 글로벌 무한 경쟁에서 생존할 수 있다.

처음부터 학회의 스폰서가 된다거나 학회에 참가할 여력이 없는 경우에는 해당 지역 영업사원 또는 마케팅 담당자를 출장을 보내서 학회 참관이라도 하게 해야 한다. 그렇지 않으면 학회의 최신 트렌드를 읽지 못하게 될 것이다. 학회의 최신 트렌드를 읽지 못하면 소비층이 원하는 최신 기능 및 요구 사항 즉 시장의 다양한 정보를 얻지 못한다. 이렇게 1년, 2년 반복되면 다른 브랜드와의 경쟁에서 자연스럽게 밀려나게 된다.

가능하다면 스폰서가 되어 실버부터 골드, 플래티넘, 다이아몬드까지 순차적으로 올라가면서 해당 학회의 모든 관련자에게 브랜드를 인식시키고, 입지를 강화시키는 것이 좋다. 학회에 자주 나간다는 것은 해당 레벨의 스폰서에 맞게 학회 활동을 간접적으로 지원하게 되는 것이므로, 당연히 그 학회를 운영하는 담당자, 즉 KOL들도 우리의 브랜드를 인지하고 기억할 수밖에 없다. 이런 스폰서 활동을 통해 학회의 중요 인사들과 얼굴도 자주 마주하게 되어 친하게 지낼 수 있는 기회를 얻을 수 있다. 이런 식으로 새로운 KOL 인맥을 만들 수도 있고, 경쟁사와 친하게 관계를 맺고 있는 KOL도 알아낼 수 있다.

이런 학회 관계자들과 친해지면 임상적 또는 학술적 문헌 작업도 공동으로 진행하게 된다. 그리고 이런 과학 기술 문헌이 누적되면 현장에서 영업하는 대리점의 영업사원이나 마케팅 담당자들에게 매우 큰 힘이 된다.

정말 영향력 있고 유명한 국제 학회에 부스를 열고 참가하면 2,000~3,000명 정도의 국가별 참가자들을 만날 수 있다. 그들은 각 국가를 대표하는 해당 학회의 회장 또는 부회장이거나, 아니면 비서 또는 차기 회장, 그리고 학회 행사 일정 동안 새롭게 발표될 핵심 논문 연구자 그룹이다.

대리점 또는 바이어들이 아무리 전화를 해도 이런 VIP 석학들은 쉽게 만나 주지 않는다. 그만큼 쉽게 만날 수 있는 사람들이 아니라는 뜻이다. 그들은 대리점 영업사원이 직접 만나서 카탈로그 하나를 전달하기도 쉽지 않는 어려운 상대이다. 하지만 학회에서 만난 인연으로 그 인맥을 만들어 간다면 이야기는 달라진다. 이 점을 최대한 활용하면 국가별 대리점 영업사원들에게 큰 힘을 실어 줄 수 있다.

그 학회에 참가하는 한 명 한 명 모두 우리 대리점의 영업사원에게는 최종 고객이 된다. 전시회가 대리점을 찾는 활동이라면, 학회는 그 대리점의 고객을 우리가 직접 찾는 활동이라고 생각하면 된다.

9.3.5. 관련 학회는 어떻게 찾고 어떻게 준비할까

관련 학회 찾기는 국제 전시회 검색 및 준비 과정과 거의 유사하다고 보면 된다. Google 및 기타 검색 엔진에서 해당 주제 산업 및 우리 제품 아이템을 넣고 중간 키워드에 Congress 또는 Conference를 넣어서 검색한다. 그렇지 않으면 Event calendar를 검색하여 월별 행사 리스트로 찾아볼 수도 있다. 더 좋은 학회를 찾기 위해서는 단순히 작년 행사만을 살펴보기보다는 과거 3년 치 History를 살펴보고 결정할 것을 추천한다.

학회에 참가하려면 국제 학회 신청과 동일하게 해당 학회 홈페이지의 Registration 등록 신청 페이지에서 해당 정보를 확인한 다음 Silver, Gold, Platinum 그리고 Diamond 스폰서 멤버십을 선택하면 된다. 단계가 다이아몬드로 올라갈수록 학회장에서 우리 부스의 사이즈는 커지고, 홍보지, 광고 위치, 배너 및 회사

로고의 크기도 크고 화려하게 구성된다. 점심을 제공하거나 다양한 굿즈를 준비하여 나눠주는 행사에도 참여할 수 있다. 물론 추가 비용은 발생하지만 학회 기간 동안 참가한 전원에게 강한 인상을 남기거나 우리 브랜드를 홍보하는 효과를 얻을 수 있다.

부스 디자인 작업도 전시회와 동일하게 기본, 블록, 목공의 3가지 단계로 구성할 수 있다. 비용은 목공으로 올라갈수록 비싸진다. 하지만 브랜드 홍보에는 비싼 목공 디자인이 보다 효과적이다. 모든 것을 고려했다면 최종 Application Form을 작성하여 사인하고 발송하면 끝난다.

추가적인 옵션으로는 학회 홈페이지 홍보 활동, 증정품 제공, 점심 및 저녁 만찬 지원이 있는데, 이 옵션도 예산과 기대 효과를 고려하여 예산에 맞게 선택하면 된다. 보통 계약을 진행하면 바로 인보이스를 받게 된다. 그다음 해당 금액 및 선택 사항과 옵션을 최종 확인하고 비용을 송금하면 모든 준비는 끝난다.

그리고 나서 학회 기간에 선보일 제품이나 서비스에 대한 데모 장비를 준비하고, 부스 백월(back wall)에 장식할 이미지나 문구 디자인을 적절하게 준비하면 된다. 전시품이나 부피가 나가는 엑스 배너 같은 물품들은 운송 일정에 따라 준비한다. 학회 출장 일정에 맞춰 호텔 및 항공권을 예약하면 모든 준비는 끝난다.

학회의 전체적인 일정 중에서 보통 본 학회 일정 전날의 opening ceremony인데, 이는 학회 시작 전날 저녁에 하는 만찬 행사이다. 이 부분이 가장 중요하다. 학회 참가자들은 각 국가의 대표이므로 그룹으로 오지 않고 대부분 혼자 또는 소수 인원이 출장을 오게 된다. 그렇기 때문에 해당 만찬 행사 때 참가자 대부분은 상당히 외롭고 쓸쓸하다. 그 부분을 공략한다. 혼자서 외롭게 만찬을 즐기고 있는 VIP에게 다가서 같이 시간을 보내면서 친

해지면 된다. 같이 저녁도 먹고 술도 마시면서 자연스럽게 서로를 알아간다. 다음 날 학회에서 그 노력의 결과 또는 효과는 즉각 확인할 수 있다.

학회장은 보통 주 강당(Auditorium), 심화 주제를 다루는 전문가를 위한 장소(Export Room), 신입 학자들이나 기업들이 새로운 논문 또는 신기술을 발표하는 장소(Satellite Symposium) 등으로 구성된다. 그리고 포스터 섹션에는 각종 논문 및 문헌들이 전시되어 있다. 이때 플래티넘 스폰서나 다이아몬드 레벨이라면 문제되지 않는다. 하지만 일반 참가 기업 또는 실버 레벨인 경우에는 그 부스의 사이즈가 작고 노출 및 브랜드 강조도가 상대적으로 약하기 때문에 동선을 고려하여 최대한 많이 노출될 수 있는 위치를 선점해야 한다.

가장 좋은 곳은 주 강당 입구 쪽, 그다음은 가능하다면 다이아몬드 스폰서 브랜드 옆 부스가 좋다. 대부분의 참관인들은 영향력 있는 기업들의 신제품, 신기능 및 기술에 관심이 많다. 이런 소스는 새로 논문을 쓰거나 새로운 학술적 접근을 시도할 수 있는 요소가 된다.

그다음은 인간의 생리적 특성을 최대한 고려하는 방법이 있다. 화장실이나 레스토랑으로 가는 동선을 따라 가장 많이 노출되는 곳을 선정한다. 왜냐하면 사람은 누구나 화장실에 가야 하고, 점심을 먹으러 가야 하기 때문이다.

9.3.6. 학회 일정 중 팀 운영은 어떻게 해야 하는가

학회 일정에 참여하는 팀은 최소 3팀으로 구성하는 것이 좋다. 물론 출장 인력에 따라 조금씩 병행해서 진행할 수도 있다.

- 1팀 : 주 강당 또는 포스터 섹션을 공략하여 **최신 연구 및 문헌 그리고 석학들의 움직임을 파악한다.**
- 2팀 : 부스에서 **방문객을 대응하면서 현재 제품 및 서비스에 대한 피드백을 받고, 나아가 경쟁사의 움직임 및 평가도 접수한다.** 이때 방문한 국가별 참관자들 명단을 국가별 대리점 사장들에게 실시간으로 전달하여 바로 대응이 가능하도록 한다.
- 3팀 : 홍보 팀으로 다양한 굿즈를 나눠 주는 활동을 하고, 준비된 카탈로그 및 홍보 리플릿을 참관객들에게 배포하는 활동을 한다. 간단한 회사 소개 및 제품에 대한 임팩트 있는 15초 스피치도 준비하면 좋다.

1팀, 2팀 및 3팀의 모든 활동들은 학회 전날 오프닝 세리모니 칵테일 파티에서부터 시작해서 학회 일정, 점심 시간, 그리고 저

녁의 또 다른 만남, 그리고 개인적인 인연의 심화 작업까지 이어
진다. 단순히 스쳐 지나가는 인연으로 머물 수 있는 관계에서 친
한 친구가 될 수 있는 기회로까지 만들 수 있는 장소 및 기회의
장이 바로 학회장이고 학회 참가 활동이다.

이렇게 학회에서 이어진 인연의 끈은 학회 일정을 마치고 각
자의 나라로 귀국을 한 이후에도 영향력이 지속된다. 해당 KOL
의 주변 인연들도 연계되어 영업과 마케팅이 자연적으로 이어지
게 된다. 가장 가까운 친구들을 시작으로 선후배 관계, 그리고 소
속된 기관들, 현업과 연구에 연계된 센터들, 그리고 다음 연도 추
가 연구 장비나 실험 장비 또는 기타 컨설팅 및 서비스를 추가로
구매해야 할 계획이 있다면 관련 내부 구매 조직에게도 검토 대
상으로 고려해 달라고 요청하기 때문이다.

이렇게 Top-Down 형태로 진행되는 프로젝트들은 현지 대리점 영업사원이 Down-Top 방식으로 끌어 올리는 작업에 비하면 1/100의 노력도 들이지 않고 쉽게 프로젝트를 만들고 진행이 가능해진다. 한마디도 대리점의 영업 및 마케팅 활동이 매우 쉬워진다는 이야기이다.

단순하게 상상해 보자. 이런 인맥 없이 대리점 영업사원이 바닥부터 시작해서 동일한 기반을 만들려면 얼마나 많은 시간과 에너지를 투입해야 할까? 이런 부분을 고려하더라도 본사의 학회 참가 및 KOL 인맥 작업은 향후 빠르면 2~3년, 늦어도 3~5년의 매출 성장에 기여하기 때문에 반드시 고려해야 할 부분이다.

9.3.7. 최종 고객 발굴 및 대리점 연결 작업

우리의 고객은 국가별로 바이어라는 이름으로 독점 또는 비독점권을 가지고 대리점이라는 영업 채널 형태로 세팅되어 있다. 그 대리점의 고객은 시장에서의 최종 구매자(사용자)가 된다. 우리가 국가별 대리점을 구축하고 있더라도 국가별 대리점 사장이나 영업사원이 모든 잠재 고객(최종 소비자)을 알고 관리하기는 쉽지 않다. 그렇기 때문에 다양한 채널을 통해서 최종 구매자를 찾아내서 대리점 사장에게 연결하여 신규 프로젝트를 찾아내 연결시켜주고 유지·관리하면서 최종적으로 구매로 이끌어내야 한다.

먼저 전시회부터 살펴보자. 전시 기간 동안 부스를 방문하는 사람들은 보통 대리점 사장들이나 마케팅 매니저들이다. 하지만 그들 이외에도 엔드 유저들도 장비를 구매해야 할 계획이 있으면 전시장을 직접 방문하여 제조사의 제품들을 직접 보고 가격도 확인하곤 한다.

이때 영업사원들이 주의해야 할 사항이 한 가지 있다. 시장에서 최종 구매자에게 대리점 수입 가격을 오픈하면 나중에 대리점 사장이나 영업사원이 그 고객을 찾아가서 가격 제안을 할 때 상대적으로 매우 비싸게 느끼게 된다. 그렇기 때문에 전시 활동 중 AM들은 우선 대상이 대리점 사장인지 엔드유저인지를 확인하는 것이 매우 중요하다. 그리고 엔드유저일 경우에는 대표 수입 판매 대리점이 있다고 이야기해 주고, 명함을 받아서 대리점 사장에게 바로 보내줘서 즉각적으로 대응할 수 있도록 조치를 취하면 된다.

그리고 정부 기관 관계자들도 전시 기간 중 부스를 많이 방문한다. 현재 계획하거나 진행 중인 프로젝트에 대한 예산을 검토하고 있는 과정에서 해당 프로젝트 기획 기관 또는 조달 기관 관계자들이 시장 조사 차원에서 제조사를 전시 기간 중에 방문하기도 한다.

그들이 구입하려면 브랜드가 투자를 하거나 구매를 진행해도 향후 문제가 발생하지 않을지 직접 전시장의 제조사 부스를 방문해서 제조사 사람들과 이야기도 나누고, 해당 제품을 직접 사용해 보기도 하고, 만져보면서 체험을 통해 직접 확인하는 작업을 진행한다. 이런 바이어들은 각별히 집중해서 대응해야 한다. 테이블에 일단 앉히고 음료 또는 다과도 대접한다. 가능하면 기념품도 챙겨주면서 명함을 꼭 받아야 한다. 보통 명함을 달라고 하면 한 장밖에 안 남았다고 주려 하지 않는다. 그래도 연락처를 반드시 알아내야 한다. 핸드폰으로 사진을 찍어서라도 해당 프로젝트 기획자와 책임자의 연락처를 대리점 사장에게 전달해줘야 한다. 이런 바이어들은 1~2대 구매하는 수준이 아니기 때문이다. 보통 200~500대의 대형 오더를 진행하기 때문에 영업사원들은 특별히 신경을 더 써야 한다.

집중해야 하는 국가나 시장이 있다면 해당 국가의 VIP들을 집중적으로 공략하는 방법도 있다. 물론 이런 사람들의 명함이나 연락처를 대리점 사장에게 전달해 주는 것이 중요한 포인트이다.

어떤 학회에 2,000명 정도의 인원이 참가했다고 하자. 전 세계의 미래의 고객들 또는 신규 프로젝트의 기회가 이 한자리에 모두 모여 있다. 저자는 학회에 참가하여 학회 전시장 부스에서 스탠딩으로 관심 국가 KOL 7명의 VIP들에게 브랜드 홍보 및 제품 프리젠테이션을 진행한 적도 있었다. 그 모습에 감동을 받았던지 그때 만났던 브라질 VIP는 아직도 연락을 주고받으며 인연을 이어가고 있다. 물론 신규 프로젝트 가능성이 있을 경우에 먼저 연락이 오기도 한다.

다음으로는 오프라인 채널이 아닌 온라인 채널을 한번 살펴보자. 일단 홈페이지가 있다. 홈페이지는 웹으로 오픈되어 전 세계로 연결되기 때문에 Google로 검색해서 홈페이지에 접속한 고객들이 관심이 가는 제품을 회사 대표 메일로 문의하는 경우가 매우 많다. 이런 경우에도 해당 국가 대리점 사장에게 정보를 전달해 주면 된다.

온라인 쪽으로는 사기업 또는 정부 기관에서 운영하는 온라인 연결 플랫폼이나 정부 입찰을 연결해 주는 온라인 플랫폼도 있다. 또 다양한 상거래 온라인 플랫폼도 있다. 이런 온라인 플랫폼에 회원 가입만 해놓아도 국가별 관심 바이어가 있으면 회원 가입한 이메일로 연락이 온다. 이 경우 유료 정보 레벨에 따라 조금씩 정보의 깊이가 다르긴 하지만, 해당 정보를 국가별 대리점 사장에게 전달해서 신규 오더와 프로젝트의 기회를 찾아내고, 지속적으로 쿠킹해 나갈 수 있도록 정보 연계가 중요하다.

그리고 대한민국 정부에서 진행하는 다양한 플랫폼들이 있다. 케이-브랜드를 포함해서 대한무역투자진흥공사인 코트라, 여러 국가에 나가 있는 KOTRA 무역관에 접수되어 관리하고 있는 리스트들도 우리가 먼저 접수하여 대리점 사장들과 정보를 공유하면 좋다.

이렇듯 대리점의 고객을 찾아서 대리점 사장에게 알려주는 업무도 매우 중요하다. 보통 현지 대리점을 찾아서 연락할 것이라고 생각하기 쉽다. 하지만 의외로 엔드유저들은 관심 브랜드 제품의 제조사 홈페이지를 통해서 직접 연락하는 경우가 많다. 비단 홈페이지뿐만 아니라 위에서 이야기했던 다양한 루트들을 통해서 직접 컨택을 시도하는 경우도 많다. 이 기회를 잘 살려 대리점 사장과 연결해 주어서 최종적으로 대리점에서 오더를 받을 수 있도록 해야 한다.

9.3.8. 오피니언 리더 발굴 및 관리

KOL(*Key Opinion Leader*)은 우리가 반드시 찾아내서 설득하고 관리해야 할 매우 중요하고 매출 및 영업 활성화에 핵심적인 영향력을 행사할 주인공들이다.

J.A. KANIS 박사는 국제골대사학회(WCO-IOF-ESCEO) 회장이었고, J.Y. REGINSTER 박사는 WHO 의료부문 이사다.

우리는 지속 성장이라는 과제를 매년 이어가야 한다. 그리고 영업 팀으로서 매년 실적과 성과를 우상향 곡선으로 이끌어내야 한다. 하지만 세계 시장은 넓고 시간은 한정적이기 때문에 속성으로 단기간의 매출 상승을 희망한다. 하지만 이 전략은 단기적 방법은 아닐지라도 가까운 미래의 시점에서 큰 도움이 되리라는 확신을 가지고 영향력 있는 KOL을 선정하여 그들를 지속적으로 공략해야 한다. 우선 우리 장비가 속해 있는 학회를 선정하여, 그 학회의 KOL이 누군지 확인한 다음 최종 선정된 KOL에 접근하여 회사를 소개하고 장비를 체험하게 만들어야 한다. 이때 비용과 시간, 인력 그리고 에너지가 소요되더라도 KOL을 꼭 잡아서 우리 사람으로 만들어야 한다.

J.Y REGINSTER & J.A. KANIS
※ 출처 : WCO-IOF-ESCEO 홈페이지 학회 갤러리

KOL 또는 그가 속해 있는 스터디 그룹에서 우리 제품을 이용하여 작성한 논문이 KOL의 영향력이 미치는 학회에서 발표하면 KOC(Key Opinion Customer)에게 우리 브랜드를 노출하고 각인시킬 수 있다.

저자의 실제 경험을 이야기해 보겠다. 2016년도 스페인 말라가 학회에서 인연을 만든 이야기이다. 학회 공식 일정 전날 저녁에 칵테일 만찬 이벤트가 진행되었다. 전 세계의 KOL들이 말라가라는 스페인 도시에 모였다. 그중에서 특히 외로워 보이는 한 KOL을 발견한 저자는 과감히 다가가 같이 칵테일 파티를 즐겼다. 저녁도 같이 먹고, 술도 마시면서 이런저런 이야기를 나누게 되었다. 시간이 흐를수록 학회에 대한 이야기보다는 인생 이야기, 그리고 가족 이야기까지 공유하게 되었다. 이렇게 우리는 친해졌다. 이 인연으로 필자는 브라질 시장의 개척 및 활성화의 초석을 만들게 되었다.

2016년 말라가의 인연은 그 이후에도 그리 쉽게 사라지지 않았다. 스페인 말라가 WCO 학회에서 만났던 Elio 박사가 바로 그 사람이다. 지금도 크리스마스가 되면 가족 사진을 보내준다. 기회가 있을 때마다 먼저 나서서 도와주고 서로 의지할 수 있는 친구가 된 것이다.

이런 관계들이 하나하나 쌓이면 현지 국가 대리점 사장이나 영업사원들이 현지 영업 또는 마케팅 활동을 전략적으로 수행할 때 상당히 큰 도움을 받을 수 있다. 물론 우리 제품이나 브랜드에 대해서도 긍정적인 피드백을 주변 팔로워들에게 전파하기 때문에 브랜드 강화에도 매우 큰 역할을 한다.

이처럼 소중한 인맥은 지속적으로 이어가야 한다. 혹시 교육기관이나 병원에서 교육용 또는 현장 실습용 데모 장비를 요청할 때에는 대리점 사장과 협의해서 바로 아낌없이 지원해 줘야 한다. 장비 한 대의 가격이 한 시장에서 벼농사를 짓는 시작이 된다. 하지만 매우 안타깝게도 많은 기업의 대표들은 이 파괴적인 기회와

브라질 쿠리치바 ISPOR Elio Tanaka 박사 가족

효과를 잘 인지하지 못하기 때문에 해외영업팀장들의 강력한 주장과 설득에도 불구하고 제대로 시행되지 못하는 경우가 많다.

9.4. 온라인 플랫폼을 잡아라

제조사 측에서 운영하는 대표적 온라인 플랫폼은 대륙별로 관리해 나가면 좋을 것이다. 나아가 국가별로 로컬 온라인 플랫폼을 대리점에서 적극적으로 운영하여 관리하면 더 높은 효과를 낼 수 있다. 개념은 아주 간단하다. 누가 되었든 관심 제품을 영어 또는 현지어로 검색하였을 때 온라인에서 판매하고자 하는 플랫폼에 링크되어 노출되면 된다. 그 접점이 제조사에서 관리하는

플랫폼이 된다면 AM이 해당 바이어 정보를 대리점 사장에게 전
달하면 된다. 그 접점이 대리점이 관리하는 로컬 온라인 플랫폼
이라면 알아서 대응하고 연락을 취한다.

　　코로나19 팬데믹 시대를 겪으면서 온라인 플랫폼 시장의 기
회와 크기는 기하급수적으로 확대되어 가고 있다. 비용 면에서
보면 온라인 플랫폼의 활용이 오프라인 전시회에 참가하는 비용
보다 훨씬 메리트가 있다. 하지만 효율적인 부분을 고려한다면
온라인으로 접근하는 것이 효율은 더 떨어진다. 하지만 두 가지
방법을 병행한다면 프로젝트와 오더를 잡을 수 있는 기회와 확률
이 더 올라갈 것이다.

　　영업 분야에서는 아직까지는 영업사원을 직접 만나고, 물건

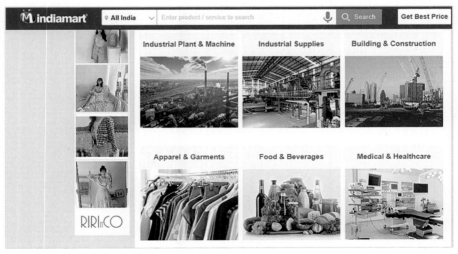

indiamart

브랜드K _K-뷰티/중소벤처기업부와 중소기업유통센터

도 직접 체험해 본 다음에 구매를 여부를 판단하는 경향은 남아 있다. 하지만 브랜드 특성상 대중적 소비가 가능한 성격의 제품 이거나 굳이 영업사원을 만나보거나 제품을 직접 살펴보지 않아 도 되는 성격의 제품이라면 온라인 플랫폼만으로도 충분하다. 현 대인들은 누구나 관심사가 생기면 너무나 쉽게 '검색'을 통해 정 보를 얻기 때문에 이 부분을 소홀이 할 수 없다.

온라인 플랫폼은 아래와 같이 두 가지로 구분하여 이해하면 된다.

첫 번째는 한국에 베이스를 둔 개인 기업이나 정부기관에서 온라인 플랫폼을 운영하는 방식이다. 이런 방식은 해외 바이어가 직접 해당 사이트의 URL을 알고 있어야 접근이 가능하기 때문에 사이트 구축은 쉽고 빠르게 진행할 수 있지만 바이어 유입을 위한 추가적인 홍보 작업이 필요하다. 요즘 정부 주도형 온라인 플랫폼들이 대활약하고 있다. 정부에서는 한류의 인기를 최대한 활용하여 국내 중소기업의 우수 제품들을 선별하여 온라인 홍보관을 운영하고 있다.

두 번째는 국제 유명 온라인 플랫폼을 활용하는 방법이다. 해당 온라인 플랫폼은 오랫동안 해당 산업 분야에서 인지도가 있기 때문에 이미 많은 진성 바이어들을 보유하고 있다. 실질적으로

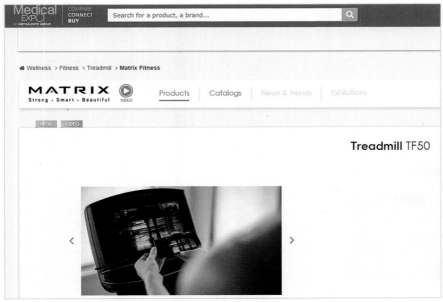

Medical EXPO Wellness Fitness Treadmill matrix fitness

바이어의 구매 활동도 이루어지는 등 직접적인 매출 효과를 이끌어낼 수도 있다.

아래의 예시는 Medical EXPO로 B2B 전문 온라인 플랫폼이다. 해당 온라인 플랫폼은 의료쪽 분야에 특화되어 있기 때문에 전 세계의 바이어들에게 노출되어 있고, 또 국가별 정부 입찰에 대한 정보도 받아 볼 수 있다.

온라인 플랫폼의 목적은 기본적으로 국가별로 관심 바이어를 찾는 데 있다. 하지만 비용이 저렴하고 분야별로 집중력이 있는 온라인 플랫폼인 경우에는 기업 및 브랜드 홍보 효과도 가져올 수 있다.

만약 내 제품과 경쟁하는 브랜드 제품이 이미 해당 온라인 플랫폼에 올라가 있는 것이 확인되었다면, 해당 온라인 플랫폼에 우리 제품도 등록하여 브랜드 노출 및 자연적 광고 효과를 이끌어내야 한다. 비록 최종 구매자를 찾지 못하거나 온라인 오더를 통해 매출에 직접적으로 일어나지 않는다고 하더라도 이런 활동은 자연적 광고 및 홍보적인 효과를 일으키기 때문이다.

구글 검색으로 나에게 맞는 B2B 온라인 플랫폼을 찾는 방법으로는 구글 검색창에서 Best B2B trading platforms in 해당 국가 or worldwide를 치면 구글 검색 알고리즘이 적당한 결과물을 보여 준다. 타깃 시장에 따라 검색은 국가별로 상이하게 나온다. 국가별 온라인 플랫폼에는 어떠한 것들이 있는지 살펴보자.

국가별 지역별 구분

중국 : Made-in china

https://expo.made-in-china.com/

홍콩 : HKTDC(Hong Kong Trade Development Council)

Hong Kong Trade Development Council (HKTDC)

유럽 & 미주 : THOMAS net, eworldtrade,

https://www.thomasnet.com/

러시아 : Tiu, FIS

https://fis.ru/

318

중동 : TradeKey

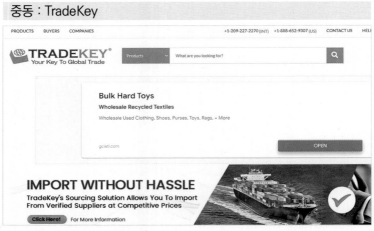

https://importer1.tradekey.com/

인도 : tradeindia, indiamart

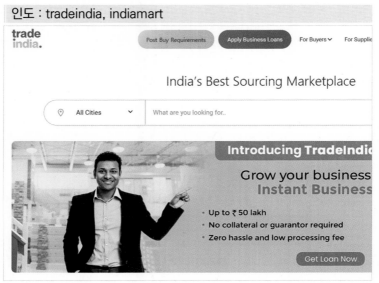

https://www.tradeindia.com/

국가를 선정할 때는 국가관세종합정보망*(UNIPASS)* 수출 기록 및 해당 아이템의 제품 구별 코드인 HS-Code를 통해서 어느 국가에 몇 대가 얼마나 수출되었는지 수출액과 중량 및 수량을 파악해야 한다. 이런 데이터를 취합하여 우선적으로 같은 노력이면 매출이 많이 날 수 있는 국가 및 시장을 선정하여 선택적 집중을 시도하면서 시장을 키워나가는 것이 좋다.

국가나 지역적 구분 이외에도 아래와 같은 유통 조직의 사이즈별 카테고리로 구분하여 검색하는 방법도 있다.

Retailer(소매상) : FGM VENDORS

https://www.fgmvendors.com/websites

Wholesaler(도매상) : Wholesale central

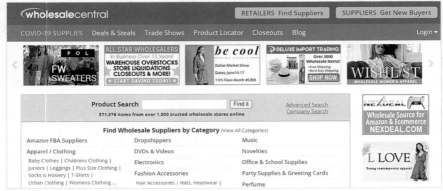

https://www.wholesalecentral.com/index.htm

FACTORY(제조, 공장) : MAKERSROW

https://makersrow.com/

그밖에도 산업 분야별 구분 검색도 가능하다.

Agriculture material and product : Agri EXPO

Aeronautical material : Aero EXPO

Medical device : Medical EXPO

Architecture and design : Archi EXPO

이렇게 세부적 구분으로 들어갈수록 좀더 명확하게 이익과 효율을 올릴 수 있는 최적화된 온라인 플랫폼을 찾아갈 수 있다.

9.5. 신시장 개척 활동을 멈추지 말자

지속적 성장을 위해서는 매년 매출이 증가해야 한다. 매출을 증대시키려면 기존 시장의 영업 활성화가 선행되어야 한다. 하지만 국가별 시장에는 언제나 경쟁사의 제품도 판매되고 있기 때문에 지속적인 매출 성장을 지속하기란 쉬운 일이 아니다. 그렇기 때문에 신규 시장을 지속적으로 개척하지 않으면 매년 상향 조정된 매출 목표를 맞추기는 매우 힘이 들 것이다. 그래서 해외영업에 종사하고 있는 모든 해외영업인들은 신시장을 개척하지 못하면 해외영업팀의 유지조차 보장받기 어려운 최악의 상황도 발생할 수 있다는 것을 항상 염두에 두어야 한다. 때문에 기존 고객 관리와 시장 활성화도 중요하지만, 지속적인 신규 시장의 개척도 매우 중요하다.

　회사마다 해외영업팀 관리 네트워크나 데이터 관리 창구가 있다. 그곳에는 지금까지 각종 행사에서 우리를 찾아왔거나 우리 제품에 관심이 있어 문의를 했던 바이어 리스트가 있다. 이 바이어 리스트는 상당히 중요한 자산이다. 연도별·국가별로 정리하되, 전시회에서 인연이 되었는지 학회에서 인연이 되었었는지, 그리고 어떤 제품에 관심이 있었는지 구분해 놓아야 한다.

　영업사원의 입장에서는 2~3년 지난 바이어는 관심 없다고 생각을 하고 연락을 하지 않을 수도 있다. 하지만 수입하는 사람들이 아이템에 관심이 있다고 전시회 부스까지 찾아와 명함을 주었다는 것은 설득만 잘한다면 충분히 우리 대리점으로 세팅 가능하다는 것을 기억해야 한다.

　해외 바이어들은 한번 보고 그 해에 바로 아이템을 선정하고

비즈니스를 시작할 수도 있겠지만, 대부분의 바이어들은 1~2년은 그냥 지켜본다. 처음에는 제품을 살펴보고, 그다음 해에는 회사를 살펴보고, 그다음 해에는 회사가 지속 성장하는지, 부스 디자인이나 크기는 확장되고 있는지, 제품 라인업은 늘어나고 있는지 등 상당히 많은 부분을 오랜 시간을 두고 지켜보면서 확신이 들면 4년 차 또는 5년 차에 샘플을 요청할 수도 있다.

그렇기 때문에 방명록에 기록된 모든 바이어들은 내가 주목하여 노력만 기울인다면 우리의 대리점으로 세팅할 수 있다. 그렇기 때문에 메일 한번 보내보고 피드백이 없다고 그냥 리스트에서 삭제하면 절대 안 된다. 메일로 접근을 시도하는 방법도 나쁘지 않지만, 바이어들은 항상 바쁘기 때문에 메일에 대한 집중력이 그렇게 크지 않다. 그렇기 때문에 메일을 살펴보거나 해당 제안 메일에 회신하지 않는 경우도 매우 많다. 이는 우리가 많은 메일을 받아보지만 현재 진행 중인 업무와 관계가 없는 메일은 그냥 흘려 보내는 것과 동일하다.

그럼 어떻게 해야 할까? 관련 정보를 바탕으로 바이어 홈페이지를 찾아내어 대표 메일 또는 대표 전화번호를 찾아서 연락을 시도한다. 물론 바로 대리점 사장이 받을 수도 있지만, 그렇지 않을 수도 있다. 그렇다고 해서 포기하지 말고 메모를 남겨야 한다. 그렇게 여러 차례 반복하다 보면 그쪽에서도 우리의 진지함을 눈치챌 것이다. 언제 시간이 되는지 물어보고, 그 시간에 다시 전화를 걸어서 유선 통화를 시도한다. 전화 받은 대리점 직원과 약속된 시간에 전화를 걸면 이미 이 직원과는 여러 번 통화를 했기 때문에 이 직원은 대리점 사장과 연결시켜 줄 것이다. 이때 간단하게 회사 소개와 제품 소개, 그리고 가장 중요한 것은 언제 어디서 우리에게 어떤 제품을 관심을 보였다는 메모된 그 대리점 사장의 관심을 넌지시 건네줘야 한다. 이렇게 통화가 5분에서 10분 정도 이루어졌다면 이미 반은 성공한 것이다.

통화 이후 관련 자료를 보낼 때 영업사원들이 하는 공통된 실수가 한 가지 있다. 의욕이 앞선 나머지 모든 자료를 한번에 보내려고 하는 것이다. 하지만 이렇게 방대한 자료는 그 누구도 들여다보지 않는다. 항상 명심해야 할 일은 우리가 전달하는 정보를 읽을 시간과 여유가 바이어와 사장에게는 없다는 것이다. 그렇기 때문에 너무 긴 메일을 보내면 메일을 열어 훑어보고는 다시는 열어 보지 않는다. 왜냐하면 '시간을 내서 한번 봐야지'하고 제품 검토의 시간과 여유를 다음으로 미루기 때문이다. 그렇기 때문에 한번에 보낼 내용을 내용별로 분할해서 여러 차례 보내는 것이 좋다. 그리고 메일 내용이나 첨부 파일은 대리점 사장이 3~5분 정도 할애할 정도의 분량이 좋다. 처음 또는 마지막 부분에는 이런 제품의 판매를 통해서 대리점 사장이 얻어갈 수 있는 이익에 대한 부분도 꼭 넣는 것이 중요하다. 기업의 목적은 이익이기 때문이다.

그렇게 유도성 간단한 메일을 보내다 보면 잘 따라오는 대리점 사장들은 자기의 자투리 시간을 이용하여 영업사원이 보내준

자료를 찬찬히 검토하고, 짧게 질문이나 가격에 대하여 한 줄 메일을 보내는 시기가 올 것이다. 이때 바로 요구 사항을 주는 것도 좋지만, 영상 통화로 유도하는 것이 좋다. 지금까지 우리는 고객 리스트 데이터베이스의 문자에서 유선 통화를 했고 장시간 정보를 제공하는 사이였지만 아직 친분이 생기지는 않은 단계이다. 사람이 친하게 지내려면 자주 만나야 한다. 얼굴도 보고 감정도 공유하면서. 그렇기 때문에 영상 통화를 통한 서로의 얼굴을 확인하는 작업은 상대와 친하게 지내는 데 매우 효과적인 방법이다. 친해져야 부담 없이 통화나 메일을 주고 받을 수 있고, 신규 프로젝트를 만들어가는 데도 서로 부담이 없기 때문이다.

그리고 또 한 가지 지금 매출을 잘하고 있는 대리점들을 잘 살펴봐야 한다. 그 대리점 사장들은 우리 제품만을 취급할 수도 있지만, 우리 제품 말고도 다른 브랜드도 취급할 수도 있다. 여기서 재미있는 사실이 한 가지 발견되는데, 매출을 잘하는 대리점들의 공통점은 국가별로 취급하는 브랜드도 비슷하다는 것이다. 여기서 힌트를 얻으면 된다. 우리 제품의 앞단이나 뒷단과 연계되어 사용되는 제품 또는 영향력을 서로 가지고 있는 브랜드 제품들이 무엇인지를 확인한다.

예를 들어 우리 제품이 B라고 하자. 실적이 좋은 대리점의 취급 브랜드를 살펴보니 평균적으로 A 제품과 C 제품이 있다. 이때 우선 A와 B에 좀더 시너지가 있는 제품을 선정하자. 그 이유는 우리 제품을 아직 취급하지 않는 대리점이 만약 A 제품을 취급하고 있을 때 우리의 B 제품도 연계해서 영업 마케팅을 전개해 나간다면 보다 효과적이고 단기간에 판매를 이루어낼 수 있고 동반 성장을 할 수 있기 때문이다. 그래서 인터넷을 통해서 국가별로 가장 영향력 있는 B 제품 수입 판매 대리점을 찾아내는 작업을 해 나가야 한다.

이렇게 B 제품의 판매 대리점을 찾으면 앞에서 설명한 접근 방식을 통해 우리 제품을 소개하고 그로 인해 대리점 사장이 얻어갈 수 있는 이익에 대해서 잘 설명한다면 우리 아이템의 취급하는 것에 관심을 보이고 최종적으로 제품 라인업을 늘려가는 결정을 하게 된다. 우리도 지속적으로 성장해야 하는 것과 동일하게 국가별 대리점들도 지속적 성장을 원하기 때문이다. 우리가 신규 대리점 발굴이 너무나 간절한 것과 같이 대리점들도 이익이

되는 새로운 제품군을 절실히 필요로 하기 때문이다.

이렇게 우리가 이미 보유하고 있는 데이터 베이스를 이용하여 신규 바이어에게 접근하는 방법과 우리 제품을 잘 판매하고 있는 국가별 대리점들이 취급하고 있는 다른 제품군을 확인해서 그 제품을 취급하고 있는 신규 대리점들에게 접근하여 신규 리스트를 만드는 방법을 알아보았다. 이렇게 신규 바이어 리스트가 손에 들어오면 신규 고객 확보를 위한 영업 활동을 계속 진행해 나가면 된다.

전체 신규 바이어 리스트 중에서도 느낌이 있는 국가와 바이어의 명단이 있다. 가망 대리점 중에 그나마 느낌이 좋은 대리점 이름들을 정리하여 현지 출장을 통해서 회사도 직접 살펴보고 진지한 비즈니스 이야기를 해 나가면 된다.

출장 일정은 하루에 다 하는 것보다는 하루에 한 대리점의 미팅을 잡고 집중력 있게 진행하는 것이 좋다. 혹시 시간적으로나 예산적으로 일정을 짧게 가져가야 할 때는 오전에 한 대리점, 그리고 오후 한 대리점 이렇게 진행하여 오전 미팅 대리점과는 점심을 함께하고, 오후 미팅 대리점과는 저녁을 함께하여 친분과 관계를 쌓아가는 것이 매우 중요하다.

욕심은 많으나 예산이 없는 회사들도 있을 수 있다. 이것은 팀장이나 대표의 성향과도 연결되는데, 이 경우에는 좋은 호텔을 잡고 최대한 많은 대리점들을 초대하여 한 시간에 한 명씩 만나면서 하루에 8개 또는 많게는 10개의 대리점 후보를 순차적으로 면접 보듯이 진행하는 방법도 있다. 하지만 저자는 이 방식은 추천하지 않는다. 왜냐하면 지금 대리점을 찾고 있고 대리점을 설득하려고 하는 사람은 우리 쪽이다. 대리점 사장이 아쉬운 입장이 아니라는 것이다. 그렇기 때문에 우리가 찾아가는 것이 맞고, 또 대리점이 될 회사를 직접 보지 않고 직원들과 이야기를 해 보지 않고 정확하게 대리점을 판단하기가 매우 어렵기 때문이다.

이런 활동은 직접 대리점을 방문하고 많은 직원들도 만나면서 후보 대리점의 전체적 분위기를 보는 것도 매우 중요하다. 또한 면접 형태의 1시간으로 우리가 알 수 있는 정보는 매우 한정적이다. 예비 대리점 사장들의 성격 또는 성향들을 그 짧은 시간에 파악하기는 쉽지 않기 때문이다.

이밖에 KOTRA나 한국 중소기업진흥원 또는 기타 여러 기관이나 전시회 사무국에서 진행하고 지원하는 바이어 매칭 프로그램도 있다. 우리나라 기관에서 시행하는 것도 있고, 현지 국가에서 진행하는 프로그램도 있다. 이런 비즈매칭 프로그램을 찾아서 신청하면 우리 정보를 관심 바이어들에게 미리 노출해서 관심도를 받아 매칭해 주는 경우도 있다. 반대로 우리 제품에 관심을 가지고 있는 관심 바이어 리스트를 우리가 먼저 받아보고 우리가 골라서 미팅을 희망하면 오프라인 1시간 미팅의 기회를 가질 수도 있다.

이 장에서 얘기한 포인트는 다양한 방법 또는 채널을 활용해서 지속적으로 신규 바이어를 물색하고 대리점을 세팅해 나가는 노력을 멈추지 말고 계속 진행해 나가야 한다는 것이다. 1년에 신규 바이어들만 한둘씩 만들어 나간다면 매출 성장에 너무나 큰 힘이 된다. 이는 해당 지역 영업사원 본인의 성과도 되겠지만, 해외영업팀의 생존 내지 기업의 지속적 성장을 위한 근원이 된다는 점을 절대 잊지 말아야 한다.

어느 정도 서로를 알아가고 제품에 대해서도 이해가 된 상태라면 심도 있는 미팅을 위해 현지 출장을 진행한다. 이때 우리가 해야 하는 일 중의 하나는 미팅하는 바이어를 내 사람으로 만드는 것이다. 제조사라고 해서 대리점을 선택하고 고를 수 있다는 마음으로 미팅을 하면 우리가 의도하지 않더라도 그들도 그것을 느끼고 우리를 판단할 것이다.

상대를 최대한 존중하는 마음가짐으로 무장을 해야 하고 바이어들을 처음 만나면 조그마한 선물을 건내면서 분위기를 풀어가야 한다. 너무 부담스럽지 않은 조그마한 선물을 싫어하는 바이어는 없기 때문이다. 특히 한국에서 준비한 선물을 비행기를 타고 가서 전달하는 것이므로 그 소소한 감동은 미팅 동안 많은 도움이 될 것이다.

제 **10** 장

해외영업 에피소드

파키스탄과 이질 감염병

이 질이라는 감염병에 대해서 들어보았을 것이다. 해외영업을 이야기하는 책에서 웬 감염병 타령이냐고 하겠지만, 감염병 덕에 아픈 추억이 있기에 이야기를 풀어보려 한다. 이질은 2급 감염병으로, 매우 적은 양(10~100개)의 세균으로도 감염을 일으키는 감염성이 매우 높은 질병 중 하나이다. 2000년대 이전만 하더라도 이질환자의 0.5%는 사망하는 것으로 보고되었을 만큼 무서운 전염병이다. 동남아시아 출장 시 특히 조심해야 하는데, 필리핀 또는 베트남에서 이질에 많이 걸리곤 한다.

갑자기 이질이라는 점염병에 대한 이야기를 꺼내는 이유가 궁금할 것이다. 해외 출장 시 많은 것들을 주의하고 조심해야 하지만, 그중에 특히 건강에 대한 주의는 게을리해서는 안 된다. 그 예로 저자가 직접 파키스탄에서 경험한 이야기를 들려주겠다.

3/4분기 마감 보고를 앞두고 사업계획 대비 매출이 부족한 상황이 발생되었다. 저자는 부문장으로서 부족한 매출을 긴급하게 어디에서든 보충해야만 했다. 9월 말까지는 어느 정도 결과물을 가지고 와야 하는 상황인 것이다. 그렇지 못하더라도 회사에 12월(4/4분기)까지 희망적인 무엇인가라도 보여줘야 하는 입장이었다. 하지만 그순간에는 딱히 해볼 만한 전략과 전술이 없었고, 떠오르지도 않은 상황이었다. 매출 만회에 대한 고민과 부담감으로 어깨는 점점 무거워져만 갔고, 마음 또한 편치 못해 일주일에 3~4번 새벽잠을 설치기까지 하였다.

부족한 매출 수치만큼을 다른 시장에서 끌어와야 하는데, 시장성이 좋은 유럽은 어떨까. 다들 아는 바와 같이 유럽 바이어들은 매우 논리적이고 이성적이다. 그렇기 때문에 나의 사정을 들려주고 측은지심을 발동시키기란 여간 어려운 일이 아니다. 바늘로 찔러도 눈물 한 방울 나지 않는, 정말 작은 오더 하나 받아내기 힘든 시장이 유럽 시장이기 때문이다. 하지만 반대로 유럽의 바이어들은 사전에 약속한 매출 또는 오더 수량에 대한 책무(Commitment)는 철저히 이행하는 편이다. 그런 유럽 바이어의 책무 이행이 있었기 때문에 그나마 지금 누적된 매출 수치를 가지고 온 것이다.

상대적으로 논리적이지 않지만 사정과 앵벌이가 가능한 지역이 중동 또는 아프리카 지역이다. 하지만 여기도 쉽지 않았다. 왜냐하면 이곳 바이어들은 One more, Little more, FOC(Free Of

Charge)를 너무 심하게 요구하기 때문이다. 뿐만 아니라 대금도 100% 외상을 요구하기 때문에 최악의 순간을 모면하려다 내년 초에 악순환이 반복되는 상황을 만들어낼 수 있다. 물론 영업 수장이 회사에 대한 미련을 버리고 이직을 위한 준비 기간을 갖기 위해서 뻔히 보이지만 최악의 방법을 사용하는 경우도 종종 있다. 하지만 난 그러고 싶지 않았다. 왜냐하면 지금 내가 할 수 있는 일을 더 찾아보고 더 최선을 다해 보고 싶은 마음이 있었기 때문이다.

그럼 한국처럼 이웃의 정이 가장 많이 살아 있는 중미, 그리고 남미 시장 바이어들은 어떨까? 이 시장의 문제점은 마니아나 (Maniana) 문화가 있다는 것이다. 마니아나는 '내일'이라는 스페인어이다. 지금 아무리 급한 일이 있어도 내일로 미루는 그런 비즈니스 문화가 너무도 강하다. 그래서 한국인과 비슷하게 정은 넘쳐 흐르지만, 긴장감이나 절실함이 없다. 항상 여유를 부리며 마니아나를 외치면서 전화도 받지 않고 3주, 길게는 한 달이 넘어도 메일 회신을 안 하는 경우가 대부분이다. 참 어려운 시장 중 하나가 아니지 않나 싶다.

그래서 비빌 수 있는 언덕을 다시 찾아 나섰다. 그 시장은 바로 아시아였다. 우리는 긴급하게 출장 팀을 짰다. 아시아 영업 담당자는 출장을 결정하자 매우 불편함을 호소했다. 아시아를 담당하고 있는 본인도 매출에 있어서는 할 만큼 다 이미 짜낸 상태인데, 또 부문장이라는 사람이 추가 매출을 하겠다고 출장을, 그

것도 동반해서 긴급하게 강행하자고 하니 얼마나 어이가 없겠는가? 하지만 팀의 전체적 생존을 위해 저자는 결정을 할 수밖에 없었다. 아시아 담당 영업사원에게는 다소 미안한 마음이 있었지만 아시아 중요 시장을 모두 돌아보는 일정으로 강행군의 일정을 짤 수밖에 없었다. 한국을 출발해서 홍콩·대만을 거쳐 싱가폴, 태국, 말레이시아, 인도, 방글라데시 그리고 파키스탄 등 총 10개의 대리점을 둘러보고, 매출을 최대한 만들어서 오더를 받아 돌아오는 계획으로 아시아 장기 출장은 시작되었다.

해답은 언제나 현장에 있다고 하지 않았던가? 다행히도 우리는 출장 기간 중 모든 대리점으로부터 오더를 받을 수 있었다. 이때는 저자 본인도 처음 겪어보는 사건 중의 사건이라고 해도 과언이 아닐 만큼 힘든 일이었다. 하지만 너무나 절실함이 느껴져서 그랬는지, 10년지기 파트너의 입장을 공감해서인지, 통사정으로 모든 바이어들을 설득할 수 있었기에 모든 대리점으로부터 작고 굵은 오더를 받을 수 있게 되었다.

이제 아시아 장기 출장의 마지막 국가인 파키스탄 차례가 되었다. 이미 9개의 대리점에서 혼신의 힘으로 처절한 미팅을 진행을 해왔던지라 몸도 마음도 이미 많이 지쳐 있던 상태였다. 하지만 유종의 미를 위해서라도 우리 팀은 힘을 낼 수밖에 없었다.

그렇게 파키스탄에서의 미팅이 시작되었는데, 생각보다 강한 바이어의 불만으로 너무나 많은 시간과 에너지를 초반에 쓸 수밖

에 없었다. 나의 영업 철학인 '닥치고 들어라'를 어김없이 그날도 행하고 있었지만, 바이어의 불만의 강도는 점점 더 강해졌고 나의 심적 그리고 육체적 한계는 거의 바닥을 보이기 시작하였다. 하지만 그래도 최선을 다해서 고객의 불만을 모두 받아내는 데 성공했다. 그리고 우리의 이야기까지 무사히 전달하여 마무리할 수 있었다. 하지만 오더는 받지 못하였다.

대리점 사장은 강력한 제안을 하나 해왔다. 다음 날 최종 사용자의 사이트를 방문해서 문제점에 대한 부분을 우리가 직접 해명하라는 것이었다. 지금 추가 오더로 작업하고 있는 프로젝트가 이 해당 고객 건인데, 우리 제품에 문제가 발생하여 구매 일정이 무한 연기되고 있는 상황이라고 했다. 그렇기 때문에 우리 보고 직접 찾아가서 인사도 하고, 문제에 대한 해결 방안 및 앞으로의 계획도 이야기를 해달라는 것이었다. 우리는 다음 날 저녁 비행기로 귀국해야 하는 일정이었기 때문에 아침 일찍 고객 방문 일

정을 부탁했고, 그렇게 일정을 소화하기로 하고 헤어졌다.

　다음 날 오전에 최종 고객 사이트에 대리점 직원들과 같이 방문해서 우리는 우리의 재량으로 지금 할 수 있는 방법과 해결하지 못하지만 향후 지원해야 할 부분까지 모두 설명해서 긍정적으로 미팅을 마무리하였다. 최종 고객이 웃음을 띄어서 그런지 대리점 사장은 너무나 행복해 했고, 기분이 좋다고 하면서 최고급 식당으로 우리를 모신다고 하였다. 지금은 오더를 확정짓지 못했지만 곧 좋은 소식이 올 것 같다고 매우 희망적인 이야기를 해 주었다.

　우리는 그렇게 최종 고객과의 미팅을 마치고 이슬라마바드 외각에 있는 대형 호수에 위치한 파키스탄 전통 음식을 맛볼 수 있는 최고급 식당으로 이동하였다. 우리가 탈 비행기의 이륙 시간은 10시였으므로 2시간 전에 공항에 도착한다고 해도 8시면

되므로 우리는 오전 미팅을 점심 시간이 조금 지나서 끝냈기 때문에 7시간쯤 남아 있었다. 그렇다 보니 조금 외각에 위치했지만 대리점 사장은 이미 그쪽 식당에서 우리를 접대하기로 마음 먹었기 때문에 그 식당으로 갈 수밖에 없었다. 정말 아시아 출장을 다니면서 그렇게 럭셔리한 식당을 가본 적은 없었다. 너무 호화스럽고, 음식도 퀄리티도 고급스러웠다. 우리는 고생한 만큼 최고의 대접을 받았고, 최고의 장소에서 최고의 음식과 최고의 분위기로 저녁을 맛있게 먹고 즐길 수 있었다. 그리고 오전에 방문한 고객에게서 오더에 대한 긍정적인 전화도 받았다. 최선을 다했던 만큼 마지막에 좋은 결과가 나와서 너무도 행복했다.

하지만 문제는 이제 시작되었다. 첫날부터 비가 조금씩 내리

기는 했지만 그렇게 집중적으로 비가 쏟아지지는 않았었다. 그래서 그렇게 걱정하지 않았다. 하지만 문제는 비의 양이 아니었다. 파키스탄, 태국, 이집트와 같은 국가에서는 하수구 시설이 거의 갖춰져 있지 않기 때문에 내리는 족족 그냥 바닥에서부터 물이 고여 올라온다는 것이다. 300mm 집중 호우가 내린다고 하면, 한국에서는 하수도에서 어느 정도 커버하고, 하수도 용량의 초과량만 도로 위로 올라오는데, 파키스탄에서는 300mm 즉 30cm의 빗물이 그냥 바닥부터 차올라온다. 그러면 자동차 흡기구에 물이 차게 되고, 모든 도시는 말 그대로 마비되어 버린다.

우린 그날 저녁에 길거리에서 5~6시간 이상 묶여 있었다.

밥을 최대한 빨리 먹고 나왔음에도 불구하고 그냥 도로에 꽉 끼어서 앞으로도 뒤로도 갈 수가 없는 상황이 된 것이다. 우리는 오후 3시 조금 넘어서 공항을 향해 출발했지만, 결국 공항에는 도착하지도 못하고 9시가 넘도록 길거리에서 발만 동동거리고 있을 수밖에 없었다.

결국 우리는 짐을 들고 뛰기 시작하였다. 물론 공항 입구에서부터이긴 하지만, 허파가 터져버릴 것같이 힘든 시간이었다. 비행기 이륙 시간이 10시이기 때문에, 보딩은 최소 9시 30분에 마감했을 것이다. 체크인 데스크는 9시쯤이면 모두 클로즈된 상태라는 것을 지금까지의 해외 출장 경험으로 알고 있었다. 그래서 최선을 다해서 가방을 매고 캐리어를 끌고 공항을 향해 뛰고 또 뛸 수밖에 없었다. 온몸은 땀으로 뒤범벅이 되었고, 체력은 모두

고갈된 상태에서 허벅지와 종아리 근육에 마비증상이 오기 시작
하였다. 결론은 어찌 되었을까?

　당연히 우리는 체크인하지 못했다. 아무리 사정을 해도 받아
주지 않았다. 지금 체크인을 해서 게이트로 직선으로 질주한다고
해도 비행기 이륙 시간에 맞출 수 없다는 것이 직원의 설명이었
다. 이렇게 우리는 파키스탄의 하수구를 원망하면서 한국행 비행
기가 떠나는 모습만 공항 주차장에서 바라볼 수밖에 없었다. 너
무도 힘들었다. 하지만 어쩔 수 없는 일이다. 과거의 일은 그냥
과거의 일일 뿐이다. 난 정신을 차릴 수밖에 없었고, 같이 출장

간 아시아 영업사원을 달래면서 내일 비행기를 알아봐 달라고 바이어에게 부탁하였다. 다행히 태국 방콕을 경유해서 한국으로 들어가는 비행기 편을 찾았으나, 다음 날 출국할 수밖에 없었다. 게다가 또 다른 문제가 있었다. 직접 사무실로 찾아가서 내용을 증명하고 현금으로 결제해야 한다는 것이었다. 그래서 우리는 다음 날 일정을 서로 정리하고, 오늘은 지친 몸을 쉬기 위해 휴식을 충분히 취하기로 하였다.

다음 날 아침 7시에 일어나서 여행사 사무실로 향했다. 어제 내린 비는 어느 정도 정리된 것 같았다. 하지만 도시 전체가 각종 쓰레기와 오물로 뒤섞여 있었고, 모든 것이 나에게는 카오스적 혼돈으로 다가왔다. 거리의 대소변 냄새를 시작으로 하수도 냄새 등 말로 형용할 수 없는 그런 상황이었다. 하지만 그 어떤 때보다 한국으로 빨리 귀국하고 싶은 마음에 빨리 여행사 건물을 찾아 길을 나섰다. 여행사 일을 무사히 마무리하나 싶었는데, 그쪽에서는 담당 직원이 나오려면 2시간 정도 기다려야 한다고 했다. 그래서 우리는 아침도 못 먹은 상황이어서 아침을 먹고 다시 들리겠다고 하고 식당으로 발길을 옮겼다. 하지만 어제의 폭우 때문인지 전기가 들어오지 않는 곳이 많아 대부분의 식당은 문을 열지 않았다. 3~4곳의 식당을 찾아가 보았지만 모두 문을 열지 않았다.

저자는 해외영업을 진행하면서 최고급 레스토랑보다는 현지인들이 즐겨먹는 현지 음식을 먹고 경험하는 것을 좋아했다. 이유는 두 가지이다.

첫 번째는 서로 부담 없는 환경을 조성하여 바이어와 좀더 친밀감을 얻기 위해서이다. 아무래도 제조사에서 파트너가 찾아오면 좋은 레스토랑에 간다든지 고급 식당에서 접대를 하는 것이 일반적이다. 하지만 비용 측면에서 보면 그 한끼는 대리점 운영비에 상당히 큰 타격을 주는 경우도 있다. 그렇기 때문에 저자는 이왕이면 현지식, 또는 일반식으로 식사를 하려고 노력한다.

다른 한 가지 이유는 최고급 식당의 음식 맛은 그냥 거기서 거기다. 맛도 최고급이고 모양도 최고급이다. 한마디로 어딜 가든 비슷하다는 것이다. 그렇기 때문에 현지 바이어들이나 대리점 직원들이 먹고 즐기는 음식을 선호하는 편이다.

다시 새로운 식당을 찾아 나서는 발걸음에 저자는 대리점 직원에게 이렇게 물었다.

"너희들은 보통 이런 상황에서 어디에서 어떤 것을 먹니?" 그랬더니 대답은 아주 간단했다. 건물 앞에 찻집(여기서 말하는 찻집은 그냥 수레였다)이 있는데, 거기서 차이하고 카스텔라를 한 조각 먹는다고 했다. 평소에도 고급 식당보다는 현지식을 좋아한다고 이야기하고 그쪽으로 가자고 강요했다. 하지만 대리점 직원들은 그러면 안 된다고 한사코 식당에 가야 한다는 것이었다. 대리점 직원들의 이야기를 들어보니 호텔에서 먹는 물이나 고급 식당에서 제공되는 물은 필터로 잘 정수되어서 문제가 없지만, 길거리에서 주는 물은 그렇지 않다는 것이었다. 바로 설사나 문제가 발생할 수 있으니 식당으로 가야 한다는 것이었다. 하지만 난 그 말을 듣지 않았다. 왜냐하면 이미 70개 국을 넘게 여행하였고 아내와 세계 일주할 때는 남미의 오지에서도 다 현지식으로 생활했고, 파키스탄에 오기 전에도 방글라데시와 인도에서도 문제가 없었기 때문이다. 그래서 나름 수퍼 위장을 가지고 있으니 걱정하지 말라고 하면서 가까운 찻집으로 가자고 기를 쓰고 우기기 시작했다. 물론 내 위에 대한 자신감도 있어서였지만, 나 때문에 여러 식당을 찾아 헤매는 대리점 직원들에게도 미안한 감정이 제법 들었기 때문이다.

그렇게 우리는 아침 허기를 따뜻한 차와 카스텔라 한 조각으로 달랠 수 있었다. 너무 맛있고 달콤했다. 아침의 이런 행복한 감정을 느낀 적도 한참이나 된 것 같다는 생각도 들었다. 하지만 문제점이 하나 포착되었다. 그것은 바로 설거지통! 찻잔과 카스텔라 접시를 설거지하는 설거지통이 너무나 더러웠다. 통도 더러웠지만, 그 안에 헹굼 물도 너무 더러웠다. 귀국 길에 화장실을 자주 들러야 할 것 같다는 좋지 않는 예감이 확 밀려오는 순간이었다. 하지만 월드 트래블러라는 자만심에 마시기 시작한 지 얼마 되지 않았던 차를 모두 마셔버렸다. 모든 문제는 여기서부터 시작되었다.

한 시간이 채 되지 않아 배에서 이상 증상이 느껴졌다. 화장실을 매우 자주 가게 된 것이다. 비행기 발권은 최종적인 단계에

해야 하므로 다시 여행사 사무실로 가서 모든 업무를 마감했다. 그리고 티켓을 확보한 이후 다시 호텔로 돌아와 조금 휴식을 취하고 시간에 맞춰 공항에 가기로 하였다. 어제의 공포가 있어서인지 우린 공항에서 가장 가까운 호텔에 숙소를 잡았다. 걸어서 갈 수 있는 거리로 말이다. 정말이지 파키스탄에서 차를 타고 약속을 지킨다는 것은 거의 불가능한 일인 것 같다. 그렇기 때문에 두 번 실수를 하지 않기 위해서 우리는 공항 근처의 호텔에 묵었다. 시간이 되어 우린 무사히 공항에 도착하였고 체크인도 무사히 마치게 되었다. 마지막까지 걱정이 되었는지 대리점 사람들이 끝까지 배웅해 주었다.

긴장이 풀려서 그런지 온몸에 통증이 몰려왔다. 일단 온몸에 힘이 쫙 풀리고 가방을 메고 서 있기조차 힘들었다. 그래서 보통 직원들이 있을 때는 잘 앉지도 눕지도 않는 성격인 나인데도 불구하고 보딩 게이트 앞에 누워 있을 수밖에 없었다. 설사는 계속되었고 미열이 오르기 시작했으며 근육통이 몰려오고 갑자기 춥기까지 하였다. 해외 출장을 워낙 많이 다녔기 때문에 설사약과 종합감기약 같은 비상약은 항상 구비되어 있었으므로 그것을 먹고 버텨보기로 하였다. 하지만 약을 먹고 30분이 지나도 효과는 전혀 나타나지 않았고, 몸 상태는 점점 최악으로 치닫기 시작했다. 파키스탄에서 태국 방콕행 비행기를 혼자 타고 가야 했다. 같이 동행했던 아시아 담당 매니저는 별도의 일정이 있어 다른 나라로 가야 했기 때문이다. 그렇게 아픈 상태에서 저자는 방콕에 도착했다.

방콕에 도착한 다음에는 시간이 많이 경과해서 그런지 몸 상태는 점점 더 좋지 않게 되었고, 이러다가는 죽을 수도 있겠다는 생각이 들기 시작하였다. 그래서 방콕 공항에 있는 의료 시설을 찾아가 증상을 말하고, 약을 먹고 수면을 취했다. 하지만 너무 추워서 잠을 잘 수가 없었다. 아무리 담요를 많이 덮어도 몰려오는 한기를 물리칠 재간이 없었다. 지속되는 폭풍 설사에 몸은 탈수 상태가 되었다. 위부터 대장·소장까지 아프고, 열은 열대로 나고 춥고, 근육통에 이제는 머리까지 아프기 시작했다.

결국 방콕에서 대기하는 시간 동안 한숨도 자지 못한 채 한국행 비행기를 보딩하게 되었다. 너무나 추웠기 때문에 좌석에 앉자마자 승무원에게 담요를 달라고 요구했을 정도이니 말이다. 다른 사람들은 가벼운 셔츠를 입었고, 젊은이들은 반팔을 입고 있는 상황이었으나 그당시 난 시베리아보다 더 추운 한기를 느꼈다. 아직 이륙도 하지 않았는데 한 5시간쯤 흐른 듯 길게만 느껴졌고, 그 시간을 참지 못하고 승무원에게 춥다고 에어컨 좀 줄여주고, 계속해서 담요를 더 달라고 하였다. 하지만 승무원은 그렇게 친절하지 않았다. 왜냐하면 이륙 전에 매우 바쁘기도 하였고, 또 여승무원의 이마에는 땀방울이 송글송글 맺혀 있었기 때문이다. 그래서 난 완벽하게 이륙할 때까지 그 추위를 담요 2~3개로 견뎌야만 했다.

이륙이 끝나고 승무원에게 부탁해서 담요를 2~3만 더 달라고 요구하여 총 5개의 담요를 머리끝에서부터 발끝까지 모두 덮은 채로 한국에 도착하기를 두 손 모아 기도하였다. 그런 상태에서 비행기 화장실을 들락거려야 했다. 기내식도 먹지 못하고 물도 마시지 못해서인지 탈수 증상은 더 심해졌다. 무작위로 먹어버린 약들때문인지는 모르겠지만 어지럽고, 환각도 보이고, 환청도 들리기 시작했다.

육체적으로는 완전히 무너져버린 상황인데, 정신력으로 간신히 붙잡고 있었다. 한국에만, 인천에만 도착하면 모든 것이 다 해결된다. 여기서 포기하지 말자. 조금만 더 버티자. 정말이지 1분이 1시간처럼 느껴졌다. 누군가 나에게 지옥에 대해 묻는다면 나는 당당히 이렇게 말할 수 있을 것 같다. "방콕에서 인천으로 오는 비행기 안에서의 그 순간순간이 바로 지옥이 아닐까 싶다."라고 말이다.

그렇게 기나긴 고통의 시간은 어느새 흘러 인천 공항에 도착했고, 남은 힘을 짜내서 이미그레이션을 향해서 나아가는데 체온검색대에서 그냥 걸리고 말았다. 39.5도. 그렇게 하여 검역 당국의 검역을 받게 되었고, 여러 가지 검사를 하고 나더니 이질 또는 콜레라가 의심된다고 하였다. 그러면서 최대한 빨리 병원으로 바로 가라고 하였다. 병원에서 검사했더니 이질 제2급 감염병이란다. '2급 감염병'이라고 하면 감이 잘 오지 않을 것이다. 코로나와 같은 질병이 1급으로 분류되고, 콜레라 · 장티푸스 같은 질병은 이질과 같이 2급으로 분류된다. 코로나 바이러스가 올해 4월에 1급에서 2급으로 내려온 것을 보더라도 얼마나 전염성이 높고 심각한 질병인지 쉽게 이해할 수 있을 것이다.

그렇게 저자는 출장 복귀 이후 사랑스런 아내와 아들을 안아보지도 못하고 유리관으로 구성된 병원의 격리실에서 2~3일 대기하다 창살이 있는 격리 병동에 혼자 격리되어 14일 동안 소독

약 냄새나는 식판의 밥을 계속 먹어야만 했다. 이때 사람과의 만남의 소중함, 그리고 사랑하는 사람과의 스킨십의 소중함을 절실하게 깨달았다.

해외 출장 중 특히 자신이 물에 대해서 민감하다고 생각된다면 물은 반드시 사서 먹어야 한다. 인도, 방글라데시, 파키스탄과 같은 나라를 출장갈 때에는 사서 먹는 물도 불빛에 꼭 비춰서 물 안에 잔여물이 떠다니는지 확인해야 한다. 물에 많이 민감한 영업사원들은 호텔에서 주는 물을 들고 다니기를 추천하고, 양치를 할 때도 수돗물로 하지 말고 생수로 하기 바란다.

특히 비가 오고 난 다음에는 최대한 현지 길거리 음식을 피해야 하고, 위생적으로 최대한 깨끗한 식당에서 식사할 것을 추천한다. 아무리 내가 스스로 현지 음식에 강한 위를 가지고 있다 하더라고 세균이나 바이러스를 이길 수는 없다는 것을 명심하기 바란다.

페루 고추 로꼬또 이야기

페루에서 있었던 한 바이어와의 미팅 에피소드를 하나 이야기해 볼까 한다. 페루에는 10년 넘게 거래를 지속해 오던 오래된 독점 대리점 하나가 있었다. 하지만 그 대리점의 매출 실적은 그리 좋지 않았다. 하지만 페루 시장은 날이 갈수록 커져만 갔다.

제품군은 세분화되어 갔고, 경쟁사의 시장 진입으로 전체 시장 파이는 점점 확대되었다. 이렇게 시장은 활기를 찾아서 점차 활성화되고 있었지만, 정작 열심히 달려야 하는 독점 대리점의 영업 및 마케팅 활동은 10년 전과 동일한 방법으로 정체되어 있었다. 변화된 영업적 시도와 진보적인 마케팅 활동이 전혀 이루어지지 않고 있었다. 단순히 기존 고객들을 대상으로 인바운드(접수된 오더를 처리하는 영업 방식) 영업만 지속해 오고 있었던 것이다. 페루 지역 담당 영업사원은 매년 다양한 방식으로 대리점 사장에게 압력을 줘보기도 하고, 때로는 매우 강력하게 압박을 가해 푸시도 해보았지만 현지 독점 대리점에서는 전혀 새로운 움직임을 보여주지 않았다.

해당 독점 대리점에서는 자기가 커버할 수 있는 시장의 크기보다 매출 숫자를 더 키워버리면, 언젠가는 페루 시장이 오픈되어 버릴 것이라는 것을 직관적으로 예측하고 그렇게 행동한 것이다. 그래서 매출 크기와 독점권의 권한을 저울질하며 애매한 줄타기 텐션을 스스로 정하고, 그 관계를 유지해 왔던 것이다. 하지만 이런 방식은 서로에게 매우 좋지 않는 결과를 낳기 마련이다.

요즘은 많은 정보들이 모두 공개되어 있기 때문에, 누구나 쉽게 수출입 기록들을 열람할 수 있다. 독점 대리점이 시장 크기가 이것밖에 되지 않는다고 거짓말을 할지라도, 그런 작은 시장에서 내가 이만큼 잘하고 있다고 이야기를 주장하여도, 이미 확대되고 활성화된 시장에서는 그 비밀을 숨길 수가 없다. 우리 제품을 취급할 제2의 후보 대리점이 금세 새로 나타나 그들 나름의 상당히 객관적이고 상세한 자료를 우리에게 제시할 것이다. 그들의 자료는 조금 독점 대리점에 제시한 것과 다를 것이다. 우리의 환심을 사야 하므로 시장의 활성화나 움직임에 대해서 정말 디테일하게 설명을 해 줄 것이기 때문이다. 그리고 그 정보는 기존 독점 대리점이 제공했던 정보와 상당히 차이가 난다는 것을 너무도 쉽게 알아차릴 수 있을 것이다.

뿐만 아니라 페루 세관에서 공개하는 해당 제품에 대한 HS-CODE^(품목분류번호목록)를 가지고도 수입 기록 및 다양한 정보에 접근할 수 있다. 어느 제조사의 어떤 제품이, 얼마로 몇 대가, 몇 kg으로 언제 수입이 되었는지 모두 확인 가능하다. 이렇게 전체 시장 크기를 확인하는 작업은 매우 쉽다. 이 때문에 기존 대리점의 거짓말은 금방 들통나게 마련이다.

많은 중미 대리점 사장들은 한국 제조사와 코레스^(교신)를 진행할 때 자기들에게 불리하거나, 힘든 상황들이 닥치면 마니아나_(Maniana)라는 중남미 특유의 '내일하자~' 문화를 시전하면서 그 상황을 모면하려는 성향이 매우 강하다. 하지만 이렇게 제2의 대리점 후보가 이미 나와 있고, 객관적인 데이터가 취합된 상황에서는 독점적인 관계를 지속적으로 유지하는 것은 매우 어렵다. 기존 독점 대리점의 거짓된 시장 보고와 집중도 떨어진 마케팅 활동으로 인해 더 이상 우리 브랜드가 경쟁사 브랜드에게 뒤쳐지는 것을 보고만 있을 수는 없기 때문이다. 그래서 우리는 기존 독점 대리점의 현실을 파악하면서 새로운 대리점 후보 기업을 방문할 목적으로 페루행 출장을 나서게 되었다.

첫날 우리는 기존 독점 대리점의 상황을 정확히 파악하기 시작했다. 대리점 사장과 기술부장을 만나서 미팅을 진행하였는데, 우리 제품과 회사에 대한 불만은 매우 많았지만 시장을 활성화하려는 의욕은 없어 보였다. 그래서 우리는 바로 본론으로 들

어갔다. 다음 연도 매출 계획에 대하여 우리가 요구하는 숫자를 오픈하고, 그 이유에 대한 증거 자료들을 하나둘씩 논리적으로 설명해 주었다. 너무도 정확하고 완벽하게 조사된 자료였기 때문에 대리점 사장은 아무런 반박도 하지 못하였다. 왜냐하면 해당 자료는 제2의 대리점 후보 기업이 현장에서 취합한 자료여서 현실적이고 정확한 정보였기 때문이다.

대리점 사장은 깊은 고민에 빠지게 되었다. 우리와의 관계를 정리해야 하는가? 아니면 시장을 독점에서 오픈 시장으로 전환하는 것은 허용하고, 지금 핸들링하고 있는 만큼의 매출이라도 유지해야 하는가? 이 두 가지 선택지에서 말이다. 하지만 우리 입장은 명확했다. 지금 매출의 2.5배를 할 수 있다면 독점권을 유지해주겠다고 했다. 그렇지 않으면 독점권을 양보하라는 강력한 입장이었다. 하지만 대리점 입장에서 갑자기 30%도 아니고 250%을 더 해내기는 쉽지 않는 일일 것이다. 그리고 우리의 추가적인 조건이 하나 더 있었는데, 그것은 바로 하이엔드 제품도 등록해서 판매해야 한다는 것이었다. 시장은 빠르게 새로운 기술과 변화를 요구하고 있는데, 기존 독점 대리점은 과거의 기술과 과거의 제품으로만 시장을 커버하고 있었기 때문이다. 새로운 변화와 도전이 필요했지만 그것을 거부하고 있었던 것이다.

이렇게 우리는 10년이 넘게 지속해 온 페루 시장의 독점 대리점의 권한을 그날 오픈하게 되었다. 대리점 사장의 얼굴은 온통 찌푸린 상태였고 지속적으로 불편한 심기를 비추었다.

독점은 다원화하거나 관계를 정리할 때는 상당히 조심해야 한다. 이런 경우 마무리를 매우 잘해야 한다. 너무 밀어붙인다는 느낌을 받거나 빈정이라도 상하게 되면 결국 감정적이 되어 경쟁사의 대리점으로 돌아서는 경우도 발생하기 때문이다. 그렇게 되면 최고의 아군 장수가 적군의 장수가 되는 상황이 되므로 시장에 대혼란을 초래한다. 그렇기 때문에 우리는 기존의 독점 대리점에서 해 오던 오래된 모델에 대한 판권은 지속적으로 독점권을 부여했고, 신제품은 오픈하여 새로운 대리점을 세팅하겠다고 정리하였다. 물론 기존 제품에 대한 불만과 AS 관련 문제도 잘 해결해 주었다. 그리고 앞으로 어떤 방향으로 해당 모델에 대한 판매를 늘려나갈 수 있는 고민도 같이 진행하였다. 그렇게 마무리를 해서 그런지, 기술부장님의 얼굴에는 꽃이 피었다. 하지만 대리점 사장의 얼굴에는 여전히 다크 서클이 가득 차 있었다. 그렇게 우리는 미팅을 정리하고 정말 간소하게 중식당에서 짧은 저녁을 먹고 헤어졌다.

해외영업의 목적은 시장을 개척하고, 제품을 소개하고, 소개된 제품의 판매를 활성화하는 것이 아닌가. 페루라는 시장을 개

척한 지 이미 10년이라는 세월이 흘렀다. 그리고 이제는 시장에서 제품에 대한 인지도도 생겼으므로 본격적으로 커지는 시장과 발 맞춰 매출을 확대해 나가야 하는 타이밍이다.

오래된 파트너들과의 독점적 관계를 정리해야 하는 가슴 아픈 상황도 늘 발생할 수 있다. 누군가는 이렇게 이야기할 수도 있다. "계속 동반 성장할 수는 없는 것인가요?" 아니다. 당연히 있다. 영업사원과 대리점 사장이 함께 시장 변화를 정확하게 모니터링하고, 제조사와 바이어가 혼연일체가 되어 시장의 니즈를 쫓아 나아간다면 불가능하지 않다. 그렇게 시장과 동행하거나 아주 조금만 앞쪽에 서서 리드해 나아갈 수만 있다면, 대리점에서도 지속적으로 차별화할 수 있고, 이런 차별화는 바로 대리점의 수익으로 이어진다. 그럼으로써 영업 및 마케팅 조직을 추가 확대해 나가게 되고, 나아가 대리점에서 관리하는 지사 즉 영업 서비스 사무실을 매력적인 도시별로 하나씩 그 수를 늘려나가면 되는 것이다.

이렇게 영업적 채널를 세분화하고 확대해 나아간다면 대리점의 매출도 비례적으로 늘어날 것이기에 제조사에서 요구하는 지속적인 우상향 매출 요구 수치도 커버할 수 있을 것이다. 베트남이나 독일의 경우를 보더라도 충분히 가능한 일이다. 절대 불가능하지 않다. 하지만 그러기 위해서는 대리점 사장과 영업사원의 믿음과 신뢰가 필요하고, 나아가 어려운 상황에 당면했을 때 서로 챙겨주고 배려해주는 그런 마음가짐이 바탕이 되어야 하겠다.

다음 날 우리는 제2의 대리점 후보 회사를 찾아갔다. 먼저 사장의 마인드를 확인해야 하기 때문에 사장과 일대일로 미팅을 진행했다. 기본적인 회사 소개와 제품 소개를 한 다음, 왜 우리와 함께해야 하는지를 설명해 주었다. 그리고 우리와 함께하였을 때 해당 대리점 후보 회사가 얻어 갈 수 있는 것은 무엇인지도 하나둘 상세하게 설명해 주었다. 이때의 포인트는 대리점 사장의 이익이다. 얼마큼 돈이 되는지가 포인트다. 그리고 그 이익을 현실화하려면 다소 어려운 내·외부적 상황이 있는 경우에는 미래의 비전을 정확히 보여줘야 한다. 얼마 후에 어떤 방식으로 어떻게 수익화할 수 있고, 또한 그것은 얼마만큼의 확신이 뒷받침되는지도 말이다.

일단 사장을 내 사람으로 만들어야 한다. 이 과정이 끝나면

모든 것이 수월해진다. 이제 우리에게 필요한 사람은 더이상 사장이 아니다. 영업을 책임지고 마케팅을 책임지고 수행할 실무진이 필요하다. 오전 9시부터 시작한 사장과의 미팅이 끝난 다음에 실무진을 소개받고, 회사도 전체적으로 둘러보았다. 1~ 2시간 정도 회사 소개를 마치고 점심 시간이 되었다.

우리는 제품 및 제품을 뒷받침하는 기술에 대하여 좀더 디테일하게 교육을 진행하고자 했다. 하지만 모두들 허기가 발동하여 어려운 기술적 내용이 포함된 수업은 점심 식사 이후에 진행하기를 원했다. 그래서 우리는 가까운 식당에 들러 점심 식사를 하기로 하고, 인근 식당으로 이동하였다.

저자는 세비체를 비롯한 두루차까지 페루 음식을 너무도 좋아하기 때문에 조금은 설레고 흥분도 되었다. 일전에 아내와 같이 세계 일주 여행을 할 때 맛보았던 페루 음식을 다시 맛볼 수 있다는 마음에 너무도 기쁘고 빨리 음식을 만나보고 싶었다.

에피타이저를 시작으로 세비체가 나왔고, 그리고 특유의 향이 강한 음료가 나왔다. 모두들 페루에 가면 조심해야 한다던 로꼬또도 나왔는데, 그것은 요리라기보다는 그냥 장식용 데코레이

선 용도로 요리 위에 올려놓은 것 같이 보였다. 같이 식사를 간
세 명의 사장과 직원들은 로꼬또를 조심하라고 말해 주었다. 그
것은 그냥 장식이지 절대 먹으면 안 된다고 했다. 나는 호기심
이 발동했다. 여행을 다니면서, 또 많은 해외 출장을 다니면서 웬
만한 지역의 고추들은 다 맛보았기 때문이다. 그래서 조금 걱정
이 되었지만 얼마나 맵냐고 물어봤을 때 그냥 먹지 말라고만 했
지 정확히 어느 정도 맵다고 아무도 설명을 해 주지 않았던 것이
다. 그래서 호기심에 그 로꼬또의 매운맛을 경험하게 되었다. 지
금 생각해 보면 나라도 그들가 똑같이 절대 먹지 말라고 하면서
말렸을 것 같다.

나는 햄버거에 들어 있는 토마토 슬라이스 하나의 크기만큼
의 로꼬또를 단숨에 한입에 넣었고 자신감 있게 씹기 시작했다.
아직도 눈에 선하다. 바이어들의 눈과 입이 크게 벌어지는 것이.

그 다음 이야기는 여러분의 상상의 맡기도록 하겠다. 하지만 상상력을 돕기 위해 한 가지만 더 정보를 알려 주는 것이 좋을 것 같다.

매운 맛을 나타내는 단위로 스코빌 지수(SHU : Scoville Heat Unit)가 있다. 보통 이 수치를 기준으로 하여 고추의 매운 맛을 비교하고 이해한다. 그럼 한번 비교해 보겠다. 우리가 흔히 먹는 피망은 0스코빌이다. 그리고 청양고추가 보통 4,000~7,000스코빌이다. 작고 가늘며 어두운 녹색의 아주 매운 고추로, 주로 살사소스를 만들 때 사용하는 세라노는 8,000~22,000스코빌, 타바스코 소스로 유명하고 귀여운 외모와 달리 화끈하게 매운 맛을 자랑하는 타바스코 페러는 30,000~50,000스코빌이다. 그럼 로꼬또(Rocoto)는 도대체 얼마의 스코빌의 숫자를 가지고 있을까? 무려 250,000스코빌이다. 이는 청양고추의 무려 35.7배의 매운 강도를 가지고 있다.

보통은 애피타이저의 장식으로 요리의 위에 올려져서 테이블에 놓여지는데, 이것도 먹는 것은 아니고 그냥 한쪽으로 치우고 먹는다고 하였다. 매운 음식을 좋아하는 사람도 다량의 과일과 야채를 잘게 썰어 놓고 거기에 로꼬또를 아주 소량 첨가하여 매운 맛을 낸다고 하였다.

그렇기 때문에 햄버거 속에 들어갈 만한 토마토 슬라이스 크기의 로꼬또를 먹는 페루인은 아무도 없다고 얘기해 주었다.

나는 그렇게 기다리고 기다렸던, 그리고 그토록 먹고 싶었던 페루 세비체를 맞은 보지도 못하고 그대로 병원에 실려갈 뻔했다. 그 정도로 심각한 상황이 발생한 것이다. 일단 혀의 전체 감각은 없어져버렸고, 그냥 혓바닥 전체에 불이 나는 느낌과 함께 입술과 천정까지 얼얼하다 못해 쓰라렸다. 그리고 식도와 위벽에도 문제가 나타나기 시작했다. 고막과 귀, 그리고 머리에는 두통이 찾아왔다. 볼과 광대뼈, 그리고 목 주변의 피부까지 붉게 부어버렸고, 군대에서 화생방 훈련을 했던 것처럼 눈물이 계속 흘러내렸다. 너무도 창피하였지만 양쪽 콧구멍에서도 두 줄기의 콧물이 줄줄 멈추질 않았다. 한마디로 정신이 하나도 없었다. 앉을 수도 없었고, 일어설 수도 없었다. 그렇다고 누워 있을 수도 없어 계속 앉았다 일어섰다 갈팡질팡하고 있었다. 정신도 차릴 수 없었다. 그냥 계속 침만 폭포수처럼 솟아 올라왔다.

그렇게 한 시간 두 시간이 흘렀음에도 불구하고 매운맛은 가시지를 않았다. 두 눈은 빠질 것 같고 얼굴에 있는 모든 구멍에서는 불길이 새어 나오는 것 같았다. 나중에는 피부의 모든 모공에서 로꼬또 열기가 새어나오는 것 같았다. 바이어들은 나에게 병원에 가자고 권고하였지만, 난 진정한 프로의 모습을 보여야 했기에 고추 먹고 병원에 갔다는 오명을 누구보다 남기기 싫었다. 그래서 생수병을 옆에 끼고 교육을 강행하겠다고 하였다. 그렇게 시간이 지나서 6시가 되었다. 4~5시간이 훌쩍 지났음에도 불구하고 아직도 위가 아프고 쓰렸다. 다행히도 모든 일은 잘 마무리되었다. 신규 후보 대리점 세팅도, 여러 가지 계약 조건도, 그리고 마지막으로 대리점 교육도 무사히 마친 것이다.

여기에서 여러분에게 하고 싶은 이야기가 하나 있다. 혹시 바이어들이 절대 먹지 말라고 하는 음식이 있다면 절대 용기를 내지 않길 바란다. 바로 병원으로 직행할 수도 있기 때문이다. 그들이 절대 먹지 말아라 하는 데에는 분명 그만한 이유가 있다는 것을 명심하자.

상해에서의 핸드폰 선물

중국이라는 시장은 해외영업을 진행할 때 절대 빼먹으면 안 될 매우 중요한 시장 중 하나이다. 그 시장의 크기와 수요의 가능성은 따로 이야기하지 않아도 누구나 잘 알고 있을 것이다. 그렇기 때문에 우리 회사도 2000년도 초부터 중국 상해에 법인을 설립하여 중국 시장을 점차 장악해 나가고 있었다.

중국 시장에 진입할 때는 몇 단계로 구별하여 진행한다. 첫 번째는 제품의 인·허가를 받는 단계, 두 번째는 대리점을 찾아 세팅하는 단계, 그리고 세 번째는 정부 입찰을 공략하기 위해 심도 있는 마케팅 교육을 진행하는 단계이다.

아직까지 중국이라는 시장은 자율적으로 시장에서 구매자가 제품을 구매하는 것보다는 정부의 조달 프로세스에 따라 정부 예산을 바탕으로 조달 구매가 이루어지는 경우가 많다. 그렇기 때문에 영업사원들이 해당 제품에 대한 기술적인 부분까지 잘 알고 있어야 입찰 사양을 이해하고 대응할 수 있다. 2016년 당시만 해도 의료기기 제품군에서는 중국 정부 입찰이 전체 수요의 52%를 넘게 차지하고 있었으니, 그 시장의 크기와 가능성은 의심할 여지가 없었다.

그래서 저자는 2016년 봄에 중국 시장에 한 해 농사를 위한 씨앗을 뿌리는 작업을 하기 위해서 상해로 마케팅 교육을 떠났다. 이번 마케팅 교육 구성은 우리 법인 식구들을 교육하는 내부 교육과 각 성별 대리점 사장들과 영업사원 그리고 마케터들을 대상으로 하는 외부 대리점 집체 교육의 두 가지로 구분하여 순차적으로 진행하였다.

우선 우리 법인 식구들을 위한 내부 교육은 상해 법인 사무실에서 진행했다. 법인 직원들은 여러 차례 OJT^{(on-the-job training :}

^{직무교육)}를 진행하였기 때문에 일반적인 내용은 이미 알고 있는 상황이었다. 그래서 교육의 대부분을 심도 있는 Q&A 형식으로 프로그램을 짜서 진행하였다. 신입 사원을 제외한 대부분의 직원들은 기본적인 기술 부분은 이미 잘 알고 있다. 하지만 현장 영업 및 마케팅 활동을 진행하면서 최종 소비자들로부터 대답하기 곤란한 질문을 받았을 때 어떻게 답변해야 하는지, 또 정부 조달 기관 관계자들과 기술 미팅을 진행할 때 입찰 관계자들에게 어떻게 하면 보다 정확하고 상세하게 제품을 설명할 수 있을지, 그리고 입찰 서류 작업을 할 때 어떠한 부분을 주의해야 하는지 등에 대한 내용을 대상으로 질의 응답 시간과 교육 프로그램을 구성하여 진행하였다.

　　그리고 법인 내부 교육을 마친 후 바로 대리점 집체 교육이 진행되었다. 상해의 고급 호텔 컨벤션 센터를 이용하였고, 대리

점 사람들도 40~50명 정도 참석하였다.

법인 교육은 내부 인력의 역량 강화가 목적이었다면, 대리점 교육은 집체 교육으로 진행되기 때문에 그 성격이 조금 다르다. 물론 법인 직원들 교육 때와 마찬가지로 현장 영업사원의 영업 기술 향상 및 신모델 또는 신기능에 대한 기본적인 교육 커리큘럼은 동일하다.

하지만 33개의 성 중에서 31개 대리점이 참여했기 때문에 작년 실적에 대한 평가 및 포상 행사도 진행해야 한다. 뿐만 아니라 대리점 직원들은 우리 법인 직원들처럼 실시간으로 제품에 대한 교육받을 기회가 없기 때문에 신제품의 신기능과 신기술에 대한 기본적인 교육도 탄탄하게 진행해야 한다. 또한 현장 중에서도 최전방에서 싸워야 하기 때문에 대리점 영업사원들에게는 경쟁사 제품에 대한 비교 · 해석과 대응 방법도 매우 자세히 설명해 주어야 한다. 그리고 어떻게 하면 우리 제품을 더욱 잘 설명하고 표현할 수 있는지에 대한 기술적인 부분도 장 · 단점의 포인트를 케이스별로 하나씩 꼬집어 가면서 쉽게 설명해 주어야 한다. 대리점 마케터들에게는 우리 제품의 새로운 기술 및 기능이 다른 경쟁 제품들과 어떻게 차별화되는지를 설명해 주어야 하며, 대리점 마케터가 정부 입찰 위원회를 설득시켜 최종적으로 우리 제품의 스펙이 정부 입찰 사양으로 구축될 수 있도록 전략적인 부분까지도 심도 있게 그리고 매우 세부적인 부분까지 교육이 이루어져야 한다.

　중요한 포인트 중 하나는 설명만 하는 것은 의미가 없다는 것이다. 반드시 이론으로 공부한 내용을 대리점 직원들이 몸으로 체험하고 익숙해질 수 있도록 현장 실습이 병행되어야 한다. 이 부분은 매우 중요하다. 아무리 최고의 강사가 100번 잘 설명하고 최고의 학생이 그 부분을 모두 이해했다고 하더라고, 한번 자기가 직접 체험해 보는 것보다는 더 나을 수 없기 때문이다. 그래서 가능하다면 최대한 실제 제품을 데모 시연하여 모든 대리점 직원들이 모두 직접 만져보고 체험할 수 있도록 데모 장비 또는 제품을 준비해 주어야 하다.

　그리고 영업사원의 자신감 향상을 위한 정신 교육도 필요하다. 경쟁사 제품과 비교하여 질문을 받았을 때 우리 대리점 직원들이 답을 못하는 경우도 많다. 이런 부분도 시원하게 해결해줘야 한다. 그렇지 않으면 영업사원이 영업을 어려워하게 되고, 고객을 만나기 부담스러워하고, 나아가 영업에 가장 기본적인 고객방문 횟수가 줄어들게 된다. 그러면 그 영업사원의 판매 실적은 0이 되어 버린다. 이렇기 때문에 최종 현장에서 뛰는 영업사원들이 신이 나서 영업을 할 수 있도록 자신감을 올려주는 작업도 매우 중요하므로 대리점 집체 교육 진행 시 꼭 실시해야 한다. 가능하면 경쟁사 제품도 직접 만져보고 비교해 가면서 이해가 어려웠던 부분 또는 비교해서 설명하기가 난해했던 부분들을 하나하나씩 스스로 정리할 수 있도록 교육의 장을 만들어주는 것이 좋다.

어느 정도 영업적인 부분과 마케팅적인 부분이 마무리되면 마지막으로 서비스 쪽 AS 대응 교육을 진행한 다음 전체적인 행사를 마무리한다. 제품의 성능 및 품질을 보장하지 못하는 제품은 아무리 우수하더라도 시장에서 살아남지 못한다. 아무리 힘들고 어렵고 괴로운 일이라도, 그럴수록 더 단단하게 준비해서 더 스스로 강해져야 한다. 제품의 품질과 사용 지속성을 위해서라도 말이다.

이렇게 교육 출장을 한번 나가면 많은 일들을 다양한 장소에서, 그리고 많은 사람들과 행사를 진행하게 된다. 급하게 택시를 타고 이동해야 할 때도 있고, 제품을 설치하기 위해 바닥에 누워서 작업해야 할 때도 있고, 노트북 PC와 스크린이 연동되지 않아 적합한 케이블을 찾아 나서야 할 때도 있다. 상해 직원들도 마

찬가지다. 법인 직원들도 기본적인 업무를 수행하면서 이런 특수
행사도 병행해서 준비하고 진행해야 하기 때문에 넉넉하지 않는
인원으로 부산하게 움직여 행사를 준비하고 운영해 나간다. 그렇
기 때문에 부분장이라고 레이저 포인터만 가지고 다니면서 교육
만 할 수는 없는 것이다.

　나의 이야기는 이제부터가 시작이다.
　이렇게 활발하게 움직이는 가운데 급하게 택시를 타게 되었
다. 너무 급한 나머지 코트의 옷자락도 여미지 못한 상태에서 급
하게 문을 닫았다. 오른쪽 코트에 전화기를 넣어 두었던 터라, 택
시 문을 닫자마자 빠직하는 괴이한 소리가 내 고막을 쳤다.
　이런! 자동차 휠하우스 부분과 택시 문에 전화기가 가로로 끼
인 것이다. 그 상태에서 급하게 문을 세게 닫다가 그만 핸드폰이
박살나버린 것이다. 구매한 지 얼마 안 된 나의 핸드폰 액정은 완
전히 파손되었고, 외부 케이스도 크게 손상되어 버렸다. 해외 출
장에서 필수적이라고 할 수 있는 인터넷과 메일 확인은 불가능했
고, 가장 기본 기능인 전화 걸기와 받기도 되지 않는 최악의 상황
이 발생한 것이다. 사실 그 핸드폰을 구입한 지 얼마 되지 않아
매우 애지중지하면서 핸드폰을 꺼내 볼 때마다 다시 입김을 불어
가며 닦아가면서 쓰고 있었는데…….
　하지만 나는 정신을 차려야 했다. 70여 명이 참석하는 큰 행
사이자 매우 중요한 이벤트였기 때문에 해당 교육은 계속 지속되

어야 했다. 난 최대한 속상한 티를 내지 않고 모든 행사 일정을 마치고 돌아왔다. 물론 나의 핸드폰이 그렇게 파손되었다는 사실은 모두가 알게 되었고, 부법인장이 간단히 들고 다닐 만한 폰을 준비해 주어 그것을 들고 다녔기에 기본적인 소통에는 큰 무리가 없었다.

대리점 집체 교육 행사도 모두 무사히 마치고, 다시 상해 법인 사무실로 복귀하여 최종 마무리 교육을 진행하였다. 마지막 복귀하는 날 나는 평생 잊지 못할 너무나 따뜻하고 큰 선물을 법인 직원들로부터 받았다. 그것은 바로 2016년 화웨이에서 삼성과 애플을 잡겠다고 야심차게 출시한 최신형 지문인식 듀얼 라이카 카메라가 장착된 스마트폰이었다. 법인 식구들로부터 황금색으로 디자인한 최고급형 최신 모델인 화웨이 스마트폰을 선물로 받은 것이다.

저자는 누구보다 중국 법인 직원들의 월급 상황을 잘 알고 있었다. 그때 스마트폰 가격이 100만 원 조금 부족한 가격이었는데, 황금색 화웨이 최신 스마트폰을 선물로 받다니……. 나는 그 마음은 받겠지만 그 선물은 받을 수가 없다고 말했다. 그래서 나는 정중히 환불을 요청했고 선물을 돌려주었다. 하지만 내 뜻대로 되지 않았다.

법인 식구들은 언젠가는 한 번쯤은 나에게 고마움을 표현하고 싶었다고 말해 왔다. 지금까지 전폭적인 지원과 교육으로 도움을 받기만 하고 마음의 표현을 못했다는 것이 이유였다. 그런

데 마침 이번 교육 때 교육을 위해서 불철주야 준비하고 이동하고 뛰어다니며 데모 장비 세팅까지 도와준 모습에 이런 결정을 했다는 것이다. 나는 그때 너무나 큰 감동을 받아서 지금도 그때 그 감동이 밀려오는 것만 같다. 그래도 너무 고가의 선물을 받을 수가 없어 나는 다시 한번 조심스럽게 이야기했다. 아니 이렇게 비싼 것을 어찌 받을 수 있겠느냐고. 하지만 법인장을 중심으로 법인 직원 모두가 십시일반 조금씩 마음을 합쳐서 준비한 것이니 거절하지 말고 받아 달라는 것이었다. 난 아직도 그들의 이름을 모두 기억하고 있다.

쉬이민, 리건위, 퉁, 장린, 이 상빈, 황분연, 서취련, 관진린, 쭈 진메이 그리고 양훤천. 지금 생각 해도 너무도 고마운 분들이다. 평 생 잊지 못할 것이다.

참고로 이 핸드폰은 아직도 아 들이 사용하고 있고, 지금도 잘 작 동되고 있다.

이집트 인센티브

저 자가 사회 초년생일 때 이야기를 해볼까 한다. 2006년 즈음에 가나공사라는 무역회사를 다녔었고, 여러 산업군 중에 반도체 쪽을 담당하였다. 특수 반도체 장비에 전력을 공급하고 미세 조정하는 파워모듈이라는 특수 부품을 제조하는 장비 중 진공 장비를 독일 제조사로부터 수입해서 국내 반도체 제조사들에게 납품을 하는 일을 하고 있었다.

그때 내 인생에서 스승이라고 할 만한 분을 만나게 된다. 그분의 이름은 Mr. Kluas Roemer. 2006년 독일의 최고 영업인에 선정된 그렇게 대단한 분을 만나게 된 것이다. 나는 그분이 한국에 출장을 오기라도 하면 공항에서의 첫 만남에서부터 호텔 체크인하는 순간, 최종 고객을 만나고 헤어지는 순간, 바이어와 식사하는 순간, 그의 모든 행동과 말투, 그리고 상황별로 대처하는 모

든 것들과 모든 순간들을 가능한 한 기억하고 배우려고 노력했었
다. 그만큼 배울 점도 많았고, 모든 부분에서 모범이 되는 그런
훌륭한 분이었기 때문이다.

그는 항상 나에게 매우 친절했으며, 독일에서부터 항상 나와
내 가족들을 위한 선물을 준비해서 전해 주곤 했다. 우리 회사에
는 사장님도 계셨고, 팀장님도 있었다. 하지만 롬머 씨는 언제나
나를 최우선적으로 챙겼고, 작은 선물부터 그 어떤 귀한 것이 생
기면 항상 나를 우선적으로 챙겨주었다. 그때는 지금과는 입장이
반대였다. 롬머 씨가 수출하는 제조사 입장이었고, 내가 바이어
즉 한국 시장의 독점 대리점 영업사원이었다. 사회 초년생이 이
렇게 수입 업무를 보는 대리점 입장에서 오랫동안 근무할 수 있
었던 것에 지금도 감사하게 생각한다. 그런 순간이 있었기 때문
에 난 지금도 각 시장의 대리점 사장 또는 대리점 영업사원의 입
장과 상황을 누구보다 더 잘 공감하고 이해할 수 있다.

그땐 나는 입사한 지 얼마 안 된 어리버리한 신입이었기 때문
에 회사에서 매출이나 실적 면에서 인정받기보다는 지금 당장 무
역회사의 생태에 적응하는 데 급급했던 시절이었다. 하지만 그
런 신입사원이라 할지라도 5개가 넘는 벤더를 관리해야 했다. 롬
머 씨와 함께 일을 했던 회사는 PINK라는 이름의 회사로 미국
NASA를 포함하여 우주 산업 및 진공 솔루션을 전세계에 공급하
는 그런 유명한 회사였는데, 내가 관리한 5개의 제조사 중 한 곳
에 지나지 않았다.

하지만 나는 그 어떤 벤더들보다 더 PINK라는 회사를 위해 충성을 다했었다. 그 이유는 간단하다. 나를 아끼고, 나를 인정해주고, 나를 사랑하는 롬머 씨가 PINK 제품을 한국으로 수출했기 때문이다. 같은 기회와 시간, 에너지 그리고 예산이 주어진다면 나는 묻지도 따지지도 않고 PINK 회사의 제품 프로모션 및 홍보를 위해 나의 에너지와 시간과 열정을 쏟아부었을 것이다. 당연한 일이 아닌가.

1~2년이 경과된 이후 결과는 어찌 되었을까? 내가 관리하는 5개의 벤더 중 당연 최고의 매출을 기록하게 되었고, 반도체 제품 라인에서도 당당히 최고의 매출을 찍게 되었다.

그렇다. 이렇게 한 벤더의 영업사원이 수입국 대리점 영업사원에게 관심과 애정, 그리고 사랑을 아끼지 않는다면 그들은 충성을 다할 것이다. 이는 돈으로도 살 수 있는 것이 아니다. 나는 이 중요한 비밀을 롬머 씨에게 생활로 배운 것이다.

롬머 씨는 나와 절친이 되었다. 내가 유럽을 여행한다든지 비즈니스 목적으로 프랑크프르트에 잠깐이라도 머무를 때면 언제든지 찾아와 같이 저녁을 먹거나, 시간이 없을 때에는 짧게 차라도 한 잔 하면서 그 인연을 지속해 오고 있다.

오른쪽 페이지의 카드는 2021년도에 롬머 씨 가족으로부터 받은 성탄절 카드이다. 롬머 가족을 처음 만났을 때 아들 다니엘은 아주 작은 꼬마였다. 하지만 롬머 씨와 관계의 깊이와 세월만큼 이번 크리스마스 카드의 가족 사진 속에서는 컴퓨터 공학을 전공하고 있는 어엿한 청년이 되어 있었다.

Dear Young, How are you doing? I hope that you and your family that you are all well and that you are not suffering too much under the Corona pandemic. After almost 2 years in retirement, my life is very relaxed and just good. A healthy family and no problems whatsoever. Daniel is almost done with his Bachelor in Computer Sciences and will proceed doing his master degree within the next 2 years. He is now over 2 years engaged with his girlfriend Julia and there is a good chance for me to have grandchildren one day. What I am really missing is international travelling and meeting/drinking with friends. Best regards and best wishes from Germany.

Annette, Brownie, Daniel and Klaus.

여기에는 너무도 중요한 포인트가 있다. 아래 이미지는 바로 광산 게임인데, 갱도의 위치나 작업자와 매니저의 구조상 1번 사장의 오더를 지하 갱도의 광부에게 정확하게 전달하기는 매우 어렵다. 왜냐하면 중간에 지상 운반자, 엘리베이터 출입 매니저, 엘리베이터 운반자, 갱도 관리자, 그리고 마지막 광부들까지 중간에 잡음도 끼거나 해서 오더 내용을 손실없이 전달하기가 쉽지 않기

1. 사장 = 제조사 연구원
2. 운반자 = 영업사원 또는 마케터
3. 엘리베이터 출입 메니저 = 수입 국가 대리점 사장(바이어)
4. 엘리베이터 운반자 = 대리점 영업총감 또는 전략 마케팅 매니저
5. 갱도 관리자 = 수입국 도매상 또는 소매상 채널
6. 광부들 = 엔드유저 또는 최종 소비자

때문이다.

보통 연구소에서 개발된 제품은 영업사원들의 소개를 통해 수입국 대리점 사장이 전달받으면 대리점 영업사원이 고객에게 소개함으로써 정보와 제품의 장·단점이 전달된다. 하지만 안타까운 현실은 연구원이 의도하는 만큼의 제품의 특장점을 최종 소비자들에게 정확하게 전달되지 않는다는 점이다. 그렇기 때문에 영업사원들은 연구소 연구원들과 비슷한 수준으로 제품을 이해하고 있어야 한다.

"영업사원이 영업만 잘하면 됐지 기술적인 부분도 굳이 알아야 돼?"라고 말한다면 그건 정말 모르고 하는 말이다. 나도 모르는 제품의 특장점을 어찌 많은 채널의 관계자들에게 설명하고 이해시키고 감동을 줘서 제품을 판매할 수 있단 말인가?

그렇기 때문에 제조사 입장에서도 내부 교육을 최대한 잘 해두어야 영업사원이 출장을 가서 전화나 카톡 없이 독자적으로 일할 수 있는 것이다.

본사 영업사원의 이해 수준이 100% 올라와 있더라도 현지 대리점 사장은 70%, 그다음 현지 영업사원은 50%, 최종 고객은 30%까지 줄어들게 된다. 따라서 현지 출장을 가서 대리점 사장과 오더에 대한 이야기만 하지 말고, 대리점 영업사원과 마케터들을 교육에 참여시키거나 아니면 직접 교육을 시켜주는 것이 좋다. 많은 영업사원들이 힘들어하는 부분이 여기에 있다. 왜냐하면 이들 중에는 영어를 잘 못하는 사람도 있어서 설명을 하거나,

이해시키는 시간도 길게 소요되기 때문이다. 하지만 여기에서 멈추면 안 된다. 아무리 힘들더라도 그들을 나와 동일한 수준인 100%까지 끌어 올려놔야 한다.

저자는 여기에서 한 단계 더 들어간다. 그것은 바로 수입국 대리점의 고객인 도매상·소매상 사장들, 나아가 최종 고객까지 직접 찾아가서 설명하는 것이다.

아마도 롬머 씨는 자신의 100% 집중력을 대리점 영업사원의 위치에 있던 나에게 모두 전달해 주지 않았나 싶다. 그렇게 해야 100%에서 최종 고객에게 갈 때는 조금 빠지더라도 80% 정도는 전달되기 때문이다. 하지만 난 롬머 씨를 존경하고 있었기 때문에 200% 뽑아내려고 노력했다. 그래서 결과적으로 100%는 아니더라도 99%에 가까운 레벨의 정보를 최종 고객에게까지 전달할 수 있었다.

부문장 또는 팀장들은 항상 고민해야 한다. 우리 제품의 특장점을 우리 영업사원들이 우리 마케터들이 그리고 우리 현장직원들이 충분히 잘 이해하고 있는가에 대해서 말이다. 그리고 그 수준이 100%까지 올라와 있는가까지. 고민할 필요도 없다. 100% 올라오지 않은 상태에서 출장을 보내면 반쪽짜리 출장이 되기 쉽다. 물론 출장을 통해서 많은 경험을 쌓을 수도 있다. 하지만 회사 생활은 그렇게 녹록치 않다. 예산도 한정되어 있고, 시간도 그리 많이 주어지지 않는다. 그렇기 때문에 영업사원들은 자기가 판매하고 있는 제품의 기본 스펙과 개요, 그리고 요소별 특장점을 기본적으로 숙지하여야 한다. 나아가 제품의 단점과 해당 단점을 보완 및 만회할 수 있는 수준까지 설명할 수 있어야 한다. 그렇게 하여 스스로 자신감이 생기면 당당히 출장을 나가서 대리점 사장을 시작으로 상황이 허용되는 부분 또는 순간까지 최선을 다해서 하부 갱도에 있는 광부들에게까지 접근하여 교육을 진행해 나가야 한다.

출장을 가서 꼭 해야 하는 일 중의 하나가 바로 교육이다. 물론 대리점 사장에게는 100% 모두 전달해야 한다. 그리고 언어의 장벽으로 인해 난관이 예상되지만, 대리점 영업사원 그리고 마케터들에게도 교육을 통하여 100% 전달해야 한다. 시간이 허락한다면 수입국 중간 딜러들도 찾아가야 한다. 가능하다면 최종 고객에까지 찾아가서 직접 교육시켜 주는 것도 좋다. 비단 그들이 한번에 다 이해하지 못해도 상관 없다. 한국에서 비행기 타고 여기까지 찾아준 제조사 영업사원의 영향력은 최종 고객들에게 제품에 대한 무한 신뢰라는 믿음을 선물하게 되기 때문이다.

누구나 쉽게 알 수 있지만, 누구나 쉽게 해낼 수 없는 일들이 있다. 바로 이 부분이 영업사원의 차별성을 만들어 줄 것이고, 이 차별성이 매출의 실적으로 보답해 줄 것이다.

여기에서 이집트로 출장가서 겪은 이야기를 꺼내 볼까 한다. 출장갔던 이집트 대리점은 판매 독점권을 가지고 간 지 이미 2년

의 시간이 흘렀다. 하지만 뚜렷한 매출 증가나 좋은 실적을 보여
주지 못했다. 2년 차에는 그 평균도 못되는 수준까지 추락했다.

우리는 대리점 사장과 미팅을 진행했다. 그런데 사무실이 아
닌 식당에서 미팅을 하자고 하는 것이다. 이런 상황은 거의 90%
뭔가 냄새가 나는 행동이라고 보면 된다. 한국에서 비행기를 타
고 시간을 내어 이집트까지 찾아갔는데, 회사를 보여주지 않는다
는 것은 우리에게 보여주지 못할 많은 다른 제품들이 회사에 전
시가 되어 있을 확률이 매우 높다. 그래서 다양한 핑계를 대면서
방문하지 못하도록 유도하는 것이다. 그래서 절대 레스토랑에서
미팅을 하고 돌아오면 안 된다.

점심 식사를 마치고 우리는 이집트 대리점 사무실을 가게 되

었다. 예상은 한치의 오차도 벗어나지 않았다. 대리점은 다른 인기 아이템에 집중하고 있었고, 마케팅도 영업도 우리에게 집중하고 있지 않고 다른 제품에 이미 집중되어 있었다.

제품들 중에는 쉽게 잘 팔리는 제품이 있는가 하면, 시간도 오래 걸리고 노력을 많이 들여야만 그 열매가 열리는 아이템도 있다. 그렇기 때문에 대리점 사장도 그렇고 대리점 영업사원들도 모두 일정 기간 동안 인풋을 투입해 보고 아니다 싶으면 제조사와는 관계만 유지하고 다른 아이템에 집중하는 경우가 매우 많다. 이럴 때일수록 영업사원들은 현장을 정확히 확인하여 판단을 잘 내려야 한다. 내 사람으로 만들어서 계속 같이 갈지, 아니면 갈아 치울지 말이다.

교육이라는 갱도 프로그램을 시작하여 광부들을 향한 교육의 열정에 불이 지펴졌다. 회사의 모든 직원들을 대상으로 교육을 실시하였다. 포기할 수 없었다. 왜냐하면 모하메드라는 대리점 영업사원이 우리 제품에 아직 애착을 보였기 때문이다. 난 일전의 롬머 씨가 떠올랐다. 그래 롬머 씨가 나에게 했던 것처럼 나도 이 모하메드에게 관심과 인정을, 그리고 사랑을 쏟아부어야 겠다 라고 다짐했다.

이집트 영업사원의 월급은 얼마 되지 않는다. USD 대비 상당한 약세에 있는 것도 나에겐 좋은 상황이었다. 나는 회사에서 출장비로 받은 일비 중 100달러 짜리 지폐 한 장을 깨끗한 봉투에 넣고 갑자기 시상식을 열어 달라고 대리점 사장에게 부탁하였다. 누구의 실적이 가장 좋은지를 물으니, 아니나 다를가 모하메드가 가장 실적이 좋은 영업사원이라고 했다. 지금은 다른 제품에 정신이 팔려 있지만 말이다.

나는 직접 쓴 손 편지와 함께 급조하였지만 나름 격식을 차린 우수 사원 시상식을 거행하였다. 상금은 USD 100이었다. 그때 당시 이집트에서는 100달러면 한 가정의 한 달 생활비 정도였으니 얼마나 기분이 좋을 것인가.

한국에서 온 제조사 메이커의 영업 부문장이 직접 전달한 감사의 손 편지와 한달 생활비에 맞먹는 USD 100을 받으니 얼마나 기뻤을까. 모하메드는 가족들에게 전화로 이 상황을 자랑하였다. 그리고 받은 돈과 편지를 사진 찍어서 가족들에게 보내주

었다. 이렇게 누군가가 자신을 인정해 주고 생각해 주고 사랑해 준다는 것이 매우 중요한 일임을 우리는 절대 잊지 말아야 할 것이다. 모하메드는 울면서 이렇게 말했다. 이런 큰 선물은 살다가 처음 받아봤다고. 나 역시 너무 기쁘고 행복한 하루였다. 그리고 마음 한 켠에는 롬머 씨에게 조금은 다가가고 있다고 느꼈고, 보람이라는 감정이 마음 한곳에서부터 올라오기 시작했다. 그리고 나는 최고의 감동적인 선물을 모하메드로부터 듣게 된다. 그의 마지막 멘트는 이러했다.

"최선을 다해서 우리 제품을 팔아 보겠습니다."

그리고 퇴근 시간이 넘었는데도 불구하고 모하메드는 집으로 가지 않고 우리를 병원으로 데리고 갔다. 병원 2~3곳을 방문하며 마치나 싶었는데 그의 열정은 그치지 않았다 그리고 우리를

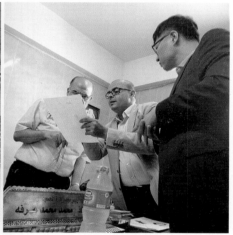

엔드유저인 약국까지 데려고 갔다. 지금까지 작업하고 있던 모든 가망 고객 사이트에 우리를 모두 데리고 간 것이다. 우리는 최고의 팀이었다. 방문만 한 것이 아니고, 우리는 현장에서 최종 사용자에게 교육을 진행하고 있던 것이다. 우리는 교육의 갱도에서 너무도 열심히 광부들에게 곡괭이질을 잘할 수 있는 방법을 100% 이해할 수 있도록 설명했던 것이다.

결과는 어떠했을까? 우리는 그날 현장에서 큰 오더를 2개나 받을 수 있었다. 제조사에서 두 명이나 현장 사이트에 방문하여 인상적인 교육을 진행한 부분이 고객에게 감동을 주었을 수도 있고, 대리점 영업사원이 무책임하게 제품만 판매하고 먹튀한다는 우려를 떨쳐버릴 있게끔 제조사의 직원이 직접 방문한 탓도 있을 것이다. 그뿐만 아니라 전투력이 급상승한 대리점 영업사원 모

하메드의 신들린 영업력으로 우리는 너무나도 큰 성과를 얻을 수 있었다.

하루의 결과물을 본 대리점 사장도 이제 어떻게 영업을 해야 할지 알겠다면서 우리 제품만을 위한 전문팀을 모하메드를 중심으로 꾸리겠다고 하였다. 사장도 나름 이번 일로 깊은 감동을 받았다고 했다.

어느새 늦은 저녁이 되어버렸다 아니 밤이 되어 버렸다. 하지만 우리는 전혀 피곤하지 않았다. 왜냐하면 모하메드의 밝은 미소가 우리를 행복하게 만들어 주었기 때문이다.

나오는글

진정한 해외영업'인'이 되기 위한 길은 어떠한 것들이 있을까? 해외 국내를 따지지 말고 더 근본적인 영업'인'이 되기 위한 길은 또 무엇인가? 그렇다면 영업은 또 무엇이며, 어떻게 해 나가야 하는가? 이 책에서 수없이 이야기했듯이 바이어의 입장에서, 바이어를 위한 진심어린 고민과 지속적인 노력을 기울이면 되는 것인가? 혹시 우리가 놓치고 있는 것이 있다면 어떠한 것인가? 이 책의 마지막 장을 넘기면서 함께 고민해 보았으면 한다.

끝으로 필자가 생각하는 영업에 대한 생각과 마음의 소리를 담은 한 편의 시로 이 책을 마무리하고자 한다.

그를 위한 영업 _ 최영

영업이란,
상대의 마음에 '울림'을 만들어 주는 것이다

울림이란,
고객의 마음에 '감동'을 피우는 것이다

감동이란,
오감의 '즐거움'이다. 보
고, 듣고, 냄새맡고, 맛보고 그리고 촉각으로 느끼는….

오감의 즐거움이란,
무언가를 또 다시 '만나고 싶어하는 그리움'이다

다시 만나고 싶어하는 마음이란,
나를 '좋아하는 마음'이다

좋아하는 마음이란,
'호감'에서 시작된다

나의 호감의 탄생은
상대를 향한 나의 '칭찬의 말과 행동'에서 비롯된다.

나의 칭찬은
상대에 대한 나의 작은 '관심'에서 시작되고,

상대를 향한 나의 작은 관심의 에너지는
내 스스로의 '밝음'에서 기인한다

스스로 밝아지는 것은
내 마음에 '긍정'이 자리잡고 있어야 하고,

긍정의 마음은
나를 스스로 '사랑'하는 것일 게다

내가 나를 사랑함은
나의 육체, 정신 그리고 정서적 안정을 유지하는 것이다

그렇다면 나의 건강한 육체, 강인한 정신
그리고 안정된 정서는 모두 충족되어 있는가?

그렇다
그를 위한 최고의 영업이란,
나를 먼저 사랑하고, 나를 먼저 채우는 것에서부터
오롯이 시작되는 것이다

또 하나의 오늘을 살아온 기특한 나를 정성껏 사랑하자

추천의 글

영혼까지 팔지 않으려면, 영업이야말로 철학이 필요하다. 영업은 파는 것이 아니고 마음을 사는 일이며, 신뢰와 철학을 담을 때 진정, 영업의 신이 될 수 있다. 영업의 신이 알려주는 진짜 비법

여행작가 김지혜 / 올레비엔

수많은 사람들이 영업을 할 때 고객의 마음을 움직이기 위해 노력합니다.
영업의신조이(본명 최영 작가)님은 화려한 언변과 인맥을 활용한 영업이 아닌 고객이 필요로 하는 진정한 가치를 들여다 보며 , 진심으로 고객의 마음을 움직이는 분입니다.
이 시대에 없어서는 안 될 진정성 있는 영업의 방법을 알고 싶다면 영업의신조이님의 책을 추천합니다.

작가 김혜영 / 온라인크리에이터 엘리클래스

영업의 '영'자도 몰라도 된다. 그가 보여주는 영업은 우리네 인생사와도 닮아 있기 때문에 인간관계의 어려움이 있다면 특히나 더 추천한다.
평소에 그가 보여주는 특유의 위트와 현명함이 고스란히 담긴 첫 책.
이렇게나마 함께 지구별 여행자가 될 수 있어서 기쁘다.

에세이 작가 남궁연/ 유니크한꼬마녀

평소 빈틈없는 영업의 신으로 보여지면서도, 믿음직한 외모와 말투에서 상상할 수 없는 자유로움과 친근함으로 모든 이에게 따뜻한 카리스마로 여운을 남기는 최영 님이므로, 영업에는 관심 없는 제가 첫 줄만으로도 매료될 수 밖에 없는 이 책.

우리 삶 속에서 창의적이면서도 발상의 전환이 필요한 당신들께 추천합니다.

ifland 스마트폰 전문가 다솜♥ / 권정아

쉽지 않은 영업의 길, 그 외길만 걸어오셔서 그런지 물어보면 바로 바로 답변이! 직접 경험한 경험담들이 가득하여 참고할 것이 더 많은 책! 이제 처음 영업을 시작하는 저에게 너무나 도움이 많이 된 책입니다.

항상 선한 영향력을 나누는 영업의신조이님의 노하우와 마음이 가득 들어가 있는 책이기에 더욱 강력히 추천 드립니다!

마케팅 제왕 권성희 / 영화같은 삶의 무비스토리

누군가는 말합니다. 소개하는 자리가 진실이 아닌 포장이라고⋯. 하지만 너와 나를 연결하는 그들의 수고가 없다면 누가 알겠습니까?

영업이란 팔기 위함 안에 가득 찬 진실과 전달의 전쟁임을⋯. 그 속에서 서로를 위한 그 무엇을 찾아 연결하는 가교의 사람들⋯. 그중에 경험으로 뭉쳐진 18년이란 삶을 녹여낸 사나이의 최고일 수 밖에 없는 애정에 듬뿍 빠지는 시간이 되시길 기대합니다.

이유유

영업은 판매를 위한 모든 수단이라고 생각하고, 오로지 판매만을 위해 노력하고 공부했던 당신들에게 판매라는 목적으로 다가서는 영업이 아닌 평생 친구로 되어버린 현장의 진솔한 이야기를 볼수있는 책을 국내외 모든 영업인들과 영업을 준비하는 모든 이들에게 추천합니다.

영업을 위한 수단이 아닌 진실한 마음은 인종을 뛰어넘고, 전 인류에게 통한다는 것을 확인하시길 바랍니다.

국내영업 10년 & 인플루언서 / magician_명태수

영업의 신이라 지칭함이 참 적합한 분. 우리는 그를 신조이라 부릅니다.

오랜 해외영업 경험을 바탕으로, 전문성 있고 진정성 있는 영업 철학을 이번 책에 풀어내 주신다니 너무나 고맙고 감사합니다.

지금까지 당신이 알고 있던 영업의 고정관념을 깨라!

팬데믹 시대 변화의 물결 속에서도 도전 정신과 진취적인 삶의 태도로 만들어낸 주옥같은 메타버스 속 진정성 있는 그의 영업 강의들….

그가 경험한 생생한 영업 현장을 옮겨놓은 수많은 강의를 달려가 듣고, 지켜본 한 사람으로, 이 책이 끝이 아님을 알기에 앞으로의 아름다운 행보가 더욱 기대됩니다.

이론과 실무를 바탕으로 몸으로 직접 경험하고 체득한 것들을 모두 풀어내었기에 작은 지면이 부족하겠으나, 이 보석 같은 책을 통해 프로 영업인의 생생한 경험과 철학, 영업 실무에 필요한 스킬들을 만나 보시기 바랍니다.

조혜숙 / 힐링조이

젊은 나날 뜨거우리만큼 열정 가득했을 영업의신조이님을 떠올려봅니다.

영업에 대해 잘 모르면서 선입견(속임수, 기교 등)만 가득했던 나에게 색다른 시각을 제공해 준 분이십니다. 또한 체득한 경험에서 우러난 사람에 대한 진심 어린 마음이 있고, 관찰력이 세밀하신 분이십니다. if루언서로 같은 시기에 함께 활동하며, 선한 영향력을 끼치고 계신 영업의신조이님을 만나 뵐 수 있어 영광스럽고 고맙습니다.

몸소 체험한 날 것 그대로의 해외 영업 경험담이 그대로 녹아 있는 이 책에서 그 뜨거움을 맛보실 수 있습니다. 평소 경험한 것들을 적극적으로 나누는 것에 거리낌 없으신 성품이 고스란히 전해지는 책입니다. 이번 책에서 채 담지 못한 더 풍성한 스토리는 메타버스 이프랜드에서 만나보시기를 적극 추천합니다.

과학자 안정화 / 한국의 제인구달을 꿈꾸는 야생동물 전문가

영업의신조이님. 제가 제일 부러워하는 사람이 영업 잘하는 분들인데 대단하신 분이에요. 영업도 잘하시지만 '아이들에게도 참 좋은 아빠구나' 하는 생각이 듭니다. 메타버스 밋업에서 댓글 다실 때마다 보입니다.

해외에서 영업을 성사시킨 내용을 책으로 펴내시니 기대가 됩니다.

아바타와 비슷하게 실제 사진의 모습도 긴 머리시군요. 키다리아저씨 스타일이네요. 이 책에는 영업의 노하우가 담겨있다고 합니다. 영업에 자신이 없으신 분들께 추천해드립니다.

에세이작가 박다원 / 메타버스 디지털 소통러 데레사

이프랜드에서 영업의신조이를 만났다는 건 세상이 준 커다란 선물이다. 사람들은 모두 가지려고만 하고 얻기에만 급급하지만 영업의신조이만큼은 하나라도 먼저 주려 한다. 하지만 그의 진짜 매력은 소통에 있다!

흔히들 말을 잘해야 한다 생각하지만 경청이 진짜다. 듣는 자가 있어야 신나서 이야기를 할 수 있다. 영업의신조이는 듣기와 더불어 질문을 던진다. 때론 고민상담이라도 하게 되면, 듣고 질문하며 스스로 답을 찾아가는 길을 만들어 방법을 찾게 만드는 건 신의 영역과도 같다.

나는 마케팅을 전공하거나 영업의신조이가 영업을 하는 현장을 본 적이 없다. 하지만 언제, 어디서, 어떠한 상황이든 모르는 것이 없으며 매사에 진심을 다한다. 때론 바쁜 일정에 소홀할 수 있는 가장의 역할도 충실히 하는 그를 보면, 신의 영역을 거스르는, 사람이 아닌듯한 착각에 빠지기도 한다.

그가 드디어 새로운 일을 해냈다. 삶에 진심을 다하는 노력의 왕 영업의신조이가 집필한 책에는 얼마만큼의 정성을 담았을까? 다양한 경험, 다양한 사고, 다양한 분야의 상식으로 미루어 그를 이 분야의 최고라고 할 수 있지 않을까? 하나를 생각해도 타인을 먼저 생각하는 그의 마인드는 마케팅의 진짜 목적이 아닐까 한다.

이젠 자신을 브랜딩하여 마케팅하는 시대, 당신도 예외가 아니다. 이 책을 읽고 더욱 성장하는 자신이 되길 바란다. 당신이 더욱 잘되길 간절히 바란다면….

동기부여가 부자멘토

아이의 마음을 먼저 생각하고, 원칙을 가지고 육아하시는 모습에 두 아이를 키우는 엄마로서 울림이 있었습니다.

말에 강력한 힘이 있으신 분이세요. 이 책에는 영업의 노하우와 메타버스 부분도 있다고 해요. 말에 타인을 생각하는 따뜻함이 묻어나기에 영업을 잘하시지 않을까 하는 생각이 들었던 분이에요.

궁금하시다면 이 책에서 확인해 보시길 바랍니다.

육아일기 NFT 작가 홍송은 / 홍송

항상 아들과 함께 많은 시간을 보내시는 멋진 아빠, 영업의신조이님. 아들과 함께 놀아주시는 것도 정말 대단하시고, 영업 마케팅 일도, 메타버스 강의도 최선을 다하시는 아빠! 대단하다는 말밖에 안 나옵니다. 최고이십니다.

이 모든 것들이 좋은 추억으로 모두 남을 것이라 생각합니다.

배우 박찬익 / 대배우를 꿈꾸는 미래 천만 신인배우 배우찬익

영업의 신
조이

▶ 만물박사
▶ 백과사전
▶ 실행력천고 !!

'영업'이라는건 무엇일까요?
제 삶에 영업이라는 두 글자는 전혀 어울리지 않는다고 생각했습니다.
저에게는 사람들의 눈과 귀를 쫑긋하게 만한한 외겨운 언변의 기술도
없을뿐더러 영업이라는 직업은 타고난 사람들만이 누구있는 일이라고 생각
해서 관심조차 두지 않았습니다.
하지만,
'영업의 신 조이'님을 만나뵈며 이 '영업'이라는 두 글자부터 다시
들여다보게 되었습니다.
자신이 현장에서 직접 경험한 수많은 노하우들을 저처럼 어려워하는
사람들에게 아끼지 않고 나눠주고, 하나를 더 판매하려는 자세보다는
상대방(고객)의 소리에 더 귀기울이는 모습에 배울게 많다라고 생각
했습니다. 더 정확하게는 '이 사람은 다르다니!!' 라는걸 느꼈습니다.

물품을 이익추구라 생각하지 않고, 고객을 당장의 소비자로만 생각하지
않는 이분의 사상과 철학은 보고, 듣고, 느끼고, 배운것들로 넘쳐납니다.
이 책을 읽으시는 많은 단분한 영업을 목적으로 하는 사람이 아닌, 마음과
마음이 전해지는 영업에 대해서 배우실수 와있을겁니다.

이 분의 영업에 대한 사상과 철학을 배우고 싶으신 분이라면,
이 책을 "꼭" 읽어보시길 추천드립니다.

필기여신_막대사탕

필기여신 / 막대사탕

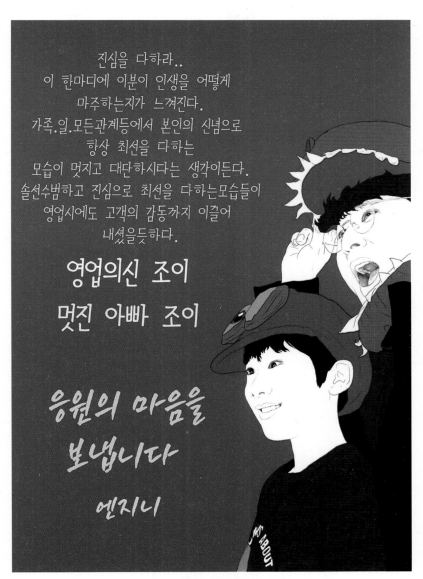

그림 그리는 불완전한 생명체 / 엔지니